大跨径组合梁斜拉桥建设关键技术
——禹门口黄河公路大桥养护管理

中交一公局西北工程有限公司
中交第一公路勘察设计研究院有限公司　编著
陕西交控通宇交通研究有限公司

人民交通出版社股份有限公司
北京

内 容 提 要

本书是根据作者的设计及养护团队在禹门口黄河公路大桥建成后于全生命周期内的养护管理和技术及健康监测做出的合理规划,并参阅国内外相关工程经验编写而成,目的是对大跨径组合梁斜拉桥,尤其是在复杂环境下全面、精细的工程养护及健康监测所做的系统总结。第一部分为养护管理,主要内容有:养护概述、养护管理、工作制度、风险管控、0号档案、养护费用管理。第二部分为养护技术,主要内容有:桥梁检查与评定、养护与维修。第三部分为健康监测,主要内容有:健康监测概述、健康监测方案、监测分析评估及预警。

本书可供正在或即将开展大跨径组合梁斜拉桥后期运营维养工作的工程技术人员使用,也可供桥梁建设期间技术人员参考。

图书在版编目(CIP)数据

大跨径组合梁斜拉桥建设关键技术. 禹门口黄河公路大桥养护管理 / 中交一公局西北工程有限公司,中交第一公路勘察设计研究院有限公司,陕西交控通宇交通研究有限公司编著. — 北京:人民交通出版社股份有限公司,2022.11

ISBN 978-7-114-18320-1

Ⅰ.①大… Ⅱ.①中…②中…③陕… Ⅲ.①黄河—公路桥—桥梁工程—公路养护—陕西 Ⅳ.①U448.14

中国版本图书馆 CIP 数据核字(2022)第 201177 号

Dakuajing Zuheliang Xielaqiao Jianshe Guanjian Jishu——Yumenkou Huang He Gonglu Daqiao Yanghu Guanli

书　　名:	大跨径组合梁斜拉桥建设关键技术——禹门口黄河公路大桥养护管理
著 作 者:	中交一公局西北工程有限公司
	中交第一公路勘察设计研究院有限公司
	陕西交控通宇交通研究有限公司
责任编辑:	崔　建　章　嵩
责任校对:	赵媛媛　魏佳宁
责任印制:	张　凯
出版发行:	人民交通出版社股份有限公司
地　　址:	(100011)北京市朝阳区安定门外外馆斜街3号
网　　址:	http://www.ccpcl.com.cn
销售电话:	(010)59757973
总 经 销:	人民交通出版社股份有限公司发行部
经　　销:	各地新华书店
印　　刷:	北京交通印务有限公司
开　　本:	787×1092　1/16
印　　张:	13.75
字　　数:	343千
版　　次:	2022年11月　第1版
印　　次:	2022年11月　第1次印刷
书　　号:	ISBN 978-7-114-18320-1
定　　价:	215.00元

(有印刷、装订质量问题的图书,由本公司负责调换)

《大跨径组合梁斜拉桥建设关键技术——禹门口黄河公路大桥养护管理》

编写委员会

主　　　　　编：唐新湖　王学军　文　辉　梁建军
本篇执行主编：梁建军
本篇执行副主编：侯　旭　王　技　陈　才　朱韶军
编　写　人　员：侯　旭　薛平安　高诣民　李　凯
　　　　　　　　陈　才　侯玉平　王　技　朱正文
　　　　　　　　刘来君　武芳文　唐立昕　路　双
　　　　　　　　赖　波　魏家乐　舒　涛　彭　恺
　　　　　　　　张　伟　赵文俊　刘艳青　史宇超
　　　　　　　　杨博婷
项 目 负 责 人：薛平安

前　言

组合梁斜拉桥(Cable-stayed Bridge with Composite Girder)是主梁为钢—混凝土组合结构的斜拉桥,其结合了混凝土和钢材的优势,在350～800m跨径区间是一种极具竞争力的大跨径桥梁结构形式。伴随我国交通基础设施建设的迅猛发展,组合梁斜拉桥得以广泛推广应用,工程师对该类桥型力学行为的研究实践不断深入,已经走出了一条自主创新的成功之路,使我国大跨径组合梁斜拉桥建设技术跻身世界前列。为适应交通强国建设提出的"打造一流设施、一流技术、一流管理"要求,针对复杂环境建设条件,组合梁斜拉桥全生命周期建管养运新需求,编写组依托G108国道禹门口黄河公路大桥工程勘察设计、施工及控制技术、养护和科研,继续探索、创新形成本书。

G108国道禹门口黄河公路大桥所在的黄河禹门口段历来为秦晋交通要冲,108国道在两省交界处依赖1973年建设的禹门口大桥连接黄河两岸,无法满足社会经济发展通行需求,成为省际大通道的通行瓶颈,交通压力巨大,亟待重建。但要冲平素为险地,路线走廊处桥位资源受限,水文地质条件、自然环境复杂,大桥建设面临诸多技术难题。禹门口黄河公路大桥前期研究和勘察设计工作从2006年启动,历经十年,于2016年10月开工建设,是我国西北地区及黄河流域跨径最大、技术含量最高、结构最复杂的桥梁,也是目前世界最大跨径无辅助墩斜拉桥,该桥已于2020年9月正式通车运营。

桥位所处峡谷与漫滩交界的复杂水环境、深切峡谷口的复杂风场、条件受限无法设置辅助墩、引桥同跨斜跨两条铁路等难题,在国内同规模桥梁中缺乏借鉴经验。大桥的建设坚持技术引领,汇集了国内众多桥梁知名专家和工程技术人员的聪明才智,凝结了建设团队的艰辛奉献,攻克系列技术难题,最终建成高品质桥梁。这期间,建设团队对结构理论、设计施工和控制关键技术、养护方法进行了系统研究,为大跨径组合梁斜拉桥建设与运营积累了经验,特编著本书。

全系列丛书共分为四册。第一册是勘察设计,针对复杂建设条件,介绍了重难点问题的设计对策与创新;第二册是施工及控制技术,针对本桥结构特点,介绍了关键施工工艺、精细化监控方法和实施应用效果;第三册是养护管理,针对大跨径组合梁斜拉桥养护需求,介绍了养护管理、检查评定、养护维修和结构监测相关技术;第四册是科研创新,介绍了大桥建设过程中形成的关键技术、工艺工法及技术规范。

本书由中交一公局西北工程有限公司、中交第一公路勘察设计研究院有限公司、长安大学、陕西交控通宇交通研究有限公司共同编著。本书编写过程中,调研和收集了当前国内外大跨径组合梁斜拉桥的建设成果,参考并引用了一些公开发表的文献和资料,谨向这些作者表示深深的谢意。

本书编著以实用、适用为指导思想,内容丰富,虽经努力,难免有不妥之处,敬请读者提出宝贵意见和建议。

衷心感谢!

编著者
2022 年 5 月

目 录

第一部分 养 护 管 理

第 1 章 养护概述 ········ 3
- 1.1 长大桥梁养护现状 ········ 3
- 1.2 大跨径组合梁斜拉桥养护 ········ 5
- 1.3 健康监测概述 ········ 5

第 2 章 养护管理 ········ 7
- 2.1 总体原则 ········ 7
- 2.2 养护作业安全 ········ 8
- 2.3 信息化养护 ········ 10
- 2.4 技术档案的管理 ········ 12
- 2.5 养护重点 ········ 13

第 3 章 工作制度 ········ 18
- 3.1 基本管理制度 ········ 18
- 3.2 运营管理制度 ········ 26

第 4 章 风险管控 ········ 31
- 4.1 风险管控目的 ········ 31
- 4.2 风险分析方法 ········ 32
- 4.3 风险评估指标 ········ 32
- 4.4 运营期风险源识别 ········ 34
- 4.5 运营管理风险评估 ········ 40
- 4.6 风险控制措施 ········ 41

第 5 章 0 号档案 ········ 44
- 5.1 编制目的 ········ 44
- 5.2 编制原则 ········ 44
- 5.3 使用及技术要求 ········ 45
- 5.4 桥梁主要部件概况 ········ 45
- 5.5 初次检查技术状况 ········ 53

第 6 章 养护费用管理 ········ 55
- 6.1 桥梁养护费用来源 ········ 55

6.2 桥梁养护费用分类 …… 56
  6.3 桥梁养护费用细目 …… 58
  6.4 桥梁养护费用细目估算 …… 63
  6.5 桥梁养护费用年度估算 …… 70
  6.6 桥梁养护费用估算分析 …… 74
  6.7 养护设计取费比率 …… 76
  6.8 桥梁养护费用决算 …… 76

第二部分　养　护　技　术

第7章　桥梁检查与评定 …… 81
  7.1 专有规定 …… 81
  7.2 初始检查 …… 83
  7.3 日常巡查 …… 84
  7.4 经常检查 …… 86
  7.5 定期检查 …… 89
  7.6 专项检查 …… 104
  7.7 桥梁技术状况评定 …… 107
  7.8 桥梁结构安全综合评估 …… 131

第8章　养护与维修 …… 134
  8.1 同类桥型常见病害 …… 134
  8.2 日常养护 …… 137
  8.3 预防养护 …… 141
  8.4 修复养护 …… 146
  8.5 专项养护 …… 155
  8.6 应急养护 …… 171

第三部分　健　康　监　测

第9章　健康监测概述 …… 177
  9.1 监测背景 …… 177
  9.2 行业要求 …… 179
  9.3 监测系统一体化建设理念 …… 180
  9.4 监测需求与指标选取 …… 181

第10章　健康监测方案 …… 182
  10.1 总体方案与功能 …… 182
  10.2 系统组成 …… 183
  10.3 传感器子系统 …… 184
  10.4 数据采集与传输子系统 …… 188
  10.5 数据处理与管理系统 …… 190

10.6　结构安全评估与预警子系统 191
10.7　系统安装、调试与维护 193

第 11 章　监测分析评估及预警 201
11.1　监测数据处理 201
11.2　监测指标分析 202
11.3　综合预警 209

Part 1 第一部分

养护管理

第1章 养护概述

随着我国交通事业的不断发展，公众需求也在不断提升，走得好、走得安全、走得舒适是人民幸福感的直接体现。然而，"重技术轻管理、重实践轻总结、重建设轻养护"等问题仍然存在。因此，结合大跨径桥梁建设管理的发展趋势，从全寿命期理论出发，对融资模式下的复杂桥梁采用建管养运一体化管理模式，可以确保桥梁工程全寿命期目标的实现，并获得可持续发展的实践价值。

本章共分为长大桥梁养护现状、大跨径组合梁斜拉桥养护和健康监测概述三部分内容。

1.1 长大桥梁养护现状

截至2021年，我国公路桥梁总数已达90余万座，其中大桥、特大桥超过9万座，桥梁数目和规模均居世界之首。与此同时，我国公路网中步入维修期的在役桥梁日渐增多。如何保障桥梁的安全性、耐久性和使用功能已成为目前桥梁工程界的巨大挑战。2013年发布的《交通运输部关于进一步加强公路桥梁养护管理的若干意见》（交公路发〔2013〕321号）指出，一是要继续加大危旧桥梁安全隐患改造力度，其中包括：加强安全隐患排查、加大资金投入、强化桥梁改造监管等；二是要加强桥梁安全保护工作，其中包括：加强车辆违法超限超载治理工作以及加强桥梁安全保护区管理;三是要求认真落实桥梁安全运行10项制度。

交通运输部印发的《"十三五"公路养护管理发展纲要》(图1-1,以下简称《纲要》)在"推进养护转型,加快构建现代公路养护体系中"提出"强化桥隧养护规范化",明确指出"加强长大桥隧健康监测和动态运行监管,完善桥梁隧道运行监管制度"。《纲要》紧紧以"改革攻坚、养护转型、管理升级、服务提质"4个方面作为发展目标,逐步"探索建管养一体化、周期性养护总承包等生产组织模式"。其中,长大桥梁即高速公路及普通国省道上具有重要意义或特殊结构的特大桥、大桥的养护运行管理被作为重点提出,主要原因在于长大桥梁均具有规模大、结构复杂、安全要求高、养护措施特殊等特点。作为带状结构物,相对封闭的运营空间,决定了长大桥梁的交通环境远较其他路段复杂,且一旦发生事故,具有损害性重、伤亡比例大、易引发二次事故的特点。

图1-1 《交通运输部关于印发"十三五"公路养护管理发展纲要的通知》

2018年3月,交通运输部印发了《公路长大桥隧养护管理和安全运行若干规定》(交公路发〔2018〕35号),要求各省、自治区、直辖市等养管单位接到通知后按相关要求开展相应的养护工作。

随着我国交通运输事业的发展,桥梁设计等级逐步提高,桥梁的跨径也在不断增大。斜拉桥以其跨越能力大、强度高、质量轻、材质均匀、施工工期短等优点,应用越来越广泛。2011—2020年历年交通运输部重点桥梁监测抽检的斜拉桥病害统计显示,大部分斜拉桥出现的病害主要有以下几种:

(1)拉索体系。拉索下锚头锈蚀、防护套开裂、钢护筒橡胶密封圈缺失破损、锚固端部出现漏油等。

(2)主梁结构。主梁有混凝土梁和钢箱梁。混凝土梁在顶、底、腹板混凝土表面普遍存在纵向裂缝、竖向裂缝、斜向裂缝和横向裂缝,同时伴有一定程度的混凝土缺陷;钢箱梁存在裂纹、焊缝漏焊、锈蚀、涂装剥落、钢材破损、钢材变形、油迹积水等病害。

(3)索塔结构。混凝土索塔塔柱存在竖向裂缝。

1.2　大跨径组合梁斜拉桥养护

钢—混凝土组合梁斜拉桥充分结合钢材抗拉性能和混凝土抗压性能的优势,分别应用于主梁截面的受拉区与受压区,凭借受力性能和工程经济性的出色表现,自问世以来备受桥梁界的关注,在国内外都得到了广泛的应用。

然而,由于组合梁斜拉桥结构体系本身的复杂性和设计及计算理论的不完善,材料本身的缺陷、施工技术、方法、质量问题,环境腐蚀,车辆超载及运营期养护管理不到位等因素,使得已建成的组合梁斜拉桥或多或少地出现各种病害或损伤,导致结构承载能力降低。桥梁线形变化过大、构件老化、破损等情况的出现,不仅影响了桥梁的使用性能和正常运营,甚至会降低桥梁主体结构安全余量,给桥梁带来安全性方面的隐患和耐久性方面的缺陷。由于组合梁斜拉桥兼具混凝土主梁结构斜拉桥和钢梁结构斜拉桥的特点,因此,除1.1节中阐述的斜拉桥共性病害外,后浇桥面板的剪力连接等部位也容易出现问题。大跨径组合梁斜拉桥的拉索结构是该桥型最关键的受力构件之一,是大桥结构安全性、耐久性的前提和基础,也是全生命周期中科学管理和养护的品质决定因素。《公路缆索结构体系桥梁养护技术规范》(JTG/T 5122)在现行《公路桥涵养护规范》(JTG 5120)的深度和广度上进一步满足此类桥型的养护需求,对规范和指导拉索体系桥梁的养护工作起到指导性作用。但尚应针对大跨径组合梁斜拉桥的自身特点和技术要求编制养护技术手册,建立养护管理信息系统,全面及时记录大桥检查和养护管理等有关情况,指导中长期养护管理。

1.3　健康监测概述

2014年,交通运输部提出"四个交通"(综合交通、智慧交通、绿色交通、平安交通),作为当前和今后一段时期交通运输发展的主旋律。2016年,交通运输部正式印发了《纲要》,明确指出公路养护要从传统模式向现代模式转变,大力开展"互联网+路网管理"行动,推进智慧路网体系建设,提升路网管理的智能化、信息化水平。2017年,交通运输部发布《推进智慧交通发展行动计划(2017—2020年)》,要求提升交通运输数字化、网络化、智能化水平,该文件为交通运输发展提供了强大的支撑,是未来交通发展的主要趋势之一。

2018年,交通运输部在《交通运输办公厅关于加快推进新一代国家交通控制网和智慧公路试点的通知》(交办规划函〔2018〕265号)中明确智慧高速公路的第一个方向就是基础设施数字化。要求"应用三维可测实景技术、高精度地图等,实现公路设施数字化采集、管理与应用,构建公路设施资产动态管理系统;选取桥梁、隧道、边坡等建设基础设施智能检测传感网,实现交通基础设施安全状态综合感知、分析及预警功能。"可见,从国家和行业管理方面,对于公路基础设施的安全监测已经有了更高的要求,实施高速公路结构的安全监测十分有必要。

2021年3月1日,交通运输部办公厅印发《公路长大桥梁结构健康监测系统建设实施方案》,要求按照"安全第一、预防为主、明确责任、分级管理、突出重点、分步实施、单桥监测、联网运营"的原则,对跨江跨海跨峡谷等长大桥梁结构健康开展实时监测,动态掌握长大桥梁结构运行状况,着力防范化解公路长大桥梁运行重大安全风险,进一步提升公路桥梁结构监测和安全保障能力。

第2章 养护管理

本章介绍养护作业安全的相关规定,以及对信息化养护包括养护管理系统和健康监测系统提出的相应要求。结合本桥无辅助墩等结构受力特点,按照交通运输部相关制度及要求,提出特桥特养的理念。

2.1 总体原则

(1)根据"事权一致、责任清晰"的原则确定禹门口黄河公路大桥监管单位为陕西省公路局,管理单位与养护单位均为中交韩城黄河大桥有限公司。桥梁的管理、养护单位,应按照相关技术标准、规范、规程要求加强禹门口黄河公路大桥及附属设施的养护。桥梁跨越航道的,桥梁管养单位应协助相关责任单位或部门按照相关法律法规规定,加强桥区助航、防撞、水域安全监控等设施的养护。

(2)明确负责禹门口黄河公路大桥桥梁养护管理工作的分管行政领导和具体技术人员,科学配置桥梁养护专业技术人员,构建人才培养机制,建立稳定、专业的养护工程师团队,保证禹门口黄河公路大桥桥梁养护管理的各项职责得以贯彻落实。

(3)禹门口黄河公路大桥为"三特"桥梁,按单座桥梁和养护作业类别安排专项养护管理资金,按相关规定准确掌握桥梁技术状况并及时采取相关措施,防止桥梁技术状况加速恶化或桥梁安全事故的发生。

(4)根据检查结果,禹门口黄河公路大桥存在病害和安全隐患的,桥梁管养单位应委托专业机构提出维修加固方案或养护对策,通过相关审查后按规定程序组织实施。

(5)逐步提升禹门口黄河公路大桥的机械化养护和快速维修能力,鼓励采用快速、便捷、耐久的技术,积极实施预防养护。

2.2 养护作业安全

(1)养护作业人员必须穿戴安全帽、救生衣和保险带。作业现场应设置明显标志和采取有效的安全措施,以保障桥检车和作业人员的安全。

(2)桥面养护作业中,当确有必要限制交通时,应尽可能采取"分区作业、分区限制交通"的方式。

(3)遇雾、大雨、雷电、大风(6级以上)、冰雪天时,应暂停检查作业。

(4)日常巡查、经常检查通常不封闭交通,经常检查建议结合桥梁实际情况适当限制交通(如封闭应急车道等)。

(5)在绝大多数定期检查项目的检查期间,不需要限制或封闭交通。对于必须要限制或封闭交通的检查项目,应尽可能选择深夜车辆较少的时段短时间封闭或限制交通。

(6)特殊检查应根据需要确定是否限制或封闭交通。

(7)在养护与维修过程中,应根据需要确定是否限制或封闭交通。

(8)在检查、养护和维修过程中,当需要限制或封闭交通时,应制订完善的方案,并根据国家或地方相关规定要求提前向社会公开公布。

(9)当采取限制交通或封闭交通措施时,应根据交通管理的相关要求,在适当的位置安放醒目的标志。

(10)养护作业过程中占用行车道时,应根据相关规定设立警告区、上游过渡区、纵向缓冲区、工作区、下游过渡区和终止区6个部分。交通控制区的布置应符合"标志鲜明、规范统一、安全有效"的原则。

(11)桥梁结构密闭空间(索塔塔柱、西引桥箱室)养护作业过程中应遵循以下要求:

①进入箱梁、索塔内部养护作业时,应办理相关手续并应向管理部门通报,监控部门记录备案后方可开灯进入。离开时应再向监控部门通报,确认箱梁、索塔内部无其他作业人员后,方可关闭进口人孔。

②对于箱梁、索塔内部养护作业,每次作业必须有3人以上同行,1人在出口处守候,以便遇紧急情况时能够及时开展救援。

③进行箱梁、索塔内部养护作业时,应携带手电筒或其他光源,以及手机、对讲机等通信联络设备。养护人员作业时必须佩戴安全帽。

④当结构内部温度超过40℃、湿度超过65%时,不宜进入箱梁、索塔内部进行养护作业。

禹门口黄河公路大桥养护作业禁止行为见表2-1。

禹门口黄河公路大桥养护作业禁止行为　　　　　表2-1

行为分类	禁止行为描述
安全设施类	严禁在不穿戴安全帽、救生衣、保险带的情况下开展桥面、水上、高空作业;无标志、标牌且未设置桥面养护作业区时,禁止桥面养护占道作业
恶劣天气类	遇浓雾、大雨、雷电、大风(6级以上)冰雪天时,严禁开展桥梁户外养护作业,并严禁操控养护作业机电设备
通报备案类	未向桥梁管养单位通报,严禁私自进入索塔内部及主梁箱室内部开展养护作业
结伴同行类	严禁三人以下的单人或双人进入密闭空间开展养护作业
密封环境类	密闭空间温度超40℃、湿度超65%时,严禁进入密闭空间开展作业
检修通道类	严禁使用未经检查或检查存在安全隐患的检修通道(如检查车、检修扶梯)开展桥梁养护作业;严禁桥梁检修通道超载;严禁非操作人员操作检查车
净高净宽类	严禁在未布设限高、限宽标志或安全设施的情况下开展侵入桥梁限界作业
涉铁作业类	未征得铁路交通管理部门书面准入许可及协同配合,严禁私自进去涉铁区域开展桥梁养护作业

(12) 对于检修通道的爬梯,必须通过养护手段,确保爬梯设施安全;人员通行时,应看清楚、抓牢踩稳、缓慢通过。

(13) 桥梁拉索、桥梁下部结构养护作业影响范围内,应将对应桥面封闭为工作区,并布置养护作业控制区;对影响净高或净宽的养护作业,应布设限高或限宽标志。

(14) 桥梁养护作业影响桥下通航净空时,应按有关规定布设标志和安全设施。

(15) 桥梁养护涉铁路作业时,应征得铁路交通管理部门的书面准入许可,并由铁路交通管理部门工作人员对桥梁养护作业人员进行安全培训,且必须与有关单位取得联系并协同配合。

由于禹门口黄河公路大桥西引桥主跨跨越黄韩侯铁路、侯西铁路,因此规定了该特殊作业环境的要求和相关注意事项。禹门口黄河公路大桥西引桥如图2-1所示。

(16) 索塔、桥墩、桥台养护作业时,应在迎车方向或上、下游航道两端设置安全防护设施,水上作业人员应穿救生衣,夜间须设置警示信号。必要时,应与有关单位取得联系并协同配合。

(17) 禹门口黄河大桥主桥检查车是主桥钢—混凝土组合梁外观检查的重要检修通道,每年使用前应进行一次定期保养维护,保养维护工作由检查车生产厂家负责实施。禹门口黄河公路大桥主桥检查车如图2-2所示。

(18) 对于养护作业所用的检查车、塔式起重机、桥检车等,必须通过养护手段,确保设施自身处于良好状态;使用前,应征得机电部门书面许可;使用中,应由经过培训并取得上岗证的操作人员操作,载重量不得超过设备容许值;养护作业人员应满足高空作业规范要求,佩戴高空安全防护装置,并且防止坠物。风力超过6级时禁止使用检查车、桥检车等。

图 2-1　禹门口黄河公路大桥西引桥

图 2-2　禹门口黄河公路大桥主桥检查车

2.3　信息化养护

2.3.1　养护管理系统的管理

（1）禹门口黄河公路大桥建立了适合自身特点的养护管理系统，用以辅助养护工程师开展检测、养护与维修工作。

（2）养护管理系统具有数据存储、查询、评估和辅助决策的功能。

（3）管养单位中交韩城黄河大桥有限公司充分发挥养护管理系统的各项功能，并在使用过程中及时将养护管理系统的不足反馈给上级部门和相关科研院所，促进桥梁养护管理系统的进步。

（4）管养单位中交韩城黄河大桥有限公司安排系统工程师负责养护管理系统的日常维护工作。

（5）桥梁评估工作紧密结合养护管理系统进行。

（6）鼓励对禹门口黄河公路大桥应用BIM（Building Information Modeling，建筑信息模型）技术。合理利用BIM技术的优势和特点，有效承接设计和施工期数据，搭建基于BIM高效协同的数字化管养平台。同时，加强全生命周期养护管理数据应用，定期将日常养护和养护工程等数据录入BIM模型，完善BIM数据，充分利用BIM数据进行病害原因分析和养护方案设计、辅助养护决策等。

《公路桥梁养护管理工作制度》（交公路发〔2007〕336号）规定，对于特别重要的特大桥，应建立符合自身特点的养护管理系统和健康监测系统。《交通运输部关于进一步加强公路桥梁养护管理的若干意见》（交公路发〔2013〕321号）规定，特大、特殊结构和特别重要桥梁的养管单位，要利用现代信息技术，建立符合自身特点的养护管理系统和健康监测系统。《公路长大桥隧养护管理和安全运行若干规定》（交公路发〔2018〕35号）规定，长大桥隧经营管理单位应针对长大桥隧自身特点和技术要求编制养护技术手册，建立养护管理信息系统，全面及时记录长大桥隧检查和养护管理等有关情况。公路缆索结构体系桥梁的管理比较复杂，因此禹门口黄河公路大桥引入了桥梁养护管理系统，用以辅助养护人员对桥梁进行更为高效的管理。

桥梁养护管理系统是协助公路缆索结构体系桥梁管理部门对桥梁进行养护规范化管理和决策分析的有效工具，实现了对桥梁资产各项数据信息的全面综合管理和多维分析，辅助管理者科学、高效地进行决策分析。

2.3.2 健康监测系统的管理

禹门口黄河公路大桥为特殊桥梁，同时也处于特殊环境中，因此信息化管理手段值得推广使用。当前监测技术面临数据冗余、阈值限制、维护困难等问题，因此以交通运输部调研健康监测系统推进为契机，做好软硬件提升工作是下一阶段工作的重点。

禹门口黄河公路大桥健康监测系统的保障措施如下：

（1）禹门口黄河公路大桥建立健康监测系统，并与桥梁养护管理系统紧密协作。

（2）健康监测系统的设计实施遵循技术先进、稳定可靠、经济易用、便于维护、可更换可扩展原则，对主梁挠度、塔梁变形、主梁关键截面应变（疲劳）、斜拉索索力、塔梁关键裂缝等重要参数进行监测，结合风力、温湿度、车辆荷载等外部环境要素监测结果，综合分析、评估桥梁重要指标的状态，通过设置合理的阈值实现分级预警，并对桥梁养护管理提出科学的决策建议。

（3）管养单位中交韩城黄河大桥有限公司有桥梁专业人员进行健康监测系统的日常管理与使用，保证了健康监测系统技术人员的工作相对稳定。

（4）健康监测系统使用人员服从桥梁养护工程师的领导，健康监测人员与常规检测养护人员之间密切配合。

（5）桥梁养护管理部门技术力量不足时，能够聘请有技术能力的专业单位或人员协助管理。

2.4 技术档案的管理

(1)针对禹门口黄河公路大桥自身特点和技术要求编制养护技术手册,建立养护管理信息系统,全面及时记录桥梁检查和养护管理等有关情况。

(2)按照"一桥一档"的要求建立禹门口黄河公路大桥技术档案,包括桥梁基本情况、管理资料、养护巡查检查记录、技术状况、维修加固等以及其他归档制度要求的资料,做到内容完整、更新及时、方便使用。建立符合自身特点的电子档案管理系统。桥梁技术档案管理与存档如图2-3所示。

图2-3 桥梁技术档案管理与存档

(3)禹门口黄河公路大桥基本资料包括以下内容:
①桥梁设计施工图及竣工图,结构计算分析报告;
②施工过程中的试验检测及科研资料;
③工程事故处理资料;
④施工全过程的结构位移和变形测试资料;
⑤观测或监测点(部件)资料;
⑥交(竣)工验收资料。

(4)禹门口黄河公路大桥管理资料包括管理(养护)单位、监管单位的基本资料,及其分管领导、养护技术负责人等的基本资料。

(5)禹门口黄河公路大桥桥梁检查资料包括桥梁初始检查结果、经常检查结果、定期检查结果、养护对策建议、特殊检查建议报告、特殊检查结果、养护计划等技术资料,以及检查的时间、实施人员等基本资料。委托外部检测单位实施的检查,检查资料还应包括检测(试验)方案、检测报告、照片及多媒体材料、检测单位(试验方)的资质证书(复印件)、业绩证明(复印件)以及主要检测人员的资格证书(复印件)等。

(6)禹门口黄河公路大桥桥梁维修加固资料包括以下内容:
①桥梁预防养护工程实施的技术资料和养护质量评定结果,以及工程实施的时间、组织、

实施人员等。

②桥梁修复养护工程的设计文件、竣工图纸、施工资料、监理资料、监控(监测)资料、质量事故处理报告、交(竣)工验收等技术资料,以及设计、施工、监理和监控(监测)等各方的资质证书(复印件)、业绩证明(复印件)及其主要检测人员的资格证书(复印件)等。

(7)桥梁特殊情况资料主要包括地质灾害、气象灾害、超限运输等特殊事件的具体情况、损害程度、应急措施、处治方案和结果等。

(8)禹门口黄河公路大桥管养单位根据陕西省交通运输主管部门的规定,及时向有关交通运输主管部门或公路管理机构提供桥梁技术档案,如每年向陕西省公路局上报《108 国道禹门口黄河公路大桥桥梁养护管理和安全运行情况年度报告》。

技术档案管理作为公路缆索结构体系桥梁养护管理的重要组成部分,是桥梁状况可追溯性的前提,各方给予了高度重视,并遵守国家和行业其他档案管理相关标准、规范的规定。

2.5 养护重点

禹门口黄河公路大桥是我国西北地区及黄河流域跨径最大、技术含量最高、结构最为复杂的桥梁。禹门口黄河公路大桥立面照如图 2-4 所示。与国内同等规模跨径桥梁相比,该桥特点主要体现在如下几个方面。

图 2-4 禹门口黄河公路大桥立面照

2.5.1 结构养护重点

1)钢—混凝土组合梁养护重点

(1)采用自动化监测手段,利用钢弦应变计加强对主桥主梁关键控制截面(塔梁根部、跨径 $L/8$、跨径 $L/4$、跨中,L 为桥梁跨径)的钢梁、桥面板、钢—混凝土组合梁接合部位的应力应变监测,接合应力、应变监测结果,有所侧重地引导桥梁检查重点,对应力、应变监测结果异常位置进行现场人工复检。钢—混凝土组合梁接合部位如图 2-5 所示。

图2-5　钢—混凝土组合梁接合部位

（2）桥梁检查过程中，重点关注桥面板翼缘位置有无纵向开裂，负弯矩区桥面板有无横向开裂，板底有无渗水痕迹，钢—混凝土组合梁接合部位有无剪切滑移，剪力钉是否出现弯曲、断裂。

（3）钢梁连接锚栓有无缺失、松动、锈蚀、断裂，节点板有无翘曲变形。主桥钢梁连接锚栓如图2-6所示。

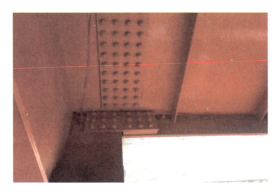

图2-6　主桥钢梁连接锚栓

2）无辅助墩桥梁养护重点

（1）重视桥面线形测量工作，确保桥面线形测点的可延续性，定期对桥面线形测点进行维护。及时对主桥桥面线形进行规范测量，并与邻近测量结果、初始检查测量结果进行对比分析，确保桥面线形测量工作的可追溯性。

（2）考虑到施工过程中部分主梁节段拼装时工期滞后，对远离索塔方向的中跨、边跨第9号以后梁段线形进行重点观测与分析。

（3）每年高温季节与低温季节各进行一次桥面线形测量工作，桥面线形测量工作应在各自季节温度较为恒定（高温季建议20℃，低温季建议5℃）的条件下实施，遇大风、降雨、降雪天气，禁止测量。

（4）边跨钢梁封闭式配重区段的通风与积水状况检查。

（5）增加对两过渡墩顶1680型梳齿型伸缩缝槽口位移与表面高差的测量，测量时机与桥面线形测量同步。

（6）借助自动化监测系统，加强观测并存档记录强风天气、重载交通条件下的主梁、索塔、斜拉索的位移响应与频率响应，为后续运营持续观测提供参考依据。

3）阻尼器养护重点

长期风环境下，阻尼器为易损构件，运营养护工作重点如下：

（1）将斜拉索阻尼器检查列入禹门口黄河公路大桥日常巡查与经常检查内容，将塔梁接合部位的阻尼器检查列入定期检查内容，上述检查主要查看阻尼器外观状况以及有无异常变形。

（2）积极开展禹门口黄河公路大桥阻尼器的预防性养护工作，其内容包括阻尼器清洁和保养。

阻尼器清洁可采用人工清理的方法，对阻尼器及连接件表面的灰尘、垃圾等进行清扫。对容易遭受污染、积灰的阻尼器，可增设防尘罩。根据实际情况，每年至少清洁一次。禹门口黄河公路大桥主桥塔梁接合部位阻尼器与斜拉索阻尼器如图2-7所示。

图2-7 禹门口黄河公路大桥主桥塔梁接合部位阻尼器与斜拉索阻尼器

阻尼器活塞部分外露，其外表面清洁十分重要。活塞表面被污垢附着，可能会造成阻尼器密封件破坏，影响阻尼器使用寿命。阻尼器清洁可结合定期检查进行，及时清扫阻尼器表面的灰尘和垃圾等附着物。对于容易遭受垃圾和灰尘污染的阻尼器，需要增设防尘罩，以隔离污染物，并定期对防尘罩进行清洁。

阻尼器保养包括涂油、除锈和重新涂装，并应符合以下基本要求：

①对各连接件销轴处及活塞镀铬外表面，每年应涂抹适量的黄油，以保证阻尼器正常工作和防止锈蚀等不良现象的发生。

②对连接件涂层脱落部分进行除锈重新涂装处理，频率为每年不少于一次。

（3）桥梁阻尼器出现以下情况时，应及时开展修复养护：

①阻尼器和连接件涂层起皮、剥落。

②连接锚栓缺失、锈蚀、断裂或松动，连接件变形或局部开裂。

③连接部位混凝土破损、开裂。

（4）修复养护应符合下列基本要求：

①及时更换剪断的锚栓，紧固松动的锚栓。

②及时修复涂层缺陷，保证阻尼器及其连接件使用寿命。

③及时修复连接件部位的混凝土缺陷，保证连接的安全可靠。

为了保证阻尼器在强风状况后能够正常工作，在事后及时对阻尼器及其连接件进行检查，检查阻尼器外观有无变形、工作行程是否满足设计要求、连接件是否开裂、锚固螺栓是否松动和断裂等。如出现上述病害，立即对阻尼器进行修复。如现场修复不能恢复阻尼器正常工作状态，则对阻尼器进行更换。

（5）桥梁阻尼器的更换和增设应符合下列基本要求：

①当结构抗震性能或者结构振动幅度不满足现行规范要求时，要增设阻尼器，对阻尼器参数应进行详细的计算分析和论证。

②阻尼器发生严重漏油、活塞镀层脱落、锈蚀等情况时，及时联系制造单位，制订维修方案。阻尼器损坏或无法修复时应进行更换，更换的阻尼器性能应和原设计一致。

③对新增设的阻尼器与结构连接部位进行详细计算分析，确保结构强度、刚度能够满足最大阻尼力要求。

④桥址处风环境改变造成桥梁振动幅值过大时，需要对结构减振措施进行专项论证，确定增设阻尼器数量和参数。增设的阻尼器易安装在塔梁、墩梁接合处，并验算连接部位的局部强度和刚度，避免连接处产生破坏。

4）索塔钢锚梁养护重点

（1）桥梁养护作业人员定期对塔顶防雨罩进行检查，确保其挡雨功能完整。

（2）按照禹门口桥位区域天气预报状况，选择在无雨、无雪季节开启各塔顶防雨罩，实现塔柱内通风散湿。在雨、雪天气预报后，提前对各塔顶防雨罩进行关闭。

（3）按每年一次的频率对塔内钢锚梁锈蚀状况进行定期检查，在防腐涂层达到3类标度（含）前，及时采取钢结构局部或全部重新涂装方式，延长钢结构的使用寿命。

2.5.2 运营养护重点

（1）主桥位于晋陕峡谷口下游黄河河道上，该区域风环境复杂，阵风可达12级。索、梁风振频繁，在长期风环境下，阻尼器为易损构件，风致行车安全运营问题不容忽视。

（2）塔顶增设防雨罩后，可有效阻挡雨水落入塔柱，但塔柱内通风性受到影响，潮湿、密闭环境不利于塔柱内斜拉索钢锚梁的防腐养护。斜拉索塔柱内现场钢锚梁构造如图2-8所示。

图2-8 斜拉索塔柱内钢锚梁构造

（3）禹门口河段每年冰期长达3~4个月，冬季严寒，昼夜温差大，为桥梁构件耐久性（主梁防腐涂装、钢构件锈蚀、支座橡胶性能等）、桥梁健康监测硬件系统性能、桥梁养护检查工作开展带来挑战。

(4) 行车安全养护重点。

①做好对桥面风速的动态预报和跟踪,在风速较大的情况下,采取限制或封闭交通的方式来保证桥面行车的安全。桥面位置设置风速仪实时监测现场风速:超过10级风,禁止车辆通行;超过8级风,可考虑限制微型客车、轻型客车和空载集装箱车等类型。

②加强大风天气条件下桥梁的通行安全运营管理。

③主桥主梁上缘两侧设置有风导流板,重点对风导流板进行定期维护检查,确保风导流板外形正常,保证其正常工作。

主梁外缘风导流板如图2-9所示。

图2-9　主梁外缘风导流板

(5) 针对环境条件的养护重点。

①桥梁管养单位切实抓好钢结构防腐涂层的检查工作,在防腐涂层达到3类标度(含)前,及时采取钢结构局部或全部重新涂装方式,延长钢结构的使用寿命。

②定期检查中,统计引桥板式橡胶支座老化、开裂数量,当同一墩顶板式橡胶支座老化、开裂数量超30%时,全部更换该墩顶板式橡胶支座。

③桥梁管养单位宜在养护经费中预留桥梁健康监测专用资金,用于野外环境条件下桥梁健康监测硬件采集设备的维护与更换。

④按照预防性养护的要求,定期对斜拉索锚头内涂抹黄油,并对锚头内积水、冰碴进行清理,斜拉索锚头的预防性养护按每年一次的频率实施。

⑤桥梁各项养护作业不宜在严冬实施,桥梁检查作业安排在严寒季节到来前实施。

第3章 工作制度

本章全面介绍桥梁养护管理及运营管理相关制度,为禹门口黄河公路大桥后期高质量管养提供相应的制度性文件支撑。

3.1 基本管理制度

3.1.1 总则

(1)为规范禹门口黄河公路大桥养护工作,统一公路桥涵养护技术标准,保持桥涵处于正常使用状态,保障行车安全、畅通,制定养护管理工作制度。

(2)禹门口黄河公路大桥养护包括下列主要内容:
①建立桥涵养护技术档案、桥梁管理系统和数据库并及时更新。
②桥涵检查、评定和监测。
③桥涵日常维护。
④桥涵维修、加固或改建。
⑤桥涵构造物使用管理。

⑥制定桥涵构造物灾害防治与抢修的应急预案。

(3)公路桥涵养护遵循"安全至上、预防为主、防治结合"的原则,并符合下列要求:

①保障结构完好、外观整洁和附属设施齐全完好。

②配备必要的检测和养护设施。

③采用先进的养护技术和科学的管理方法。

④重视资源节约和环境保护。

⑤保证养护作业安全,降低对交通的影响。

(4)公路桥涵养护工程按工程性质、技术复杂程度和规模大小,分为日常保养、维修、加固及改建四类。

(5)禹门口黄河公路大桥的管养单位为中交韩城黄河大桥有限公司。中交韩城黄河大桥有限公司高度重视桥梁养护管理工作,严格执行桥梁养护管理的各项规章制度,采取科学有效的管理手段和技术措施,对桥梁及时组织实施检查、检测、病害确认、分类养护维修(包括维修方案、交通组织、安全措施、环保措施、工程监理、工程验收、资料归档等),确保桥梁安全。

(6)桥梁养护管理分别按照《公路桥梁技术状况评定标准》(JTG/T H21—2011)、《公路养护技术规范》(JTG H10—2009)、《公路长大桥隧养护管理和安全运行若干规定》(交公路发〔2018〕35号)、《交通运输部关于进一步加强公路桥梁养护管理的若干意见》(交公路发〔2013〕321号)、《公路桥梁养护管理工作制度》(交公路发〔2007〕336号)、陕西省交通运输厅关于印发《陕西省公路长大桥隧养护管理及安全运行实施细则》的通知(陕交发〔2019〕13号)等规范和制度文件的要求和规定,及时、全面掌握桥梁技术状况,保障桥梁安全运行。

(7)在行业指导下,由养护单位实施桥梁日常养护,中交韩城黄河大桥有限公司负责对养护技术、内容和质量的检查、监督和考核。

(8)中交韩城黄河大桥有限公司按合同安排经费用于桥梁养护管理工作,保证桥梁安全运营。养护单位将合同养护经费按年计划用于本桥的养护,包括预防养护、修复养护、专项养护和应急养护。

(9)公路桥涵养护工作要符合国家和行业现行有关标准的规定。

3.1.2 桥梁养护管理工作原则

(1)按照"事权一致、责任清晰"的原则,长大桥梁养护和安全运行分为监管单位和养护单位。

(2)陕西省交通运输厅组织领导全省公路长大桥梁养护管理和安全运行工作。陕西省公路局是全省公路行业监管单位,负责全省公路长大桥梁养护管理和安全运行监督、指导工作。全省各市交通运输局是辖区普通国省道监管单位,负责实施辖区内普通国省道长大桥梁养护管理和安全运行监管工作。

全省各市公路管理机构是本行政区域内普通国省道长大桥梁的养管单位,具体负责辖区内普通国省道长大桥梁安全运行和养管工作。各收费公路经营管理单位是所辖公路长大桥梁的养管单位,具体负责所辖收费公路长大桥梁安全运行和养管工作。

(3)公路长大桥梁养护和安全运行监管单位职责:按照国省有关安全生产和公路桥梁运

行管理的法律法规以及相关技术标准规范,制定长大桥梁养护和安全运行管理办法,指导辖区公路长大桥梁养护和安全运行管理工作,组织长大桥梁养护和安全运行监督检查,对长大桥梁运行中存在的重大安全隐患,及时督促有关单位采取有效措施进行处理,发生重大事故时,及时协调和组织有关单位开展应急和援救;定期组织桥梁养护和安全运行管理人员开展技术培训。

(4)公路长大桥梁安全运行养管单位职责:按照国省有关安全生产和公路桥梁运行管理的法律、法规以及相关技术标准、规范,具体负责辖区长大桥梁养护和安全运行管理,确保桥梁安全畅通;负责开展长大桥梁巡查、结构检查和日常维护、安全状况监测等养护管理工作,确保长大桥梁及附属设施正常使用;组织实施长大桥梁的维修加固、更新改造和安全隐患治理;负责建立、维护长大桥梁安全技术档案和运行管理数据库;建立长大桥梁应急预案,定期开展应急演练。

(5)禹门口黄河公路大桥的养护应符合国家现行有关标准和规范的规定。

3.1.3 责任划分制度

(1)禹门口黄河公路大桥养护管理实行"统一领导、分级管理",按照"谁管理、谁负责,谁经营、谁负责"的原则,逐级落实桥梁养护管理的主体责任和监管责任。

(2)桥梁养护管理实行"行政管理和技术管理"双岗责任制。中交韩城黄河大桥有限公司主要负责人为桥梁养护管理工作的行政管理责任人,桥梁养护工程师为技术管理责任人。

(3)中交韩城黄河大桥有限公司具体组织实施桥梁养护管理工作,是所管辖桥梁养护管理和安全运行的责任主体,承担桥梁养护管理的主体责任。具体职责如下:

①负责编制桥梁养护计划,落实养护资金。
②负责组织实施桥梁养护巡查、技术检查和技术状况评定。
③负责组织实施桥梁预防养护、修复养护、应急养护、专项养护。
④负责组织实施桥梁安全通行管理。
⑤负责组织实施养护管理办法规定的其他职责。

3.1.4 养护工程师制度

(1)桥梁养护管理的技术工作实行桥梁养护工程师制度。养护工程师和养护工程师助理应按照现行《公路养护技术规范》(JTG H10)、《公路桥涵养护规范》(JTG 5120)、《陕西省公路桥梁养护管理工作实施细则》《交通运输部关于进一步加强公路桥梁养护管理的若干意见》(交公路发〔2013〕321号)、《陕西省公路桥梁养护工程师管理办法》的通知(陕交发〔2018〕87号)的要求和规定,及时、全面掌握桥梁技术状况,保障桥梁安全运行。

(2)禹门口黄河公路大桥设置专职桥梁养护工程师及桥梁养护工程师助理人员,共同组成养护工程师团队。养护工程师团队成员相对固定,以保证工作的连续性。

(3)禹门口黄河公路大桥的桥梁养护工程师具有五年以上从事桥梁养护管理工作经历,或者从事桥梁设计、施工、监理或建设管理工作经历,具有工程师及以上技术职称。

(4)禹门口黄河公路大桥的桥梁养护工程师履行以下主要职责:

①制订桥梁检查计划,组织实施禹门口黄河公路大桥经常检查、定期检查与评定。
②根据检查结果,制订禹门口黄河公路大桥的小修保养和养护工程项目年度建议计划,提出桥梁养护工程方案。
③参与大桥养护工程技术方案审查、实施过程管理和交(竣)工验收。
④负责禹门口黄河桥管理系统的运行、维护、更新及其他技术档案管理工作。
⑤负责建立三类、四类、五类桥梁专项卡片资料,安排病害监测或决定是否采取交通管制措施。
⑥负责超重车辆过桥有关技术工作,监测桥梁主要受力部件,做好现场记录并及时录入数据库。
⑦负责禹门口黄河公路大桥的长期监测,并建立和保存相应的监测数据和资料。
⑧负责编制禹门口黄河公路大桥养护管理和安全运行年度报告。

3.1.5 桥梁检查与评定制度

1)桥梁检查制度

中交韩城黄河大桥有限公司按现行《公路桥涵养护规范》(JTG 5120)、《陕西省公路桥梁养护管理工作实施细则》等相关规定和要求,组织桥梁养护工程师和专业桥梁检测机构对所管养桥梁开展技术检查。

(1)桥梁检查分为初始检查、日常巡查、经常检查、定期检查和专项检查。

桥梁检查在原规范检查类型的基础上,增加了初始检查和日常巡查,并将特殊检查更名为专项检查。

初始检查是桥梁建成或改造后的首次检查,反映桥梁的初始技术状态,作为日后各项检查与评定的基准,是桥梁养护工作的基础。日常巡查在《公路养护技术规范》(JTG H10—2009) 5.1.3 条中已明确规定,"应加强桥涵的日常巡查。桥涵日常巡查是桥涵日常工作的重要内容之一,应予以充分重视,发现隐患或病害应及时处治。"日常巡查主要考虑很多公路管养单位均将日常巡查纳入大跨径、重要的桥梁的养护工作中,取得了良好的效果,同时考虑到近年来桥梁遭受自然灾害、车船撞击等突发情况而破坏的事件时有发生,因此增加桥梁日常巡查是非常必要的。专项检查包括现场试验、量测、检算、分析、鉴定及水下检测等专门的检测评定工作。

(2)禹门口黄河公路大桥作为新建桥梁进行初始检查。初始检查与交工验收同时进行。

初始检查的目的是采集桥梁的基础状态数据,建立桥梁技术档案,作为日后经常检查、定期检查、专项检查及桥梁评定的基准;通过初始检查,可确定桥梁各构件的基础技术状况,便于对后期发现的桥梁缺陷和病害作对比分析,确定病害或缺陷成因及发展程度,为桥梁进一步养护提供依据。

初始检查宜尽早进行,以确保如实反映桥梁的初始技术状况。初始检查宜与交工验收同时进行,以避免一些参数重复检查或漏检。交工验收是以抽检的形式按现行《公路工程质量检验评定标准》(JTG F80)对桥梁工程质量进行检测评定;初始检查是以全面检查的形式按本规范的具体内容和现行《公路桥梁技术状况评定标准》(JTG/T H21)进行检查评定;交工验收检测不能替代初始检查,初始检查可以沿用交工验收检测报告里已经包含的参数数据,避免重复检测,节省养护费用。

(3)日常巡查是对可视范围内的桥梁构件及附属设施进行的日常性巡视。

(4)经常检查主要对桥面设施、上部结构、下部结构和附属构造物的技术状况进行日常巡视检查。

(5)定期检查是指按照规定周期,对桥梁主体结构及其附属构造物的技术状况进行定期跟踪的全面检查,以评定桥梁技术状况等级。

(6)专项检查是指在特定情况下对桥梁技术状况进行鉴定,以查清桥梁的病害成因、破损程度、承载能力或抗灾能力等。

(7)定期开展控制检测。在桥梁上下部结构的必要部位埋设永久性位移观测点,并定期对其水平位移、高程和倾斜度等进行检测。

(8)建立健康监测系统,实时监测桥梁技术状况。

(9)应委托具备相应资质和能力的专业检测机构实施桥梁定期检查、专项检查。

2)桥梁评定制度

(1)桥梁评定包括技术状况评定和适应性评定。

(2)桥梁技术状况评定依据桥梁初始检查、定期检查资料,通过对桥梁各部件技术状况的综合评定,确定桥梁的技术状况等级,提出养护措施。评定按现行《公路桥梁技术状况评定标准》(JTG/T H21)执行。

(3)桥梁适应性评定可根据需要进行。评定工作可与定期检查、专项检查结合进行。

3.1.6　桥梁监测与评估制度

(1)积极采用现代信息技术,逐步建立禹门口黄河公路大桥健康监测系统。桥梁健康监测系统与桥梁养护管理系统相结合,构成桥梁运营监测综合管理系统。

(2)定期进行维护桥梁健康监测系统,以保证其硬件系统采集的数据质量保持设计状态、软件系统功能运行正常。

健康监测系统能正常发挥作用的基础在于正确采集结构的响应,从而为结构安全分析提供高质量的数据。为达到此目标,其传感器系统须定期进行检定,对异常或达到使用寿命的仪表进行维修或更换。软件系统则根据硬件系统的更换,做好对新旧监测数据的重新标定、衔接和更新,以维持有效的使用功能。

(3)桥梁健康监测系统的结果与桥梁的经常、定期与特殊检查相互补充、相互验证。不直接应用桥梁健康监测的结果作为养护工程的依据。

(4)根据桥梁健康监测情况,提出桥梁监测评估报告,不断完善评估制度。

3.1.7　桥梁重要病害动态管理制度

(1)本制度所指的桥梁重要病害,是指桥梁结构的重要部位所出现的病害,即斜拉索两端的锚具、锚垫板及其焊缝病害、拉索防腐系统病害、减振系统病害、斜拉索的异常振动等不良现象;主塔表面纵向裂缝、塔柱底部横向裂缝、塔身倾斜、塔内部积水以及其他不良现象;钢—混凝土组合梁桥面板与梁体结合面有裂缝或渗水等不良现象。预应力混凝土板开裂变形、露筋缺损等不良现象;钢结构变形、焊缝开裂及其他不良现象;预应力混凝土箱梁跨中底板裂缝、

1/4跨至支点处腹板斜裂缝等。

(2)本制度所指危桥,是指处于危险状态,不能达到通行安全的桥梁,即符合现行《公路桥涵养护规范》(JTG 5120)桥梁技术状况评定标准中四、五类危险状态的桥梁(即符合下列两项指标之一的桥梁):

①桥梁重要部件出现严重的功能性病害,且有继续扩张现象;关键部位的部分材料强度达到极限,出现部分钢筋断裂、混凝土压碎或压杆失稳变形的破损现象,变形大于规范值,结构的强度、刚度、稳定性和动力响应不能达到平时交通安全通行的要求;

②实际承载能力比设计承载能力降低10%~25%以上。

(3)养护单位是危桥管理及桥梁重要病害动态管理的责任主体。养护单位负责所辖路段公路桥梁日常巡查、定期检查,及桥梁重要病害的日常监测及病害发展的观察工作;负责第一时间发现危桥,对出现重要病害及危桥进行适时监控,并具体落实每座危桥各项维修加固等保障措施,并上报行业监管单位。

(4)对发现桥梁重要病害的情况,应作如下处理:

①发现桥梁重要部(构)件的缺损明显达到三、四、五类技术状况后,未进行定期检查或特殊检查前,负责日常养护管理的养护单位应采取应急保障措施,保证通行安全。

②负责公路桥梁定期检查的检测单位在作出危桥评定后,提出保证通行安全的保障措施,养护单位负责实施或者监督实施。

③各养护单位对已认定的危桥必须采取保障及临时加固措施,发布通告,设立限载、限速标志,限制大型车辆通行危桥,提前向驾乘人员发出预告。对每座危桥,均制定应急预案。

④对于可能发生安全事故的桥梁,要设专人严看死守,做好检测记录,保障措施应尽可能减少对车辆、行人通行的影响。

⑤断交或限载的桥梁必须设置好绕行便道或绕行路线,并合理设置断交或限载警示标志及车辆绕行预告、指示、导向等标志,避免只在桥头设置限载标志而车辆照常通行的情况出现,保障限制车辆能够顺利绕行。

3.1.8 桥梁养护工程管理制度

(1)按照养护目的和养护对象分类,养护工程分为预防养护、修复养护、专项养护和应急养护。按照工程性质、技术复杂程度和规模大小,养护工程分为日常保养、维修、加固及改建四类。养护工程由中交韩城黄河大桥有限公司组织实施。

(2)桥梁养护工程实施模式按以下规定进行:

①禹门口黄河公路大桥的桥梁养护实行中交韩城黄河大桥有限公司自养。

②中交韩城黄河大桥有限公司无能力自行承担的,实行市场化养护。

(3)养护工程一般采用一阶段施工图设计。技术特别复杂的,可以采用技术设计和施工图设计两阶段设计,由具有相应设计资质的单位承担。

(4)桥梁养护工程实行监理制,养护维修、加固及改建由具有相应监理资质的单位承担。

(5)桥梁养护工程实行招投标制。桥梁养护工程的设计、施工、监理、试验检测等单位由中交韩城黄河大桥有限公司按照陕西省内相关规定,通过竞争性方式选择承担单位。

(6)中交韩城黄河大桥有限公司应采取措施,加强桥梁养护工程施工管理,强化施工现场检查监督,对桥梁养护工程的进度、质量、安全、造价、合同、档案等实施有效管理和控制。

(7)桥梁养护工程施工单位应按照相关规定,合理布设施工作业控制区,设置安全防护设施,保证施工车辆、人员和过往车辆的安全。

(8)桥梁养护大中修、改建工程完工后,按照《公路养护工程管理办法》(交公路发〔2018〕33号)相关规定进行验收。

(9)中交韩城黄河大桥有限公司应按照《陕西省公路养护工程从业单位信用评价管理办法(试行)》规定,对桥梁养护从业单位进行信用考核和管理,逐步构建统一公开、竞争有序的桥梁养护工程市场。

3.1.9 技术档案管理制度

(1)建立健全桥梁技术档案管理制度。要按照"一桥一档"的要求,应用桥梁管理系统,建立桥梁技术档案,及时更新桥梁技术数据,保证桥梁技术档案真实完整,实现电子化管理。

(2)桥梁技术档案包括桥梁基础资料、管理资料、技术检查资料、养护维修资料、特殊情况资料等。

(3)桥梁基础资料包括以下内容:
①桥梁基本状况卡片。
②桥梁地质水文资料。
③桥梁设计施工图及竣工图,结构计算分析报告。
④施工过程中的试验检测及科研资料。
⑤工程事故处理资料。
⑥施工全过程的结构位移或变形测试资料。
⑦观测或监测点(部件)资料。
⑧交(竣)工验收资料。

(4)桥梁管理资料包括中交韩城黄河大桥有限公司及其分管领导、桥梁养护工程师等的基本资料。管理资料中对桥梁养护工程师除归档个人基本资料外,还归档其业务考核情况和年度主要工作情况。

(5)桥梁技术检查资料包括桥梁经常检查、定期检查结果、养护对策建议、专项检查建议报告、应急检查报告、养护建议计划等技术资料,以及检查时间、实施人员等基本资料。

专项检查还包括检测(试验)方案、检测(试验)报告、照片及多媒体材料,检测(试验)方的资质证书(复印件)、业绩证明(复印件)以及主要检测人员的资格证书(复印件)等。

(6)桥梁养护维修资料包括以下内容:
①日常保养工程的实施技术资料和养护质量评定结果,以及工程实施时间、组织实施人员等。
②桥梁维修、加固、改建工程的设计图纸、竣工图纸、施工资料、监理资料、监控(监测)资料、质量事故处理报告、交(竣)工验收等技术资料,以及设计、施工、监理和监控(监测)等各方的资质证书(复印件)、业绩证明(复印件)及其主要检测人员的资格证书(复印件)等。

(7)桥梁特殊情况资料主要包括地质灾害、气象灾害、超限运输等特殊事件的具体情况、损害程度、处治方案等。

(8)收集历年检查、养护资料,逐步建立和完善其技术档案。必要时,可专门安排有针对性的检测、试验或专项检查,补充、完善桥梁技术资料。

3.1.10 监督检查制度

(1)中交韩城黄河大桥有限公司依据相关规定,对禹门口黄河公路大桥的养护与管理工作进行监督检查,检查周期不小于每季度一次。养护实施队伍按照各自职责权限,对禹门口黄河公路大桥的养护与管理情况进行检查,全面掌握技术状况,检查周期不小于每月一次。

(2)公司工程养护部对各养护队伍的养护管理工作进行监督检查,对桥梁养护管理工作薄弱、日常检查不到位、没有准确掌握桥梁技术状况、安全隐患突出区段的养护队伍,将上报公司进行通报批评,监督检查内容主要包括:

①规章制度和技术规范执行情况。
②桥梁养护经费的使用情况。
③桥梁检查、评定工作的开展情况。
④养护计划、预算执行和养护工程管理情况。
⑤技术档案管理情况。

3.1.11 定期培训制度

(1)桥梁养护工程师实行定期培训与考核制度。桥梁养护工程师培训如图 3-1 所示。

图 3-1　桥梁养护工程师培训

(2)陕西省公路局每年对省、市两级桥梁养护工程师进行技术培训,并将技术培训情况纳入桥梁养护工程师考核。技术培训采用集中脱产的面授方式。

(3)中交韩城黄河大桥有限公司负责对禹门口黄河公路大桥的桥梁养护工程师及其他桥梁管养人员每年进行技术培训和考核,并将培训情况和考核结果报省公路局备案。技术培训采用集中脱产的面授方式,培训时间不少于16学时。

3.1.12 安全事故责任追究制度

(1)为落实禹门口黄河公路大桥养护管理工作责任制,规范禹门口黄河公路大桥管养安全事故的责任追究,根据有关法律法规,结合禹门口黄河公路大桥养护管理实际,制定本制度。

(2)禹门口黄河公路大桥管养安全事故实行责任追究是指对禹门口黄河公路大桥监管和管养单位及相关责任人违反桥梁管理制度,不履行或不正确履行职责,造成不良后果的行为予以责任追究的制度。

(3)禹门口黄河公路大桥监管和管养单位是本座桥梁管养安全管理工作的责任单位,应建立和完善各类桥梁管理制度及应急预案,保障公路桥梁安全运行。

(4)桥梁管养安全事故责任追究坚持"事故原因分析不清不放过,事故责任者和群众没有受到教育不放过,没有采取切实有效防范措施不放过,事故责任没有受到追究不放过"的原则。

(5)有下列情形之一的,按有关规定追究责任:

①未履行国家有关法律、法规规定的公路桥梁管养安全职责,或未按照规定的程序正确履行,造成责任范围内公路桥梁安全事故的。

②因桥梁管护工作不到位,发生特大桥梁安全事故的。

③未按规定要求对桥梁进行检查或检查不认真,对可能发生的问题未及时采取有效的防范措施,而引发或造成公路桥梁管养安全事故的。

④不按相关规定准确掌握桥梁技术状况而未采取相关措施,导致桥梁管养安全事故的。

⑤未根据桥梁技术状况和管养需求安排相应投资而造成桥梁管养安全事故的。

⑥未按规定及时上报有关桥梁安全情况的。

⑦其他法律、法规、规章有规定但未依照其规定执行而导致桥梁管养安全事故的。

3.1.13 年度报告制度

(1)中交韩城黄河大桥有限公司要建立桥梁养护管理和安全运行年度报告制度,对所辖桥梁技术状况、桥梁检查和桥梁养护管理工作开展等情况进行分析和逐级上报。

(2)桥梁养护管理和安全运行年度报告包括以下主要内容:

①禹门口黄河公路大桥基本情况(大桥养护管理工作开展情况、大桥总体技术状况分析、大桥安全事故情况和原因分析和大桥重大安全隐患处置情况)。

②禹门口黄河公路大桥安全运行十项制度落实情况。

③禹门口黄河公路大桥技术状况分析。

④下一年度桥梁养护工作重点及计划安排。

(3)中交韩城黄河大桥有限公司每年应在规定时间内将《108国道禹门口黄河公路大桥桥梁养护管理和安全运行年度报告》上交至陕西省公路局。

3.2 运营管理制度

3.2.1 日常行车管理

(1)中交韩城黄河大桥有限公司根据交通情况,及时调整、完善交通安全设施,做到完好、齐全、醒目,能够有效提示车辆通过大桥时遵守交通规则。

(2)做好危险货物运输车辆的管理工作,对装载、携带易燃易爆以及其他危险货物的车辆通过大桥时,严格执行国家有关危险货物运输的规定,确保行车安全。遇有自然灾害、恶劣气象条件以及其他严重影响大桥运营安全的情形时,危险品运输车辆不得驶上(入)大桥。

3.2.2 超限车辆管理

(1)超限车辆,是指有下列情形之一的货物运输车辆:

①车货总高度从地面算起超过4m。

②车货总宽度超过2.55m。

③车货总长度超过18.1m。

④二轴货车,其车货总质量超过18000kg。

⑤三轴货车,其车货总质量超过25000kg;三轴汽车列车,其车货总质量超过27000kg。

⑥四轴货车,其车货总质量超过31000kg;四轴汽车列车,其车货总质量超过36000kg。

⑦五轴汽车列车,其车货总质量超过43000kg。

⑧六轴及六轴以上汽车列车,其车货总质量超过49000kg。其中,牵引车驱动轴为单轴的,其车货总质量超过46000kg。

(2)加强超限超载政策文件宣传。向过往通行货车发放《货运车辆超限超载计重收费调整内容告知书》,并就超载超限认定标准变化、超载超限的社会危害进行详细说明,使驾乘人员提前了解新的认定标准,从而强化合法合规运输观念,杜绝不必要的投诉纠纷。

(3)对于欲经禹门口黄河公路大桥通行的超限车辆,收费站工作人员有权要求承运人出示始发地公路管理机构批准的《超限运输车辆通行证》,对于有证车辆放行过桥,对于无证车辆进行劝返。对于劝返无效且无理抗拒者,由收费站工作人员立即告知当地交警、路政或公安机关予以查处。超限运输车辆通行证如图3-2所示。

 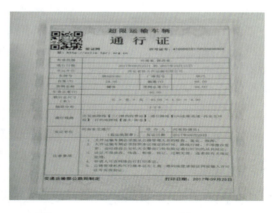

图3-2 超限运输车辆通行证

(4)强化收费人员业务政策本领。利用站务会、班务会时间,由值班站长带头学习收费业务政策,提高收费人员车型分类辨别能力,着重对超限超载认定标准进行系统化培训,确保一线职工车型认定快速准确,通行费征收工作有序进行。

(5)中交韩城黄河大桥有限公司采用固定检测和流动稽查相结合的方式,对货运车辆进行超限检测。其中,固定检测主要集中于西引桥侧上桥方向;流动稽查主要集中于东引桥侧上桥方向,并根据流动稽查需要,规划、设置卸货场地。桥梁管养单位对流动稽查发现的超限车辆,将其引导至邻近的治超检测站或卸货场,按静态检测磅秤复检结果进行处理。

(6)治超检测站和流动稽查所使用的承重计量器具、测量超限几何尺寸的计量器具按期进行检定。

(7)做好应急保畅协调联动准备。收费岗亭备齐超限超载认定相关政策文件,方便驾驶员查看,并安排疏导人员做好文件解释工作,保证收费工作有理有据、有法可依、有章可循。遇特殊情况,及时通知高速公路交警、路政部门协调联动,同时加开车道,防止道路堵塞,保障站口畅通。

(8)桥梁管养单位工作人员在治理公路超限运输工作中,严禁玩忽职守、徇私舞弊;对涉嫌犯罪的,移送司法机关依法查处。

3.2.3　大件运输许可管理

载运不可解体物品的超限运输(以下简称"大件运输")车辆,依法办理有关许可手续,采取有效措施后,按照指定的时间、路线、速度行驶公路。未经许可,不得擅自行驶桥梁。

大件运输车辆行经大桥,承运人按下列规定向公路桥梁管理机构申请公路超限运输许可:

(1)跨省、自治区、直辖市进行运输的,向起运地省级公路管理机构递交申请书,申请机关需要列明超限运输途经公路沿线各省级公路管理机构,由起运地省级公路管理机构统一受理并组织协调沿线各省级公路管理机构联合审批,必要时可由交通运输部统一组织协调处理。

(2)在省、自治区范围内跨设区的市进行运输,或者在直辖市范围内跨区、县进行运输的,向该省级公路管理机构提出申请,由其受理并审批。

(3)在设区的市范围内跨区、县进行运输的,向该市级公路管理机构提出申请,由其受理并审批。

(4)在区、县范围内进行运输的,向该县级公路管理机构提出申请,由其受理并审批。

公路管理机构审批公路超限运输申请,根据实际情况组织人员勘测通行路线。需要采取加固、改造措施的,承运人应当按照规定要求采取有效的加固、改造措施。公路管理机构应当对承运人提出的加固、改造措施方案进行审查,并组织验收。

承运人不具备加固、改造措施的条件和能力的,可以通过签订协议的方式,委托公路管理机构制定相应的加固、改造方案,由公路管理机构进行加固、改造,或者由公路管理机构通过市场化方式选择具有相应资质的单位进行加固、改造。

采取加固、改造措施所需的费用由承运人承担。相关收费标准应当公开、透明。对检查中发现的车货总质量在100t以上的严重违法超限超载车辆,禁止上桥通行,并将相关情况上报交通运输执法部门,形成治超工作高压态势。

3.2.4　船舶通行安全管理

船舶通过长大桥梁所在水域时,严格遵守航行法规和有关规定,谨慎操作。养管单位宜与航道管理等部门采用联勤联动方式加强长大桥梁及通航安全设施的日常巡查,及时发布跨河桥梁的通航净空尺寸、具体位置等数据,防止船撞事故发生。

3.2.5　灾害气候交通管理

（1）大桥管养单位是桥梁遭受自然灾害和突发事件处置工作的责任主体，制定了应急预案，明确信息上报、分级响应、交通保障与恢复、事故调查等工作的职责和程序。一旦桥梁遭受自然灾害和突发事件，立即启动应急预案，及时有效地开展处置工作。

（2）大桥管养单位应针对冰冻雨雪天气，加强桥面防水、排水和除冰雪工作。发生交通阻断的，在有关规定和要求的时间内抢通。清除冰雪避免采取桥面撒盐或卤水等破坏结构耐久性的除冰雪措施。

（3）遭受自然灾害和突发事件造成桥梁出现以下情况时，中交韩城黄河大桥有限公司在接获有关信息后立即按规定报上级主管部门，并及时采取交通管制或封闭交通以及临时工程处置措施：

①出现严重损害危及桥梁安全的情况；
②桥梁损毁导致交通中断的；
③积雪结冰导致桥梁交通中断或需封道、并道通行的；
④遭受自然灾害、外力撞击、超重运输、交通事故、火灾爆炸或其他异常事件造成桥梁严重后果的。

3.2.6　突发事故交通管理

（1）制定以预防和处治桥梁坍塌事故为重点的突发事件应急预案，明确信息上报、分级响应、交通保障与恢复、事故调查等工作的职责和程序。

（2）单独制定针对禹门口黄河公路大桥的应急预案，除采取相应的管理措施外，还分别制定应急交通组织方案，确保一旦发生事故，交通组织工作井然有序。

（3）接获公路桥梁突发信息后，桥梁管养单位立即向上级主管部门报告并启动应急预案，及时、有效地进行处治工作。应急处治过程中，按相关规定向上级主管部门续报有关情况。

（4）紧密配合地方各级交通运输主管部门、公路管理部门，按照职责分工和相关预案切实做好应对桥梁突发事件的人员、物资、资金保障工作，确保应急工作正常有序进行。

3.2.7　交通量统计管理

（1）中交韩城黄河大桥有限公司充分利用信息技术手段，逐步提升禹门口黄河公路大桥视频信息采集、传输、存储、加工处理与应用服务的信息化、自动化水平。

（2）妥善管理交通流量信息等内部资料，其中大桥车辆运行状况等相关信息可向社会公众发布。年度统计报表、汇编资料、分析报告及汇总后的电子数据库文件应永久保存，其他统计信息保存年限应不少于10年。

3.2.8　桥梁保护区管理

中交韩城黄河大桥有限公司高度重视桥梁安全保护区管理工作，严格执行桥梁养护管理的各项规章制度，采取科学有效的管理手段和技术措施，及时对所管辖的桥梁安全保护区组织实施检查和养护治理，确保桥梁安全保护区和桥梁安全。

禹门口黄河公路大桥桥梁安全保护区检查内容主要有：

（1）坚决查处桥梁跨越的河道上游500m、下游3000m范围内的采砂行为。

（2）坚决查处在桥梁周围200m范围内从事采矿、采石、取土、爆破作业等危及公路桥梁安全的活动。

（3）坚决查处在桥梁跨越的河道上、下游各1000m范围内抽取地下水、架设浮桥以及修建其他危及公路桥梁安全的设施。

（4）坚决查处在桥梁200m周围内设立生产、储存、销售易燃、易爆、剧毒、放射性等危险物品的场所、设施。

（5）对检查发现的桥梁安全保护区一般问题和安全隐患，能现场整改的，应立即组织相关人员进行整改治理；不能立即实施整改的，应做好应急管理措施，并及时向上级主管部门报告，提出整改治理建议。待上级主管部门审批整改方案后，立即组织相关人员严格按照上级主管部门审批的整改治理方案处置安全隐患。

（6）对检查发现桥梁安全保护区存在重大安全隐患的，做好应急管理措施，并立即向上级主管部门报告，同时建议上级主管部门协调公路管理部门和地方政府航道、应急管理、治安等相关职能部门开展联合治理专项行动，全面治理桥梁安全保护区各类安全隐患，保证桥梁安全运营。

禹门口黄河公路大桥桥梁安全保护区现状如图3-3所示。

图3-3　禹门口黄河公路大桥桥梁安全保护区现状

第4章 风险管控

"风险为因,事故为果",从管理及技术角度将桥梁风险降至极低,是管养工作的重点和难点。本章主要对运营期可能出现的风险进行评估分析,识别风险源,并针对各类风险找出相应的风险管控措施。

4.1 风险管控目的

根据大数定律,在长期不断的试验中,小概率事件是几乎一定会发生的。因此,风险是客观存在的。风险可认为是在特定的客观情况下,在特定的时期内,某一事件的预期结果与实际结果间的偏离程度。偏离程度越大,风险越大;反之,风险越小。即,风险包括两个方面:偏离发生的概率和偏离程度。具体到桥梁工程领域,可以认为其风险为在桥梁全寿命过程中,对桥梁安全造成影响的不确定事件。桥梁运营期风险的产生是内部因素(如桥梁结构本身)与外部条件(如人、运营条件)在一定的时间和空间中相互作用的结果,具有客观性和严重性。风险可以控制、减小、分担、转移或接受,在一定的时间和空间内可以改变风险存在和发生的条件,降低风险发生的概率和损失程度,但不能忽略风险,更不能消除风险。因此,须研讨桥梁运营期风险发生的机理,辨识风险源,并利用概率论和数理统计的方法测算风险事故发生的概率及其损失程度,然后制订应对策略,降低风险发生的概率及其可能导致的损失,防患于未然。

4.2 风险分析方法

风险分析方法见表4-1。

风险分析方法　　　　　　　　　　　　　　　　表4-1

序号	方法名称	备注
1	定性分析法	风险分析有时只需采用其中的一种方法,而有时则要采用两种或三种方法相结合。这些方法各具特色,互相补充,但彼此并不能替代
2	定量分析法	
3	定性定量综合分析法	

(1)定性分析法带有很强的主观性,往往需要凭借分析者的经验和直觉,或者行业的标准和惯例,为风险管理诸要素(风险事故发生的可能性、现有应对策略的效力等)的大小或高低程度定性分级,主要回答"有没有""是不是"方面的问题,具体采取的方法有小组讨论、检查列表、问卷法、人员访谈法、专家调查法等。该方法实际操作相对容易,但也可能因为操作者的经验和直觉的偏差而使分析结果失准。

(2)定量分析法的思想是对构成风险的各个要素发生概率和潜在损失的水平赋予数值或货币金额的概念,当度量风险的所有要素都被赋值后,风险评估的整个过程和结果就都可以被量化了,如蒙特卡罗法等。定量分析方法主要回答"有多少"的问题。

(3)对于介于定量与定性方法之间的方法,目前没有形成统一的标准。有学者根据在分析方法中对定性分析和定量分析侧重的不同,将其划分为以定性分析为主、辅以定量计算的定性半定量法,以及以定量分析为主、定性分析为辅的定量半定性法。

理论上,通过定量分析可以对安全风险进行准确的分级,但前提是可供参考的数据指标是准确的。但事实上,在工程实际中,定量分析所依据的数据的可靠性是很难保证的,再加上数据统计缺乏长期性、计算参数的假定及过程的不准确性,这就给分析的量化带来了很大困难。所以,目前工程实际应用的风险分析应以定性分析方法为主。本章述及的桥梁运营期风险分析即采用定性分析法。

4.3 风险评估指标

一般来说,风险可表征为风险事故发生的概率和事故损失的"乘积"。根据《公路桥梁和隧道工程设计安全风险评估指南》的规定,结合禹门口黄河公路大桥运营的实际情况,下面给出风险事件的发生概率和损失(人员伤亡、经济损失、环境破坏)的等级评定标准,并给出针对风险事故的等级划分标准。

1)工程安全风险发生概率等级标准

工程安全风险发生概率的等级分为5级,各等级判断标准见表4-2。

工程安全风险发生等级概率等级标准 表 4-2

定量判断标准 (概率区间)	中 心 值	概率等级描述	概率等级
$P_f \geq 0.3$	1	频繁发生	5
$0.03 \leq P_f < 0.3$	0.1	可能发生	4
$0.003 \leq P_f < 0.03$	0.01	偶然发生	3
$0.0003 \leq P_f < 0.003$	0.001	很少发生	2
$P_f < 0.0003$	0.0001	几乎不可能发生	1

注:1. P_f 为概率值,当概率值难以取得时,可用年发生频率代替。
　　2. 中心值代表所在区间的对数平均值。
　　3. 风险发生概率等级应优先采用定量判断标准确定。当无法进行定量计算时,可采用定性判断标准确定。

2)人员伤亡等级标准

人员伤亡是指在参与施工活动过程中人员所发生的伤亡情况,依据人员伤亡的类别和严重程度进行分级。人员伤亡等级的判断标准见表 4-3。

人员伤亡等级标准 表 4-3

后果定性描述	灾难性	很严重	严重	较大	轻微
后果等级	5	4	3	2	1
人员伤亡数量 (人)	$F \geq 30$ 或 $SI \geq 100$	$10 \leq F < 30$ 或 $50 \leq SI < 100$	$3 \leq F < 10$ 或 $10 \leq SI < 50$	$F < 3$ 或 $5 \leq SI < 10$	$SI < 5$

注:F-死亡人数;SI-重伤。

3)经济损失等级标准

经济损失是指风险事故发生后造成工程项目发生的各种费用的总和,包括直接费用和事故处理所需的各种费用。经济损失等级标准见表 4-4。

经济损失等级标准 表 4-4

后果定性描述	灾难性	特大	重大	较大	轻微
后果等级	5	4	3	2	1
经济损失(万元)	>5000	500~5000	50~500	10~50	<10

注:"~"含义为包括上限值而不包括下限值,以下各表均同。

4)环境影响等级标准

环境影响是指桥梁施工对周围建(构)筑物破坏或损害、环境污染等,根据其影响程度进行分级。环境影响等级标准见表 4-5。

环境影响等级标准 表 4-5

后果定性描述	灾难性	很严重	严重	较大	轻微
后果等级	5	4	3	2	1
环境影响描述	永久的且严重的	永久的但轻微的	长期的	临时的但严重的	临时的且轻微的

注:"临时的"含义为在施工工期以内可以消除;"长期的"含义为在施工工期以内不能消除,但不会是永久的;"永久的"含义为不可逆转或不可恢复的。

5)风险等级标准

根据事故发生的概率和后果等级,风险等级标准见表 4-6。

风 险 等 级 标 准　　　　　　　　　　　　　　　　表 4-6

后果等级 概率等级		轻微 1	较大 2	严重 3	很严重 4	灾难性 5
很可能	5	高度	高度	极高	极高	极高
可能	4	中度	高度	高度	极高	极高
偶然	3	中度	中度	高度	高度	极高
不可能	2	低度	中度	中度	高度	高度
很不可能	1	低度	低度	中度	中度	高度

6）风险接受准则与风险处理措施

风险接受准则与采取的风险处理措施见表4-7。

风险接受准则与采取的风险处理措施　　　　　　　　　　　　表 4-7

风险等级	接受准则	处 理 措 施
低度	可忽略	此类风险较小，不需要采取风险处理措施和监测
中度	可接受	此类风险次之，不需要采取风险处理措施，但需予以监测
高度	不期望	此类风险较大，必须采取风险处理措施降低风险并加强监测，且满足降低风险的成本不高于风险发生后的损失
极高	不可接受	此类风险最大，必须高度重视并规避，否则要不惜代价将风险至少降低到不期望的程度

4.4 运营期风险源识别

根据禹门口黄河公路大桥运营环境及结构特点，并向专家进行咨询，确定本桥运营管理的主要风险源为：①斜拉索锈蚀、断丝风险；②风致行车安全风险；③危险货物运输风险；④汽车超载风险；⑤车致桥梁事故风险；⑥灾害天气风险。

下面主要针对上述风险源，并结合禹门口黄河公路大桥实际情况，展开叙述与分析。

4.4.1 斜拉索锈蚀、断丝风险

斜拉索是斜拉桥的主要受力构件，对桥梁结构的安全和使用寿命具有直接的重要影响。然而，斜拉索从架设张拉施工时起，就不可避免地受到腐蚀退化、振动疲劳等各种不利因素的作用。由于其置于大气环境中，并长期处于高应力状态，且其截面尺寸又小，故斜拉索对腐蚀作用非常敏感，斜拉索钢丝锈蚀乃至断丝是导致拉索承载能力降低的主要原因。斜拉索钢丝锈蚀如图4-1所示，斜拉索钢丝截面损失如图4-2所示。

斜拉桥的使用安全性和耐久性在很大程度上取决于斜拉索的抗腐蚀能力。从过去的斜拉索使用情况中可以发现，斜拉索存在锈蚀断丝的风险，其将严重影响结构和行车安全。钢丝锈蚀形式多种多样，包括孔蚀、均匀腐蚀、应力腐蚀和腐蚀疲劳等。斜拉索锈蚀或断丝的原因见表4-8。

图 4-1　斜拉索钢丝锈蚀

图 4-2　斜拉索钢丝截面损失

斜拉索锈蚀、断丝的原因　　　　　　　　　　　表 4-8

序号	原因描述
1	在温度、汽车荷载及风荷载等作用下,斜拉索应力幅较大,其下端部处于反复弯剪受力状态,容易发生疲劳断裂
2	斜拉索锚头防水密封性欠佳或 PE(聚乙烯)外套开裂,导致拉索受到大气和雨水的直接侵蚀,出现锈蚀、断丝现象
3	斜拉索高应力状态加剧其钢丝锈蚀

4.4.2　风致行车安全风险

2004 年 8 月 12 日,广州虎门大桥发生狂风将 7 辆空载货车掀翻的事故,致使桥上交通中断。在桥梁运营阶段,需要进一步加深对长大桥梁上行车安全的关注,特别是对于禹门口黄河公路大桥所处特殊风环境,更应引起足够重视。风力对桥梁的设计及运营的安全都提出了更高要求。大风吹翻桥面货车现场如图 4-3 所示。

下面从不同方面考虑风对行车安全的影响。

图 4-3 大风吹翻桥面货车现场

1）桥面风环境变化导致的行车安全风险分析

桥面上的风环境往往变化较大，特别是桥塔区域，风速由于桥塔的遮挡作用而迅速变化，造成车辆在行驶至该区域时发生两次车辆侧风的突变，极易造成车辆驾驶困难而发生行车安全事故。目前，国内外对这个问题的解决方法主要有两种：一是在高风速下限制车辆的通行或对车辆进行限速；另一是在全桥或桥塔局部区域设置风障。

根据我国相关规范规定，桥梁的安全行车风速确定为 25m/s，而如果一旦出现大风引起桥梁行车安全性问题时，需要对桥梁进行封闭，这样就会造成经济效益和社会效益的损失。

2）桥梁风振对桥梁结构物自身的影响

桥梁受到脉动风的作用会产生随机振动响应，从而对行驶在桥面上的车辆产生动力影响，进而影响车辆的安全性。目前的研究成果认为：在低风速抖振作用下，车辆无论是倾覆还是滑移，其安全性受风的影响均很小；在高风速下，抖振起了主要作用，桥面的行车安全车速随风速增大而显著降低。

大跨径桥梁的风致振动研究仅有半个多世纪的历史，就斜拉桥整体而言，需要考虑的主要是颤振和抖振两种形式的风振现象。禹门口黄河公路大桥处于大风环境中，根据长安大学风洞实验室《禹门口黄河公路大桥抗风性能研究》（2018 年 11 月）成果，禹门口黄河公路大桥成桥状态抗风设计基本参数见表 4-9。

禹门口黄河公路大桥抗风设计基本参数（单位：m/s）　　表 4-9

类型	设计基本风速	桥面基准风速	成桥颤振临界风速
数值	36.3	41.9	61.8

目前，通过优化桥梁断面形式和提高结构刚度，已可基本避免大跨径桥梁颤振现象的发生，但脉动风导致的桥梁抖振问题日益突出，表现为限幅的随机振动，主要引起桥梁构件的疲劳损坏，给通行者带来不舒适感和不安全感。禹门口黄河公路大桥运营过程中，主要面临的是风致振动的抖振形式。

3）交通管理问题引起的行车安全风险

强风条件下如何确保大跨径桥梁行车安全性，是目前桥梁交通管理的难题，目前主要采用限速或关闭交通的办法。然而，无论是限制车速，还是采取交通封闭措施，相关指标的确定和决策都缺少量化的数据支撑。如果限制车辆行驶的风速标准制定得过高，就会让车辆在本已不安全的大风环境中行驶，必然会增大行车安全事故发生的概率；反之，过低的车辆行驶限制风速标准，势必又会影响桥梁的通行效率，过多地关闭交通无疑将会造成较大的经济损失，并带来不良的社会影响。

从上面分析可知，强风条件下桥梁行车安全交通管理较为复杂，因此由于交通管理失误引起的损失风险很难避免。为了将这种风险控制在较低的水平，需要对强风条件下的桥梁行车安全性能进行深入分析，得到针对不同车型的安全行车速度，从而制订合理的行车管理策略。

4.4.3 危险货物运输风险

随着我国公路建设事业的发展，危险货物运输事故时有发生，并在短时间内产生相当大的毒性和腐蚀性，给环境和人民的生命财产造成巨大损失。

交通运输部公路科学研究院曾根据各种公开的资料对危险货物运输事故进行了统计，统计结果显示，总体上看，危险货物道路运输事故的数量是逐年增加的，而影响事故案例年度分布的因素也有很多，如危险货物的年产量和年周转量、危险货物运输车辆的安全性能、对危险货物道路运输的管理力度等。此外，新闻媒体对危险货物道路运输的报道力度也是一个重要的影响因素。

造成危险货物运输车辆发生交通事故的原因很多，包括超速行驶、驾驶员操作不当、避让其他机动车、疲劳驾驶、制动失效等。尽管危险货物道路运输事故量呈增长的趋势，但其在桥梁上发生的概率仍然较小。

危险货物运输车辆桥面侧翻现场如图4-4所示。

图4-4　危险货物运输车辆桥面侧翻现场

就禹门口黄河公路大桥而言，危险货物运输事故对大桥造成的危害有以下几个方面：

（1）运输易燃易爆品的车辆发生交通事故，引起火灾或爆炸，将导致部分有毒气体污染环境空气，造成人员伤亡或损坏大桥结构。

（2）运送剧烈腐蚀物（如盐酸、浓硫酸等）的车辆发生危险品泄漏事故，会使得桥面或桥梁结构严重腐蚀，造成桥面或桥梁钢结构的损坏。特别是腐蚀性的液体易流入钢结构内部，而没有被发现并及时排除。

（3）运送有毒物品的车辆发生危险品泄漏事故，会污染周围的环境。有毒气体泄漏会污染大气环境；有毒的液体流入江水中会污染黄河水环境；运载危险货物的车辆或车辆上的危险货物翻入黄河水中则会影响黄河水环境,对黄河流域局部地下水、人、畜饮水水质构成潜在隐患。

(4)危险货物运输事故会造成大桥交通的中断;或因事故造成桥梁结构损坏而不得不进行维修、更换或进行清理,导致大桥交通中断,影响到大桥的正常运营。特别是遭到放射性物质的污染时,可能需要长时间封闭桥梁来清理污染区域。

4.4.4　车辆超载风险

公路桥梁主要以服务通行车辆为主,并且在交通路网中发挥着重要的作用。可以说,维持桥梁与车辆的和谐关系才能充分发挥桥梁结构的通行作用,同时保障桥梁的结构安全。但是,超载现象的出现是对这种关系的一种挑战,长期承受超载车辆不但使得桥面铺装、伸缩装置等遭受严重的破坏,更有甚者对桥梁主体结构造成永久性的损害,为桥梁结构安全埋下安全隐患,甚至直接导致了桥梁坍塌事故,使社会承受巨大的经济损失。车辆超载引起铺装开裂与桥梁垮塌现场如图4-5所示。

图4-5　车辆超载引起铺装开裂与桥梁垮塌现场

汽车超载引起事故的后果是极为严重的。一般来讲,汽车超载可大致分为三种情况:一是早期修建的老桥超龄负载运营;二是桥梁通行的车流量超过原设计流量;三是车辆违规超载。前两者产生的原因主要是设计荷载的变化和交通量的增加;后者是车辆使用者违法超载营运,而后两种超载现象在我国公路运输中较为普遍。

汽车超载往往会对桥梁的安全性能造成隐患和威胁。就禹门口黄河公路大桥而言,汽车超载(含运煤车、危险货物运输车辆等)对本桥产生的风险因素主要体现在以下几个方面:

(1)在超载车辆作用下,桥面板可能开裂,裂缝即使在使用荷载卸除后闭合,但由于混凝土结构内部已经受到损伤,构件的开裂弯矩降低、刚度下降,于是在正常使用荷载作用下,本来不该开裂的结构产生裂缝或本来较小的裂缝成为超出规范允许的裂缝或产生较大的变形,严重影响结构的长期使用性能和结构的耐久性。

(2)汽车超载会对桥面铺装层的耐久性产生不利影响,加速桥面铺装病害的产生。

(3)超载会加剧拉索振动和疲劳作用的影响,过大的荷载还可能破坏拉索表面的防腐保护层,加速拉索锈蚀进程,影响拉索耐久性。

(4)长期的超载运营还会加速伸缩缝、支座、阻尼器等桥梁附属构件的损坏进程,导致结构边界条件的改变,影响结构的整体受力性能。

4.4.5 车致桥梁事故风险

车致桥梁事故风险主要指车况失修、车辆失控、驾驶操作不当等原因造成的车辆与桥梁构件间的撞击、剐蹭、磨蚀等损坏。常见汽车撞桥情况见表4-10。

常见汽车撞桥情况 表4-10

情况	情况描述
1	交通意外事故致使汽车撞桥
2	驾驶人酒驾或疲劳驾驶导致汽车撞桥
3	汽车失控导致撞桥

车致桥梁事故风险对桥梁的撞击、剐蹭、磨蚀部位主要包括护栏、塔柱(缆索承重桥梁)、缆索系统(缆索承重桥梁)等。就斜拉桥而言,斜拉索是斜拉桥主要受力构件,车辆撞击斜拉索很可能导致斜拉索护套破损、阻尼器脱离、底座锚固松动,甚至斜拉索断丝。2013年,一辆渣土车撞向天兴洲大桥斜拉索,导致8号斜拉索受损严重;2014年,一辆空载挂车撞击杭州湾大桥斜拉索,导致北塔下游B11号斜拉索表面护套剐蹭严重;2016年1月,南京二桥南汊大桥发生多起车辆撞击事故,其中一辆货车偏离行车路线后撞击NAX16号斜拉索,导致索护筒划伤,阻尼器撞毁,对后期拉索侵蚀与耐久性产生影响。

国内斜拉桥拉索遭车辆撞击现场如图4-6所示。

图4-6 国内斜拉桥拉索遭车辆撞击现场

4.4.6 灾害天气风险

灾害天气,如暴雪、雷击、桥面结冰、拉索表面结冰等均会对桥梁结构或运营安全产生影响。

暴雪对桥梁结构安全和正常运营的影响巨大。如2008年初,南京遭受50年未遇的暴雪,造成南京长江二桥、三桥和周边高速公路全部封闭。在此过程中,南京长江三桥主桥由北往南方向单侧出现车辆积压较多的现象,导致桥梁结构偏载严重,该侧拉索受力激增,影响结构安全。此外,雪荷载自身也影响桥梁结构的受力安全,还易造成结构锈蚀。

桥梁在运营过程中易遭受雷击,不仅会导致桥梁电子设备损毁,更可能导致人员伤亡。防雷安全是保障大桥正常运营的关键措施之一。

桥面结冰改变了车轮与桥面之间的摩擦性能，对于汽车驱动与制动均有不利影响。对于在冰面高速行驶的车辆，其驱动性能与制动性能将处于失效状态，是引起桥梁安全运营事故的诱因。

桥面冬季结冰现场如图 4-7 所示。

图 4-7　桥面冬季结冰现场

禹门口黄河公路大桥桥位区域冬季野外环境恶劣，拉索表面存在结冰的可能。拉索表面结冰除增加桥梁恒载外，还会影响拉索表面轮廓形状，护套表面双螺旋风雨振线经受遮挡后，拉索在风荷载或雨荷载作用下可能出现异常振动或异常振幅，对构件抗疲劳性能产生消极影响，不利于桥梁局部甚至整体动力特性参数的采集与研判。

此外，较高位置拉索表面冰凌脱落后，对桥面通行车辆安全亦构成一定威胁。例如，2018年1月，鄱阳湖大桥拉索结冰，冰凌从高空掉落，不少过往车辆玻璃被砸中。2019年2月，武汉白沙洲长江大桥、鹦鹉洲长江大桥、军山长江大桥以及金桥大道高架拉索处均出现冰碴掉坠现象。索结构表面冰凌如图 4-8 所示。

图 4-8　索结构表面冰凌

4.5　运营管理风险评估

禹门口黄河公路大桥运营管理风险评估表见表 4-11。

禹门口黄河公路大桥运营管理风险评估表　　　表4-11

序号	风险源	风险描述	概率级别	损失级别	风险等级
1	斜拉索锈蚀风险	斜拉索钢丝出现锈蚀、断丝,影响大桥结构及行车安全	3	2	Ⅱ
2	风致行车安全风险	桥面风速较大,风场突变,给桥面行车带来安全隐患	3	1	Ⅲ
3	危险货物运输风险	凡具有爆炸、易燃、毒害、腐蚀、放射性等性质,在运输、装卸和储存保管过程中,容易造成人身伤亡和财产损毁而需要特别防护的货物,均属危险货物。随着我国公路建设事业的发展,道路危险货物运输事故频繁发生,并在短时间内产生相当大的毒性和腐蚀性,给环境和人民的生命财产造成巨大损失	2	2	Ⅱ
4	汽车超载风险	可导致桥面铺装寿命缩短,甚至影响桥梁结构的安全	4	2	Ⅲ
5	车致桥梁事故风险	对桥梁结构物或构件造成撞击、刮蹭、磨损,影响桥梁结构物或构件使用功能与耐久性,甚至影响桥梁结构物安全	2	1	Ⅱ
6	灾害天气风险	暴雪、冰冻均影响结构或运营安全,导致交通封闭。桥梁遭受雷击,不仅会导致桥梁电子设备损毁,更可能导致人员伤亡	2	2	Ⅱ

Ⅲ级风险为高度风险,风险水平有条件接受,必须实施降低风险的应对措施,并需要制订应急计划。禹门口黄河公路大桥Ⅲ级风险为风致行车安全风险和汽车超载风险,因此在运营管理中应予以重视。

4.6　风险控制措施

桥梁运营管理风险控制的主旨是在桥梁正常使用状态下避免事故。根据上述禹门口黄河公路大桥运营期风险评估的结果,并结合专家意见,禹门口黄河公路大桥运营管理风险控制措施如下。

4.6.1　斜拉索锈蚀、断丝风险应对措施

斜拉索锈蚀、断丝风险的应对措施有:
(1)加强巡检、养护力度,定期检测斜拉索索力。
(2)加强斜拉索PE护套检查,若有裂纹应及时修复。
(3)加强对斜拉索锚头的经常性检查。
(4)对锚头浸水严重的斜拉索,可选择性打开查看其内部钢丝锈蚀程度,据此判断是否更换拉索。

4.6.2　风致行车安全风险应对措施

对于风致行车安全风险,根据禹门口黄河公路大桥自然环境条件,建议采取的应对措施如下:

（1）主桥在索塔区域防撞护栏内侧可设置过渡风障,如图4-9所示。过渡风障用于提高车辆过索塔时的行车抗风安全性,在两侧检修道外侧设置风导流板以控制主梁发生涡激振动,在运营期应对风障和风导流板进行定期维护检查,确保风障和风导流板正常工作。

图4-9　过渡风障

（2）做好对桥面风速的动态预报和跟踪,在风速较大的情况下,建议采取限制或封闭交通的方式来保证桥面行车的安全。桥面位置设置风速仪实时监测现场风速:超过10级风,禁止车辆通行;超过8级风,可考虑限制轻型客车和空载集装箱车等类型车辆通过。

（3）加强大风天气条件下桥梁的运营管理。

4.6.3　危险货物运输风险应对措施

（1）在大桥运营过程中,装有危险货物(如火药、雷管、导火线、水银、剧毒和易燃、易爆物品等)的车辆过桥时,应严加控制。必须从桥上通过时,须按危险货物运输的有关规定及时做好安全防范措施。

（2）建议制订危险品运输应急预案,如发生事故,应启动相应应急预案,尽可能地减少损失。事故处理过程中,应特别关注泄漏物的蔓延情况,保证有毒物质不污染黄河水。

（3）制订爆炸、易燃、毒害、腐蚀、放射性危险品专门运输管理办法,将其运输过程的风险降至最低。

4.6.4　汽车超载风险应对措施

（1）加强超载车辆的管理和宣传力度,充分发挥治超站的作用,严禁超载车辆通行。

（2）通过结构安全监测系统,及时发现超载、超限车辆以及结构对其的响应,评估结构受力状况。

4.6.5　车致桥梁事故风险应对措施

（1）积极开展桥面预防性养护工作,确保桥面磨耗层厚度与抗滑性能。

（2）交通流量较大的时段,宜在两侧桥头安排专职交通协管员,协助桥面交通秩序,避免通行车辆加塞、拥堵。

（3）对桥面标志、标线、轮廓标、防眩板、照面设施等进行定期维护，确保桥面指引标志与附属设施的完整性与功能性。

（4）对于通行禹门口黄河公路大桥收费站的车辆进行传单式普法宣传，告知驾驶员疲劳驾驶与酒后驾驶的危害。定期与当地交警、路政部门开展桥头联合执法行动，针对疲劳驾驶、酒后驾驶、无证驾驶等行为展开整治。

4.6.6　灾害天气风险应对措施

（1）加强禹门口黄河公路大桥斜拉索阻尼器、塔梁接合部位阻尼器的日常巡查、经常检查、定期检查工作，对阻尼器积极开展预防性养护、修复养护工作，对于功能异常、结构损坏的阻尼器，及时进行更换。

（2）桥梁检查中关注主梁外缘风导流板的外形变化与表观状况，对于发生形变、松动的风导流板及时进行复位、固定处理，并对风导流板积极开展预防性养护、修复养护工作。

（3）制订禹门口黄河大桥大风、暴雪、桥面结冰、拉索冰凌等应急预案。可对拉索表面涂装憎水材料，防止冬季结冰。

（4）通过结构安全监测系统，及时获取在大风、暴雪等恶劣天气状况下的结构响应，评估结构受力状况。

（5）灾害性天气过后，须立即进行人工检查。

（6）加强巡检养护，确保桥梁防雷系统发挥实效。

第5章 0号档案

本项目立足运营维养科学决策,建设过程中提出"首次检测"这一概念。在初次检测时即明确建立桥梁检测数据等"0号档案"信息资料,对今后的大桥养护具有重要的作用。

5.1 编制目的

及时记录禹门口黄河公路大桥的拉索索力、桥面线形、伸缩缝位移、索塔偏位、索塔高程、钢主梁及桥面板应力、桥梁结构物尺寸等指标在新建设计、交工验收、初始检查三阶段的初始数据,为大桥管养维护提供原点参照。

5.2 编制原则

0号档案的建立贯彻"全面、客观、公正"的原则,静态掌握桥梁在新建设计、交工验收、初始检查各阶段的原始数据。

5.3 使用及技术要求

禹门口黄河公路大桥使用阶段结构指标及要求见表5-1。

禹门口黄河公路大桥使用阶段结构指标及技术要求　　　　　　　表5-1

序号	指标	技术要求
1	斜拉索索力	安全系数 $K>2.5$，应力幅 $\Delta\sigma<250\mathrm{MPa}$
2	组合梁应力	$\sigma<305\mathrm{MPa}$
3	桥面板应力	$\sigma<19.25\mathrm{MPa}$
4	索塔偏位	向跨中 $\leq237.9\mathrm{mm}$，向边跨 $\leq164.4\mathrm{mm}$

5.4 桥梁主要部件概况

禹门口黄河公路大桥按类型分为斜拉桥与梁式桥，其主要部件见表5-2。

禹门口黄河公路大桥桥梁主要部件　　　　　　　表5-2

序号	结构类型	主要部件
1	斜拉桥（主桥）	斜拉索（包括锚具）、主梁、索塔、桥墩、基础、支座
2	梁式桥（引桥）	上部承重构件、桥墩、桥台、基础、支座

5.4.1 主桥主要部件

1）斜拉索

斜拉索采用环氧涂层钢绞线，钢绞线公称直径15.2mm，抗拉强度标准值1860MPa。本项目拉索型号包括250-37、250-43、250-55、250-61、250-73、250-85、250-91共七种，全桥共184根斜拉索，锚具184套。斜拉索在主梁上采用锚拉板构造锚固，在索塔上采用钢锚梁构造锚固，张拉端均设置在塔端。斜拉索环氧涂层钢绞线如图5-1所示，斜拉索两端处锚拉板如图5-2所示，斜拉索塔内张拉端如图5-3所示，斜拉索主梁处固定端如图5-4所示。

图5-1　斜拉索环氧涂层钢绞线

图5-2　斜拉索梁端处锚拉板

图 5-3　斜拉索塔内张拉端　　　　　　　　　图 5-4　斜拉索主梁处固定端

除靠近索塔的 3 对拉索不设置外置阻尼器外,其余梁端均安装外置式永磁调节磁流变阻尼器减振装置。阻尼器行程满足拉索 3Hz 以下的振型,要求能够承受 50kN 的拉压荷载作用。斜拉索减振的目标是将拉索振动的幅度控制在可接受的范围内,从满足拉索的二次弯曲强度、疲劳强度和使用三方面考虑,拉索振动的允许幅度控制在其长度的 1/1700 以内。所有斜拉索两端在斜拉索套筒内均设置内置减振橡胶块,斜拉索表面设置防风雨振双螺旋线。斜拉索桥面分布与索塔分布如图 5-5 所示。

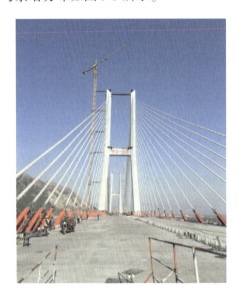

图 5-5　斜拉索桥面分布与索塔分布

2) 主梁

主梁采用双"工"字形钢主梁组合桥面板的整体断面,双"工"字形钢主梁横向中心距 28m,主梁全宽 30.25m(含布索区),梁高由"工"字形主梁 2.8m 变化到路线中心线处 3.07m,端部 10.11m 区段由 2.8m 加高到 3.5m,高度变化过渡区长 3m。钢—混凝土组合梁整体布置如图 5-6 所示,钢—混凝土组合梁桥面一般构造如图 5-7 所示。

图 5-6 钢—混凝土组合梁整体布置

图 5-7 钢—混凝土组合梁桥面一般构造

主梁、横梁、小纵梁通过高强螺栓连接形成钢梁段，架设预制桥面板，现浇混凝土湿接缝，通过焊接于钢梁顶面的抗剪栓钉组成组合梁体系。斜拉索梁上采用锚拉板锚固。现场主梁一般横断面图如图 5-8 所示。

图 5-8 现场主梁一般横断面

其中，边主梁分为索塔区梁段、标准段、中跨合龙段及边跨端部梁段。标准梁段长度 12m。上、下翼缘板宽度均为 1000mm，边支座区段局部加宽至 1230mm。上翼缘板在不同区段采用 40mm 和 50mm 两种不同厚度钢板，下翼缘板在不同区段采用 65mm 和 80mm 两种不同厚度的钢板。边主梁腹板统一采用 40mm，并设置三道 260mm×22mm 板式纵向加劲肋。钢主梁外侧一般构造如图 5-9 所示，钢主梁内侧一般构造如图 5-10 所示。

横梁采用"工"字形截面，标准间距 4.0m。其中，上翼缘板厚为 28mm 与 32mm，下翼缘板厚 32mm 与 40mm，腹板厚度分别为 16mm、20mm 与 24mm。横梁腹板处设一道水平加劲肋和若干道竖向加劲肋。钢横梁整体布置与构造如图 5-11 所示，小纵梁整体布置与构造如图 5-12 所示。

为方便混凝土桥面板纵向现浇缝的浇筑与增强主梁整体刚度，主梁设置三道小纵梁。小纵梁上下翼缘板宽 500mm，宽度 20mm，腹板厚度 12mm，高度为 500mm。小纵梁与横梁之间通过 M24 高强螺栓连接。

图 5-9 钢主梁外侧一般构造

图 5-10 钢主梁内侧一般构造

图 5-11 钢横梁整体布置与构造

图 5-12 小纵梁整体布置与构造

3）索塔

索塔采用"H"形，塔身主要由上塔柱、中塔柱、下塔柱、上横梁、下横梁组成。两索塔总高为168.3m。其中，上塔柱71.55m，中塔柱71m，下塔柱25.75m，塔座为3m。索塔整体布置与构造如图5-13所示，索塔下横梁一般构造如图5-14所示。

塔身采用箱形截面。其中，上塔柱为9.0m×5.5m（顺桥向×横桥向）等截面，横桥向壁厚0.9m，顺桥向壁厚1.1m；中塔柱为9.0m×5.5m～11.202m×6.5m（顺桥向×横桥向）变截面，横桥向壁厚0.9～1.3m，顺桥向壁厚1.4m；下塔柱为11.202m×6.5m～12.0m×8.0m（顺桥向×横桥向）变截面，横桥向壁厚1.3m，顺桥向壁厚1.6m。索塔上、下横梁均采用等截面箱形截面。上、下横梁截面尺寸均为7.4m×6.5m（宽×高），其中上横梁壁厚0.8m，下横梁壁厚1.0m。索塔上塔柱与中塔柱如图5-15所示，索塔塔顶人孔如图5-16所示。

图 5-13　索塔整体布置与构造

图 5-14　索塔下横梁一般构造

图 5-15　索塔上塔柱与中塔柱

图 5-16　索塔塔顶人孔

索塔下横梁内部空间如图 5-17 所示,索塔塔柱内部空间如图 5-18 所示。

图 5-17　索塔下横梁内部空间

图 5-18　索塔塔柱内部空间

4)过渡墩

过渡墩采用薄壁空心墩,矩形截面,墩身尺寸为 5.4m×4.5m(横桥向×顺桥向),壁厚 60cm。盖梁截面尺寸为 6.0m×2.5m(宽×高),实心截面。10 号过渡墩墩身高 14.5m,13 号过渡墩墩身高 25.5m。过渡墩整体照如图 5-19 所示,过渡墩盖梁悬臂端构造如图 5-20 所示。

图 5-19 过渡墩整体照

图 5-20 过渡墩盖梁悬臂端构造

5) 索塔与过渡墩基础

索塔基础均为钻孔灌注桩基础,桩径 2.0m。其中,11 号索塔基础共设桩基 60 根,桩长 65m;12 号索塔基础共设桩基 50 根,桩长 58m,顺桥向与横桥向中心距均为 5.0m,均按摩擦桩设计。承台为整体式矩形承台,承台高度 6m,下设 2m 厚封底混凝土。11 号索塔承台尺寸 49m×29m(横桥向×顺桥向),12 号索塔承台尺寸 49m×24m(横桥向×顺桥向)。

过渡墩基础均为钻孔灌注桩基础。10 号过渡墩共设桩基 21 根,桩径 1.5m,桩长 39m;13 号过渡墩共设桩基 10 根,桩径 2.0m,桩长 50m。过渡墩承台采用整体式,承台厚 4.0m,平面尺寸 26.6m×12m(横桥向×顺桥向)。

6) 主桥支座

主桥主梁在索塔、过渡墩处竖向均采用球型钢支座,索塔横向设置横向抗风支座。其中,索塔竖向采用双向滑动球型支座,设计承载力 7MN,纵桥向允许位移 ±600mm,横桥向允许位移 ±50mm,转角 $\theta=0.03\text{rad}$;过渡墩竖向采用两个抗压球型钢支座,其中之一为双向活动支座,设计承载力 12.5MN,纵向允许位移 ±900mm,横桥向允许位移 ±50mm,转角 $\theta=0.03\text{rad}$,其中之一为单向活动支座,设计承载力 12.5MN,设计承拉能力 1.25MN,纵向允许位移 ±900mm,转角 $\theta=0.03\text{rad}$。主桥共设置支座 12 个。索塔横向抗风支座如图 5-21 所示,索塔竖向支座如图 5-22 所示。

5.4.2 东引桥主要部件

1) 上部承重构件

单幅横桥向布置 4 片装配式预制箱梁,相邻梁体中心距 3.386m,梁高 2.0m。预制箱梁端部腹板与底板厚度均为 32cm,跨中腹板厚 20cm,底板厚 18cm,单幅横桥向设 2% 单向横坡。

2) 桥墩

东引桥下部桥墩采用圆形双柱墩,桥墩直径 1.9m,桥墩中心距 7.34m,墩顶盖梁高度 2.0m。

图5-21 索塔横向抗风支座　　　　图5-22 索塔竖向支座

3）桥台

桥台采用肋板式桥台,肋板厚度1.2m,肋板中心距7.45m,台帽厚度1.5m。

4）基础

东引桥桥墩与桥台下部基础均为哑铃形承台与钻孔灌注桩基础。其中,桥墩桩基直径2.0m,承台厚度2.5m。桥台桩基直径1.5m,承台厚度1.5m。

禹门口黄河公路大桥东引桥主梁及桥墩如图5-23所示,东引桥主梁及桥台如图5-24所示。

图5-23 东引桥主梁及桥墩　　　　图5-24 东引桥主梁及桥台

5）支座

东引桥支座采用板式橡胶支座与滑板橡胶支座。

5.4.3 西引桥主要部件

1）上部承重构件

变截面连续箱梁采用单箱单室截面,顶板宽13.5m,底板宽6.5m,单侧悬臂长度3.495m,

单幅桥面设2%单向横坡。墩顶梁高5.4m,跨中梁高2.5m,主跨梁高由墩顶到跨中按抛物线变化。

西引桥主梁及桥墩如图5-25所示。

图5-25 西引桥主梁及桥墩

2) 桥墩

西引桥下部桥墩采用空心矩形墩。桥墩采用4.5m×6.5m矩形截面(顺桥向×横桥向),壁厚0.5m。

3) 桥台

西引桥桥台采用柱式台。

4) 基础

西引桥桥墩下接矩形承台与桩基础,承台厚度3.0m,桩基直径1.8m。桥台桩基直径1.5m。

5) 支座

西引桥采用盆式橡胶支座。

5.4.4 可更换构件设计使用年限

禹门口黄河公路大桥可更换构件设计使用年限见表5-3。

禹门口黄河公路大桥可更换构件设计使用年限　　　　表5-3

序号	部件/构件名称	设计寿命(使用年限)(年)	参 考 依 据
1	主桥钢梁表面防腐涂层	20	《108国道禹门口黄河公路大桥及引道工程两阶段施工图设计》设计说明
2	斜拉索减振装置	≥25	
3	斜拉索	20	《公路桥涵设计通用规范》(JTG D60—2015)
4	东引桥板式橡胶支座	≥15	《公路桥梁板式橡胶支座》(JT/T 4—2019)
5	盆式橡胶支座	≥50	《公路桥梁盆式支座》(JT/T 391—2019)
6	护栏、伸缩缝	15	—
7	沥青混凝土桥面铺装	10~15	—

5.5 初次检查技术状况

桥梁下部主要检测墩台混凝土强度、墩台主要结构尺寸、墩台钢筋保护层厚度及墩台垂直度。桥梁下部结构墩台混凝土强度共检测测区数57个,合格测区数57个,合格率为100%;墩台主要结构尺寸共检测63点,合格63点,合格率为100%;墩台钢筋保护层厚度共检测180点,合格147点,合格率为81.7%;墩台垂直度共检测31点,合格31点,合格率为100.0%。

桥梁上部主要检测:梁板,包括混凝土强度、主要结构尺寸及钢筋保护层厚度;索塔,包括混凝土强度、倾斜度、外轮廓尺寸及钢筋保护层厚度;斜拉索系统,包括PE防护厚度、索力、锚固系统尺寸及锚固系统涂层厚度;钢梁,包括结构尺寸、焊缝尺寸、焊缝探伤、高强螺栓力矩及涂层厚度。桥梁上部结构梁板混凝土强度共检测测区数230个,合格测区数230个,合格率为100%;梁板主要结构尺寸共检测246点,合格235点,合格率为95.5%;梁板钢筋保护层厚度共测360点,合格293点,合格率为81.4%。索塔混凝土强度共检测测区数70个,合格测区数70个,合格率为100%;索塔倾斜度共检测8点,合格8点,合格率为100%;索塔外轮廓尺寸共检测16点,合格16点,合格率为100%;索塔钢筋保护层厚度共检测120点,合格107点,合格率为89.2%;斜拉索系统PE防护厚度共测58点,合格58点,合格率为100%;斜拉索系统索力共测28根,合格28根,合格率为100%;斜拉索系统锚固系统尺寸共测180点,合格180点,合格率为100%;斜拉索系统锚固系统涂层厚度共测320处,合格320处,合格率为100%;钢梁结构尺寸共检测270点,合格270点,合格率为100%;钢梁焊缝尺寸共检测610处,合格610处,合格率为100%;钢梁焊缝探伤共检测1561.76m,合格1561.76m,合格率为100%;钢梁高强螺栓力矩共检测249个,合格249个,合格率为100%;钢梁涂层厚度共测805处,合格805处,合格率为100%。

禹门口黄河公路大桥东引桥桥梁荷载试验加载效率介于0.96~1.03之间,西引桥桥梁荷载试验加载效率介于0.94~1.01之间,主桥桥梁荷载试验加载效率介于0.90~0.98之间,满足《公路桥梁承载力检测评定规程》(JTG/T J21—2011)相关规定,加载有效。桥梁荷载试验共检测3座大桥。桥梁荷载试验报告结果表明:禹门口黄河大桥及引道工程东引桥、西引桥、主桥受检桥梁承载能力及使用性能均能满足设计荷载要求。部分初次检查结果见表5-4~表5-6。

桥梁上部检测结果汇总表 表5-4

单位工程	分部工程	检测项目		检测单位	检测数	合格数	合格率(%)
桥梁工程	上部工程	梁板	混凝土强度	测区	230	230	100
			主要结构尺寸	点	246	235	95.5
			钢筋保护层厚度	点	360	293	81.5
		索塔	混凝土强度	测区	70	70	100
			倾斜度	点	8	8	100
			外轮廓尺寸	点	16	16	100
			钢筋保护层厚度	点	120	107	89.2

桥梁下部检测结果汇总表　　　　　　　　　　表 5-5

单位工程	分部工程	检测项目	检测单位	检测数	合格数	合格率(%)
桥梁工程	下部工程	墩台混凝土强度	测区	57	57	100
		墩台主要结构尺寸	点	63	63	100
		墩台钢筋保护层厚度	点	180	147	81.7
		墩台垂直度	点	31	31	100

主桥左幅桥面线形实测结果　　　　　　　　　　表 5-6

序号	测点	左侧护栏内侧(m)	右侧护栏内侧(m)
1	13 号墩	0.000	0.000
2	$L/5$	0.413	0.462
3	$2L/5$	0.771	0.815
4	$3L/5$	0.802	0.846
5	$4L/5$	0.893	0.966
6	12 号塔中心	1.175	1.221
7	$L/6$	1.433	1.443

注：L-桥梁跨径。

第6章 养护费用管理

依据《公路养护工程管理办法》（交公路发〔2018〕33号）要求，地方各级交通运输主管部门和公路管理机构，依据省级人民政府确定的对国道和省道的管理职责，主管本行政区域内的养护工程管理工作。

各级交通运输主管部门、公路管理机构和公路经营管理单位应当筹措必要的资金用于养护工程，确保公路保持良好技术状况。

收费公路养护资金主要从车辆通行费中解决。任何单位和个人不得截留、挤占或者挪用养护工程资金。

养护工程投资计划按年编制，已经被证明具备局限性，养护资金根据批复的情况难以满足实际真正的养护需求，如何采取前瞻性、主动性更强的养护管理模式是目前需要重点关注的问题。本章主要对禹门口黄河公路大桥运营期间桥梁养护费用进行估算，并提出养护工程细目，确保养护资金的有效投入和合理利用。

6.1 桥梁养护费用来源

禹门口黄河公路大桥为收费性公路桥梁，桥头设有收费站，该桥采用PPP（Public-Private Partnership，政府和社会资本合作）模式建设，投资方（业主单位）为中交韩城黄河大桥有限公司。

中交韩城黄河大桥有限公司是由中交隧道工程局有限公司、韩城市交通建设投资集团有限责任公司为股东的国有控股公司，禹门口黄河公路大桥管养单位隶属关系如图6-1所示。

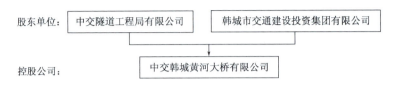

图6-1 禹门口黄河公路大桥管养单位隶属关系图

中交韩城黄河大桥有限公司对大桥具有前30.5年的管理经营权，前30.5年包含3年建设期与27.5年经营期。规定期限到期后，大桥按相关规定进行经营管理权交接。

按照"谁经营，谁养护"的原则，禹门口黄河公路大桥PPP模式经营管理权期限内，桥梁养护经费来源于中交韩城黄河大桥有限公司的过桥通行费；PPP模式经营管理权期限外，由大桥经营管理权接收方负责桥梁养护经费筹措。

6.2 桥梁养护费用分类

为确定禹门口黄河公路大桥桥梁养护费用类别，可从养护工程分类出发，结合交通运输部近年来颁布的文件精神，最终对桥梁养护费用类别进行综合考虑与确定。

6.2.1 公路养护工程分类

依据《公路养护工程管理办法》（交公路发〔2018〕33号）要求，养护工程按照养护目的和对象，分为预防养护、修复养护、专项养护和应急养护。

预防养护是指公路整体性能良好但有轻微病害，为延缓性能过快衰减、延长使用寿命而预先采取的主动防护工程。

修复养护是指公路出现明显病害或部分丧失服务功能，为恢复技术状况而进行的功能性、结构性修复或定期更换，包括大修、中修和小修。

专项养护是指为恢复、保持或提升公路服务功能而集中实施的完善增设、加固改造、拆除重建、灾后恢复等工程。

应急养护是指在突发情况下造成公路损毁、中断、产生重大安全隐患等，为较快恢复公路安全通行能力而实施的应急性抢通、保通、抢修。应急养护可以根据应急处置工作需要，直接委托具备相应能力的专业队伍实施。

6.2.2 资金保障制度依据

根据《交通运输部关于进一步加强公路桥梁养护管理的若干意见》（交公路发〔2013〕321号）要求，各地在安排公路养护资金时，要根据桥梁养护工作正常开展和桥梁安全管理需要专项安排桥梁养护资金。

桥梁日常养护和检查等经常性支出由项目执行单位统筹安排，专款专用。大中修和改建等项目性支出按照养护工程管理有关规定执行。

对特大、特殊结构和特别重要桥梁,应按单座桥梁和养护作业类别,安排专项养护管理资金。

省级交通运输主管部门和公路管理机构应当设立专项抽检和巡查资金,组织具备相应资质的桥梁检测单位,监督桥梁养护管理和安全运行管理工作开展情况。

对干线公路其他桥梁,清扫保洁资金可在公路日常养护资金中统筹考虑。经常检查、日常养护和定期检查资金由相关工作责任单位统筹安排。专项检查资金根据检测内容和桥梁具体情况,按照工作需要专项安排。

6.2.3 桥梁养护资金安排

按照《交通运输部关于进一步加强公路桥梁养护管理的若干意见》(交公路发〔2013〕321号)"需专项安排桥梁养护资金"的要求,禹门口黄河特大桥PPP模式经营管理权交接前,需专项安排的桥梁养护资金见表6-1。

禹门口黄河公路大桥养护资金安排(经营权交接前) 表6-1

序号	桥梁养护资金	用途	费用统筹单位	要求或特点
1	日常养护资金	日常养护(如清扫保洁、清理伸缩缝、疏通泄水孔等)	中交韩城黄河大桥有限公司	统筹考虑
2	经常性支出	经常检查、日常保养、定期检查(如桥面坑槽修补、伸缩缝橡胶止水带更换、防眩板、轮廓标、防抛网的更换,含桥面永久观测点维护、桥面线形测量、桥梁安全保护区检查)		统筹、专款专用
3	专项检查资金	专项检查(针对水下桩基、斜拉索锚固系统、索体材质状况、塔内钢锚梁、组合梁连接部、混凝土材质状况、桥梁静、动载相应等开展的专项检查)		专项安排
4	项目性支出	大中修、改建、加固维修施工、养护设计费(桥梁涵洞加固、构件更换、病害修复,如墩台基础、锥坡、翼墙、护栏、拉索、调制构造物、径流系统的维修完善;混凝土破损、露筋、剥蹭、裂缝的处治;伸缩缝、支座、拉索等更换、铺装铣刨重铺、标志标线翻新、桥梁加宽、加高、重建、增设、接长涵洞等)		按养护工程管理规定执行
5	"三特"桥梁专项养护资金	单座桥梁配套(体现桥型差异的养护支出,如健康监测评估报告、巡检通道构建及检修桁车保养维护、拉索养护、阻尼器养护、横向抗风支座养护等)		统筹、体现政策回应
		养护作业类别配套(桥面及水运航道抢通、保通,自然灾害应急防治、突发风险的应急处治等)		
6	健康监测系统维护与升级	结构安全监测与评估(传感器、通信畅通维护、软件系统升级)		
7	桥梁养护管理系统配置与维护	桥梁基础信息存储与技术状况更新录入(购置系统与维护系统)		统筹
8	预防性养护资金	预防性养护(桥梁涵洞周期性预防处治,如钢护栏防腐、防锈、防侵蚀处理等;桥面微表处)		要求加大投入

禹门口黄河特大桥PPP模式经营管理权交接后,需专项安排的桥梁养护资金由接收单位按负责实施。

6.3 桥梁养护费用细目

依据《公路养护工程管理办法》(交公路发〔2018〕33号)要求,养护工程资金适用范围包括公路技术状况检测与评定、养护决策咨询、养护设计、养护施工、工程管理及质量控制、工程验收、项目后评估、监理咨询等。

6.3.1 前期工作

前期工作的核心是按照桥梁技术状况评定→养护需求分析→养护技术方案确定等工作流程进行前期决策,并作为制订养护计划的依据。其中,养护需求分析应当根据检测和评定数据,按照相关标准和规范、国家或者本地区养护规划,科学设定养护目标,合理筛选需要实施的养护工程。

桥梁养护管理机构对于需要实施养护工程的区段、构造物或者附属设施等,应当及时开展专项调查,根据公路技术状况、病害情况、发展趋势,综合考虑技术、经济、安全、环保等因素,合理确定养护技术方案。

桥梁管养单位应当建立禹门口黄河公路大桥养护工程项目库,项目库按照滚动方式实施动态调整,每年定期更新。

6.3.2 计划编制

计划编制的核心是桥梁管养单位根据年度养护资金的规模、养护目标要求、项目库的储备更新情况,合理编制养护工程年度计划。

养护工程计划应当统筹安排,避免集中养护作业造成交通拥堵。省际养护作业应当做好沟通衔接。禹门口黄河特大桥位于陕西省与山西省交接处,养护工程计划实施前,应做好与山西省桥梁管养相关部门的对接沟通,提前扩大施工宣传,采用分流或错峰方式,避免桥梁养护作业期间,邻省车辆大范围涌入而造成桥面交通拥堵与迟滞。

桥梁管养单位养护工程计划编制完成后,应加强审核与报备工作。

桥梁养护工程计划应当及时下达,与养护施工最佳时间相匹配,保障工程实施效益。禹门口黄河公路大桥桥址位置冬季严寒、大风,冬季不利于开展桥梁养护作业,养护作业应避开冬季施工。

6.3.3 养护费用细目

本次养护费用测算周期为建成运营后的前27.5年。按照PPP模式要求,大桥通车运营27.5年后,大桥经营管理权由中交韩城黄河大桥有限公司移交至接管单位,届时桥梁管养责任由接管单位实施负责。本次桥梁养护费用估算主要为前27.5年提供取费与支出参考。

禹门口黄河公路大桥设计寿命或使用周期在30年内(含30年)的桥梁部(构)件见表6-2。

禹门口黄河特大桥部(构)件设计寿命或使用年限　　表6-2

序号	部件/构件名称	设计寿命/使用年限(年)	参考依据
1	主桥钢梁表面防腐涂层	20	《108国道禹门口黄河公路大桥及引道工程两阶段施工图设计》设计说明
2	斜拉索减振装置	≥25	
3	斜拉索	20	《公路桥涵设计通用规范》(JTG D60—2015)
4	东引桥板式橡胶支座	≥15	《公路桥梁板式橡胶支座》(JT/T 4—2019)

根据《公路桥涵设计通用规范》(JTG D60—2015),斜拉索设计使用年限为20年,而国内外知名桥梁拉索破断寿命据统计在2~16年之间,很少超过20年,平均为桥梁服役寿命的1/10左右。国内外更换索斜拉桥梁工程实例与换索年限见表6-3。

国内外更换斜拉索桥梁工程实例与换索年限　　表6-3

序号	桥名(所在地)	建成年份(年)	换索理由	旧索类型	旧索防护体系	换索年限(年)
1	上海新五桥(上海)	1975	拉索锈蚀/索力超限	平行钢筋	沥青漆、钢丝网水泥浆	15
2	红水河铁路桥(广西)	1981	护套破损/拉索锈蚀	钢绞线	玻璃钢外套	12
3	济南黄河公路桥(上东)	1982	钢丝严重锈蚀	平行钢丝	镀锌、铝管内压水泥浆	13
4	章镇斜拉桥(浙江)	1983	车辆碰撞/设计等级低	平行钢筋	沥青漆、玻璃纤维布	24
5	三原新龙桥(陕西)	1987	拉索断裂	平行钢丝	PE套内灌水泥浆	19
6	天津永和大桥(天津)	1987	钢丝严重锈蚀	平行钢丝	PE套内灌水泥浆	19
7	恒丰北路桥(上海)	1987	钢丝严重锈蚀	平行钢丝	PE套内灌水泥浆	16
8	南海西樵大桥(广东)	1987	护套破损/拉索锈蚀	平行钢丝	热挤压PE护套	20
9	广州海印大桥(广东)	1988	拉索断裂	平行钢丝	镀锌、钢管内压水泥浆	7
10	南海九江大桥(广东)	1988	护套破损/拉索锈蚀	平行钢丝	热挤压PE护套	10
11	嘉陵江石门大桥(重庆)	1988	护套破损/拉索锈蚀	平行钢丝	镀锌、聚乙烯橡胶护套	20
12	解放路滩河大桥(安徽)	1989	护套破损/超设计年限	平行钢丝	热挤压PE护套	24
13	犍为岷江大桥(四川)	1990	拉索锈蚀/索力超限	平行钢丝	镀锌、热挤压PE护套	10
14	雅砻江桐子林桥(四川)	1990	护套破损/车辆撞击	平行钢丝	热挤压PE护套	20
15	皎平渡大桥(云南)	1991	护套破损/拉索锈蚀	平行钢丝	热挤压PE护套	17
16	湘江银盘岭大桥(湖南)	1991	护套破损/拉索锈蚀	平行钢丝	喷锌、热挤压PE护套	21
17	宁波甬江大桥(浙江)	1992	拉索锈蚀/索力超限	平行钢丝	热挤压PE护套	17
18	密富渠首桥(黑龙江)	1992	拉索锈蚀/索力异常	钢丝绳	油脂、玻璃纤维布	10
19	柳州壹西大桥(广西)	1994	护套破损	钢绞线	热挤压PE护套	12
20	三江地怒江大桥(云南)	1994	护套破损/拉索锈蚀	平行钢丝	镀锌、热挤压PE护套	10
21	东莞南阁大桥(广东)	1994	护套破损/拉索锈蚀	平行钢丝	热挤压PE护套	15
22	郧县汉江大桥(湖北)	1994	护套破损/拉索锈蚀	平行钢丝	热挤压PE护套	22
23	临门江大桥(吉林)	1994	护套破损/拉索锈蚀	平行钢丝	热挤压PE护套	22

续上表

序号	桥名（所在地）	建成年份（年）	换索理由	旧索类型	旧索防护体系	换索年限（年）
24	南宁白沙大桥（广西）	1995	护套破损/拉索锈蚀	平行钢丝	热挤PE护套	11
25	衡山湘江大桥（湖南）	1995	护套破损/拉索锈蚀	钢绞线	热挤压PE护套	17
26	上虞人民大桥	1996	护套破损/索力超限	平行钢丝	热挤压PE护套	16
27	南昌八一大桥（江西）	1997	护套破损/拉索锈蚀	平行钢丝	双层挤压PE护套	12
28	金华金婺大桥（浙江）	1997	拉索钢绞线断裂	钢绞线	热挤PE护套	10
29	涪陵长江大桥（重庆）	1997	护套破损/拉索锈蚀	平行钢丝	双层热挤PE护套	15
30	李家沱长江大桥（重庆）	1997	护套破损/拉索锈蚀	钢绞线	双层热挤PE护套	16
31	嵩山路澧河桥（河南）	1997	护套破损/索力超限	平行钢丝	热挤PE护套	18
32	梧州市云龙大桥（广西）	1998	护套破损/拉索锈蚀	平行钢丝	双层热挤PE护套	11
33	克拉玛依友谊桥（新疆）	1999	护套破损/拉索锈蚀	钢绞线	热挤PE护套	11
34	珠海琪澳大桥（广东）	2001	拉索锈蚀/风振强烈	平行钢丝	双层热挤PE护套	8
35	沙溪庙大桥（重庆）	2002	拉索被火烧坏	平行钢丝	双层PE护套	12
36	Maracaibo桥（委内瑞拉）	1962	拉索断裂	平行钢丝	防腐漆涂层、外套管	17
37	Wye桥（英国）	1967	拉索锈蚀/设计等级低	钢绞线	防腐漆涂层、外套管	10
38	Kohibrand-Estuary桥（德国）	1974	钢丝严重锈蚀	平行钢丝	镀锌、树脂涂层	3
39	Pasco-Kennewick桥（美国）	1978	拉索锈蚀/索力超限	平行钢丝	PE套内灌水泥浆	5

换索实例中换索原因分类统计见表6-4。国内外换索斜拉桥的换索主要原因共分为6类，其中，拉索锈蚀、断裂是国内外斜拉桥换索的主要原因。

换索实例中换索原因分类统计 表6-4

原因	发生频率	原因	发生频率
拉索锈蚀、断裂	0.95	风振强烈	0.02
索力超限、异常	0.22	车辆碰撞	0.04
超设计年限	0.06	索被火烧	0.02

大桥前27.5年养护作业费用，除考虑桥梁例行养护作业内容外，计入主桥钢梁防腐涂层更换、斜拉索减振、主梁阻尼装置更换、拉索索力调整、拉索更换各一次，计入东引桥板式橡胶支座更换两次，计入主桥伸缩缝更换一次，并计入桥梁照明亮化所产生的能源动力费用。

按照2020年全桥通车预计，禹门口黄河特大桥前27.5年桥梁养护费用细目见表6-5。

禹门口黄河特大桥前27.5年桥梁养护费用估算细目 表6-5

序号	养护费用细目	具体工作	支出频率	预实施起始时间	累计实施次数（时间）
1	桥梁养护系统配置	软件系统配置	总计1次	2020年	1次
2	初始检查	桥梁检查	总计1次	2020年	1次
3	日常巡查	桥梁检查	1天/次	2020年	27.5年

续上表

序号	养护费用细目	具 体 工 作	支出频率	预实施起始时间	累计实施次数（时间）
4	经常检查	桥梁检查	1月/次	2020年	27.5年
5	预防养护	钢护栏防腐、防锈	5年/次	2022年	5次
		钢梁梁端与螺栓除锈	1年/次	2021年	27次
		拉索锚固端防水养护	3年/次	2023年	9次
		桥面微表处	10年/次	2030年	2次
		支座防尘、防腐	1年/次	2021年	27次
		伸缩缝防尘、防腐	6月/次	2020年	27.5年
6	日常保养	桥面坑槽修补	3年/次	2025年	7次
		钢护栏锚栓维护	1年/次	2023年	25年
		防眩板、轮廓标、防抛网、水箅子维护与更换	6月/次	2020年	27.5年
7	定期检查	桥梁检查	1年/次	2021年	27次
8	修复养护(中修)	拉索钢护筒、防雨罩维护检修	5年/次	2025年	5次
		伸缩缝止水带更换			5次
		伸缩缝锚固区混凝土修补			5次
		混凝土裂缝封闭			5次
		混凝土裂缝灌浆			5次
		混凝土缺陷修复			5次
		伸缩缝型钢更换			5次
		基础掏空、下部缺陷处理			5次
9	巡检通道、检查车维护	通道安全维护(含索塔爬梯、检修门)、检查车性能测试与维护	1年/次	2021年	27次
10	增设永久性观测点与观测点维护	桥面线形测点、桥塔偏位测点、基础沉降测点	30年/次	2020年	1次
		永久性观测点维护	2年/次	2022年	13次
11	修复养护(大修)	桥面铺装铣刨重铺	12年/次	2032年	2次
		全桥标志标线翻新			2次
		桥墩防撞设施升级改造	20年/次	2040年	1次
		增设完善巡检通道	15~20年/次	2037年	1次
		桥面径流系统翻新更换	12年/次	2032年	2次
12	照明灯、航标灯、避雷针维护	桥面照明设施、塔内照明、塔顶航空灯、河道通航标、索塔避雷装置维护	6月/次	2020年	27.5年
13	照明、清洁能源费	支付水电费(含路基段)	1季度/次	2020年	27.5年
14	健康监测系统维护	传感器维护、通信系统保畅费	6月/次	2020年	27.5年

续上表

序号	养护费用细目	具 体 工 作	支出频率	预实施起始时间	累计实施次数（时间）
15	桥梁养护系统升级	软件系统功能完善	5年/次	2025年	5次
16	健康监测评估	评估报告	1季度/次	2020年	27.5年
17	主桥主梁防腐涂层翻新	钢主梁、小纵梁、横梁重新涂装	20年/次	2040年	1次
18	索塔内钢构件防腐涂层翻新	钢锚梁、牛腿重新涂装	20年/次	2040年	1次
19	拉索减振装置、主桥支撑阻尼维护或更换	减振阻尼装置维护	3年/次	2023年	9次
20	换索工程	斜拉索更换	≥16年/次	≥2036年	1次
21	索力调整工程	斜拉索索力调整	12年/次	2032年	1次
22	东引桥板式橡胶支座更换	换支座	12~15年/次	2032~2035年	1次
23	主桥伸缩缝更换	换伸缩缝	25年/次	2045年	1次
24	修复养护(加固)	—	≥20年/次	≥2040年	—
25	桥梁养护工程师薪金	支付工资	1月/次	2020年	27.5年
26	养护专业技术人员(雇工)薪金	支付工资	1月/次	2020年	27.5年
27	养护机械配置	洒水车、登高车、养护通勤车等购置（含路基段）	27.5年/次	2020年	1次
28	例行检查养护设备维护	回弹仪、测距仪等养护设备标定保养	6月/次	2020年	27.5年
29	养护机械能源动力费	支付柴油、汽油费等	1月/次	2020年	27.5年
30	养护机械报废置新	添置新机械	8年/次	2028年	3次
31	桥梁应急演练支出	如交通事故应急演练、危险化学品泄漏应急演等	1年/次	2020年	27次
32	养护工程师培训费用	累计不小于16学时的工程师培训	1年/次	2020年	28次
33	专项检查	水下检测	≥20年/次	≥2040年	1次
33	专项检查	拉索干湿与拉索锈蚀情况开护套检查	12年/次	2032年	2次
33	专项检查	钢—混凝土组合梁连接部检查	12年/次	2032年	2次
33	专项检查	荷载试验	≥25年/次	≥2045年	1次
33	专项检查	灾后(流冰、暴风、船舶撞击等)应急检查	25年/次	2045年	1次
33	专项检查	钢结构焊缝检查	20年/次	2040年	1次
33	专项检查	混凝土材质状况检查	15年/次	2035年	1次
33	专项检查	承载能力评定	≥25年/次	2045年	1次

注：表中"—"表示暂无法确定。

6.4 桥梁养护费用细目估算

1)经常检查、日常保养、定期检查

根据《交通运输部关于进一步加强公路桥梁养护管理的若干意见》(交公路发〔2013〕321号)要求,经常检查、日常保养和定期检查的资金总额每年每延米应分别不低于60元、80元和100元。

禹门口黄河公路大桥全长1660.4m,主桥全宽30.25m,为特殊结构且超宽桥梁。结合部分省(自治区、直辖市)针对斜拉桥及超宽桥检查费用的相关办法,特殊结构、超宽桥梁计费按照1.5的复杂系数考虑。

对本桥每年经常检查、日常保养、定期检查费用估算如下。

(1)经常检查。

$$60 元/延米 \times 1660.4m \times 2 幅 \times 1.5(复杂系数) = 298872 元$$

小计:29.89×27.5=821.9万元。

(2)日常保养。

$$80 元/延米 \times 1660.4m \times 2 幅 \times 1.5(复杂系数) = 398496 元$$

小计:39.85×27.5=1095.9万元。

(3)定期检查。

①主梁及下部检查。

$$100 元/延米 \times 1660.4m \times 2 幅 \times 1.5(复杂系数) = 498120 元$$

②斜拉索检查。

$$184 根 \times 1500 元/根 = 276000 元$$

③主塔检查。

$$2 个 \times 50000 元/个 = 100000 元$$

小计:87.4×27=2360.1万元。

经估算,前27.5年养护时段内,经常检查、小修保养、定期检查费用合计4277.9万元。

2)桥梁初始检查

前27.5年养护时段内,桥梁初始检查费用暂与定期检查估算费用保持一致。

合计:87.4×1=87.4万元。

3)桥梁日常巡查

前27.5年养护时段内,桥梁养护专业技术人员人工成本(薪金)估算。

合计:5.04×27.5=138.6万元。

4)桥梁专项检查

前27.5年禹门口黄河公路大桥可能涉及的专项检查工作共计8项,单项检查费用估算如下。

(1)水下检测。

禹门口黄河公路大桥采用桩基承台大多数已埋入河床,河水流速适中,桥位处黄河水深较

浅,后期进行水下检测具有可行性。水下检测费用考虑潜水员人工成本+潜水装备使用成本+水下检测成果:

小计:25 万元。

(2)拉索剥开护套检查。

按照单根拉索开护套检查考虑,主要计入人工与设备投入成本及后期恢复:

小计:1.2 万元/根(单价)。

(3)钢—混凝土组合梁连接部检查。

小计:26.9 万元。

(4)钢结构焊缝检查。

小计:38.0 万元。

(5)混凝土材质状况检测。

混凝土材质状况检测包括混凝土强度、碳化深度、氯离子含量、钢筋保护层厚度、电阻率检测等,混凝土材质状况检测计入检查检测费用与试验费用。按单处材质状况检查考虑,费用估算见表6-6。

混凝土材质状况检测单项收费 表6-6

项目	混凝土强度	碳化深度	氯离子含量	钢筋保护层厚度	混凝土电阻率
费用	350 元/处	200 元/处	2000 元/处	200 元/处	350 元/处

小计:0.31 万元/处(单价)。

(6)荷载试验。

荷载试验用于未来结构使用功能出现退化后的特殊检查,前 27.5 年养护时间段内,未必实施或存在一定概率实施。东引桥、主桥、西引桥荷载试验费用暂分别按 90 万元、207 万元、118 万元考虑,前 27.5 年内,暂按 25% 的概率考虑实施。

小计:$(90+207+118) \times 25\% = 103.8$ 万元。

(7)灾后应急检查。

桥梁经受流冰、暴风、船舶撞击等灾害为随机事件,灾后应急检查未必实施或存在一定概率实施。前 27.5 年内,暂按 25% 的概率考虑实施。

①斜拉索索力检查。

$$1500 \text{ 元/根} \times 184(\text{根}) = 276000 \text{ 元}$$

②HDMR 永磁调节式磁流变阻尼器检查。

$$800 \text{ 元/根} \times 184(\text{根}) = 147200 \text{ 元}$$

③黏滞阻尼装置检查。

$$1800 \text{ 元/处} \times 8(\text{处}) = 14400 \text{ 元}$$

④桥塔偏位测量。

$$7500 \text{ 元/处} \times 2(\text{处}) = 15000 \text{ 元}$$

小计:$45.3 \times 25\% = 11.3$ 万元。

(8)承载能力评定。

承载能力评定与荷载试验紧密联系,前 27.5 年养护时间段内,承载能力评定未必实施或存在一定概率实施。前27.5年内,承载能力评定与荷载试验频率保持一致,暂按25%的概率考虑实施。

小计:$(25+46+29)\times25\%=25$ 万元。

经估算,前27.5年未计入拉索剥开护套检查与混凝土材质状况检查的桥梁特殊检查费用合计204.9万元。另外,拉索剥开护套检查1.2万元/根,混凝土材质状况检测0.31万元/处。

5) 桥梁修复养护(中修)

修复养护常规作业费用估算见表6-7。

修复养护常规作业收费单价 表6-7

拉索钢护筒维护	拉索防雨罩检修	拉索锚垫板润滑防护
260 元/m	150 元/个	300 元/个
混凝土裂缝封闭	混凝土裂缝灌注	混凝土破损、缺陷、剔蹭修补
68 元/m	330 元/m	470 元/m²
伸缩缝橡胶止水带更换	伸缩缝锚固区混凝土破损	伸缩缝型钢更换
280 元/m	752 元/m³	1850 元/m
基础冲刷修补	桥梁锥坡修复	—
610 元/m³	520 元/m³	—

6) 桥梁修复养护(大修)

前27.5年内禹门口黄河公路大桥可能涉及的大修工作共计5项,单项检查费用估算如下。

(1)主、引桥铺装铣刨重铺。

铺装铣刨:15 元/m² ×1660.4 m×25.5m=635103 元

桥面防水层:30 元/m² ×1660.4 m×25.5m=1270206 元

沥青混凝土铺装重铺:180 元/m² ×1660.4m×25.5m=7621236 元

小计:952.7万元。

(2)重设标志标线。

画标线:50 元/m² ×1660.4×(0.2×0.4×2+0.2×2)×2=92982.4 元

小计:9.3万元。

经估算,前27.5年禹门口黄河公路大桥主、引桥铺装铣刨重铺与标线工程2次费用小计:$962\times2=1924.0$ 万元。

(3)桥墩防撞设施升级改造。

目前,禹门口黄河公路大桥主桥塔柱防撞设施为钢筋混凝土破冰凌,考虑前27.5年内对塔柱防撞设施进行1次升级改造,改造为柔性吸能漂浮减振装置。费用考虑2处升级防撞设施设计、材料与施工。

小计:$28\times2=56$ 万元。

(4)增设完善巡检通道。

目前,禹门口黄河公路大桥主桥巡检通道为桥下桁车。考虑到未来迎国检需求,前27.5年预计对巡检通道完善1次,主要对东引桥墩柱、盖梁、过渡墩、主桥下塔柱、西引桥墩柱、全桥桥台及护坡可到部位增设角钢扶梯或过道。费用考虑增设巡检通道的设计、材料成本与人工费用。

小计:6.5+4+1.2=11.7万元。

(5)桥面径流系统翻新更换。

考虑到径流系统PVC(聚氯乙烯)排水管的使用寿命与位移不匹配造成的后期管节拉裂破损,前27.5年预对桥面径流系统翻新更换两次,建议采用集中排水模式。

小计:133.4×2=266.8万元。

经估算,前27.5年禹门口黄河公路大桥主、引桥修复养护(大修)工程费用合计2258.4万元。

7) 主桥主梁防腐涂层翻新

建议禹门口黄河公路大桥主桥主梁防腐涂层翻新与索塔钢锚梁、钢牛腿涂层翻新同步进行。前27.5年桥梁养护期内,仅考虑主桥主梁防腐涂层翻新1次,索塔钢锚梁、钢牛腿防腐涂层翻新1次。

合计:约1400万元。

8) 减振阻尼装置维护或更换

禹门口黄河公路大桥减振阻尼装置主要包括拉索减振器与索塔横梁支撑处黏滞阻尼装置。前27.5年养护期内,考虑对全桥减振阻尼装置维护或更换1次。

(1)HDMR永磁调节式磁流变阻尼器。

$$5500 元/根 \times 184 根 = 1012000 元$$

小计:101.2万元。

(2)黏滞阻尼装置。

$$7500 元/处 \times 8 处 = 60000 元$$

小计:6万元。

经估算,前27.5年禹门口黄河公路大桥减振阻尼装置维护或更换费用合计107.2万元。

9) 索力调整工程

斜拉桥运营期索力变化幅度在端锚索与主跨3/4跨径位置较为明显。前27.5年养护期内,考虑对上述区域全桥共计28根可能偏离设计限值的索力调整1次,暂按50%的概率考虑实施。

$$25800 元/根 \times 28 根 \times 50\% = 361200 元$$

合计:36.1万元。

10) 换索工程

《公路桥涵养护规范》(JTG H11—2004)规定:对因钢索、锚具损坏而超出安全限值的拉索及时进行更换。

《公路桥梁技术状况评定标准》(JTG/T H21—2011)规定:当斜拉桥拉索钢丝出现严重锈蚀、断丝,主梁出现严重变形时,整座桥被评为5类桥时,应立即考虑换索。前27.5年养护时间段内,换索工程暂考虑全桥实施1次。

$$252000 元/根 \times 184 根 = 46368000 元$$

合计:4636.8万元。

11)东引桥支座更换

东引桥为预应力混凝土装配式箱梁,采用支座为板式橡胶支座与滑板橡胶支座。前 27.5 年内,考虑东引桥板式橡胶支座与滑板橡胶支座更换 1 次。更换支座费用考虑梁体顶升、作业平台、材料成本以及人工费用。

$$17800 元/孔 \times 20 孔 + 980 元/个 \times 104 个 + 6000 元/台班 \times 5 天 = 487920 元$$

合计:48.8 万元。

12)主桥伸缩缝更换

主、引桥过渡墩处采用 1680 型梳齿式大位移伸缩缝。前 27.5 年内,考虑主桥伸缩缝更换 1 次。更换伸缩缝费用考虑交通组织、材料成本以及人工费用。

$$13000 元/m \times 27m/道 \times 2 道 = 702000 元$$

合计:70.2 万元。

13)预防性养护

(1)钢护栏防腐、防锈。

$$45 元/m \times 1055m/道 \times 3 道 \times 5 次 = 712125 元$$

小计:71.2 万元。

(2)拉索锚固端防水养护。

拉索锚固端防水养护主要涉及拉索与主梁锚头位置的开盖检查,对存在积水锚头进行排水,并对锚固区域涂抹黄油处理。

$$360 元/处 \times 184 处 \times 9 次 = 596160 元$$

小计:59.6 万元。

(3)桥面微表处。

桥面微表处是对桥面铺装的养护升华,桥梁管养单位可根据自身情况考虑是否实施。前 27.5 年内,暂按 20% 的概率考虑实施。

$$45 元/m^2 \times 42340.2m^2 \times 2 次 \times 20\% = 762123.6 元$$

小计:76.2 万元。

(4)支座防尘、防腐。

$$东引桥支座防尘、防腐:20 元/个 \times 208 个/次 \times 27 次 = 112320 元$$
$$主桥支座防尘、防腐:800 元/个 \times 12 个/次 \times 27 次 = 259200 元$$
$$西引桥支座防尘、防腐:350 元/个 \times 6 个/次 \times 27 次 = 56700 元$$

小计:42.8 万元。

(5)伸缩缝防尘、防腐。

$$东引桥伸缩缝防尘、防腐:380 元/道 \times 6 道/次 \times 2 次/年 \times 27.5 年 = 125400 元$$
$$主桥伸缩缝防尘、防腐:1200 元/道 \times 2 道 \times 2 次/年 \times 27.5 年 = 132000 元$$
$$西桥伸缩缝防尘、防腐:450 元/道 \times 2 道 \times 2 次/年 \times 27.5 年 = 49500 元$$

小计:30.7 万元。

(6)钢梁梁端与螺栓除锈。

$$55 元/m \times 1055m/次 \times 27 次 = 1566675 元$$

小计:156.7 万元。

经估算,前27.5年禹门口黄河公路大桥主、引桥预防养护费用合计437.2万元。

14)增设永久性观测点及维护

永久性观测点一般在桥梁建成后增设,设置于桥梁护栏内侧桥面铺装上。永久性观测点设置完成后,为确保历次测量结果具有传承对比性,需对永久性观测点进行维护,确保点位位置及点位高程保持不变。

前27.5年养护时段内,对永久性观测点养护考虑初期增设,长期维护的方式。维护过程中,对缺失的观测点进行原位增设,对磨损或移位的观测点,进行原位更换。维护频率按照每2年集中维护1次实施。

$$增设:15 \text{元/m} \times 1660.4\text{m} = 24906 \text{元}$$
$$维护:(2 \text{元/m} \times 1660.4\text{m}) \times 13 = 43170.4 \text{元}$$

合计:6.8万元。

15)桥梁养护系统配置

合计:12万元。

16)桥梁养护系统升级

前27.5年养护时间段内,考虑每5年对桥梁养护系统升级1次,共升级5次。

$$20000 \text{元/次} \times 5 \text{次} = 100000 \text{元}$$

合计:10万元。

17)桥梁养护工程师薪金

前27.5年养护时间段内,桥梁养护工程师1人薪金按月支付,依据陕西省公路养护行业工资标准,考虑若干年后工资水平上调因素。

$$5600 \text{元/月} \times 12 \text{月/年} \times 27.5 \text{年} = 1848000 \text{元}$$

合计:184.8万元。

18)桥梁养护工程师培训费

前27.5年养护时间段内,禹门口黄河特大桥配专职桥梁养护工程师1人,桥梁养护工程师按每年参加2次培训计入。

$$3000 \text{元/次} \times 2 \text{次/年} \times 27.5 \text{年} = 165000 \text{元}$$

合计:16.5万元。

19)桥梁应急演练费用

前27.5年养护时间段内,每年举办1次不同主题或相近主题的桥梁安全应急演练。

$$12000 \text{元/年} \times 27 \text{年} = 324000 \text{元}$$

合计:32.4万元。

20)健康监测系统维护

健康监测系统维护主要包括硬件系统与软件系统维护。其中,硬件系统维护主要涉及健康监测传感器的维护、修理、更换等;软件系统维护主要涉及数据采集、数据传输及数据存储的通畅及网络信号的通畅。前27.5年养护时间段内,每年对健康监测系统维护暂按2次考虑。

$$硬件维护:23000 \text{元/次} \times 2 \text{次/年} \times 27.5 \text{年} = 1265000 \text{元}$$
$$软件维护:8000 \text{元/次} \times 2 \text{次/年} \times 27.5 \text{年} = 440000 \text{元}$$

合计:170.5万元。

21）健康监测评估

禹门口黄河公路大桥健康监测评估主要以健康监测评估报告体现。桥梁投入运营后，前27.5年养护时间段内，健康监测报告暂按每季度一次的频率实施，每年健康监测评估共计4次。

$$5200 \text{ 元/次} \times 4 \text{ 次/年} \times 27.5 \text{ 年} = 572000 \text{ 元}$$

合计:57.2万元。

22）照明、清洁能源费

禹门口黄河公路大桥照明能源费主要涉及桥面照明、索塔检修照明、塔顶航空指示灯供电、健康监测系统供电、河道通航指示灯供电、检查车供电等；清洁能源费主要涉及桥面洒水、路基洒水、护栏清洗等。

$$\text{照明能源费}:82000 \text{ 元/年} \times 27.5 \text{ 年} = 2255000 \text{ 元}$$

$$\text{清洁能源费}:48600 \text{ 元/年} \times 27.5 \text{ 年} = 1336500 \text{ 元}$$

合计:359.2万元。

23）养护机械配置

养护洒水车、养护搬运车、养护通勤车暂按1辆考虑，水上巡逻艇暂按1艘考虑，登高车暂按2辆考虑。

$$\text{车辆}:220000 \text{ 元/辆} + 85000 \text{ 元/辆} + 110000 \text{ 元/辆} + 250000 \text{ 元/辆} \times 2 \text{ 辆} = 915000 \text{ 元}$$

$$\text{巡逻艇}:350000 \text{ 元/艘}$$

合计:126.5万元。

24）例行检查养护设备维护

例行检查养护设备包括望远镜、激光测距仪、裂缝刻度放大镜、卷尺、回弹仪、塞尺、铁锹、扫帚、钢钎、五金劳保器材等。

$$5000 \text{ 元/年} \times 27.5 \text{ 年} = 13.8 \text{ 万元}$$

合计:13.8万元。

25）养护机械能源动力费

养护机械能源动力费主要包括汽油、柴油，以及车辆、巡逻艇的日常维护等。

$$32000 \text{ 元/年} \times 27.5 \text{ 年} = 88.0 \text{ 万元}$$

合计:88.0万元。

26）养护机械报废置新

除巡逻艇外，其余车辆类养护机械报废置新周期暂按8年考虑。前27.5年养护周期内，首次配置车辆类养护机械后，还要经历3次报废置新周期。

$$\text{车辆}:915000 \text{ 元/次} \times 3 \text{ 次} = 2745000 \text{ 元}$$

合计:274.5万元。

27）照明灯、航标灯、避雷针维护

按照每年集中维护2次的频率考虑，前27.5年养护时段内，对发生损坏、短路、断路的照明及指引设施进行更换；对避雷针组件进行维护。

$$2000 \text{ 元/次} \times 2 \text{ 次/年} \times 27.5 \text{ 年} = 110000 \text{ 元}$$

合计:11.0万元。

28）巡检通道及检查车维护

巡检通道及检查车维护主要为桥梁定期检查服务，按照每年集中维护1次的频率考虑，前27.5年养护时段内，对巡检通道的安全性、适用性进行检查维护，并确保检查车各项功能正常。

$$5500 元/年 \times 27.5 年 = 151250 元$$

合计：15.1万元。

6.5 桥梁养护费用年度估算

考虑到禹门口黄河公路大桥于2020年下半年通车，2020年桥梁养护费用按半年估算。其余年份（2021—2047年）均按整年估算。禹门口黄河公路大桥2020年桥梁养护费用年度估算（半年）见表6-8，禹门口黄河公路大桥2021—2025年桥梁养护费用年度估算（5年）见表6-9。

禹门口黄河公路大桥2020年桥梁养护费用年度估算（半年） 表6-8

序号	养护费用细目	支出频率	半年小计（万元）	年度合计（万元）
1	初始检查	总计1次	87.4	
2	日常巡查	1次/天	2.52	
3	经常检查	1次/月	14.95	
4	日常保养	若干次/年	19.95	
5	增设永久性观测点	总计1次	2.5	
6	桥梁养护系统配置	总计1次	12.0	
7	照明、清洁能源费	1次/季度	6.55	
8	养护机械配置（车辆类）	总计1次	91.5	282.1
9	养护机械配置（巡逻艇）	总计1次	35.0	
10	例行检查养护设备维护	1次/年	0.25	
11	养护机械能源动力费	1次/月	1.6	
12	照明灯、航标灯、避雷针维护	1次/半年	0.2	
13	桥梁养护工程师薪金	1次/月	3.36	
14	桥梁养护工程师培训费	1次/半年	0.3	
15	健康监测系统维护	1次/半年	3.1	
16	健康监测评估	1次/季度	1.04	

禹门口黄河公路大桥2021—2025年桥梁养护费用年度估算（5年） 表6-9

序号	养护费用细目	支出频率	每年小计（万元）	5年合计（万元）
1	日常巡查	1次/天	5.04	
2	经常检查	1次/月	29.9	
3	日常保养	若干次/年	39.9	1084.3
4	定期检查	1次/年	87.4	
5	永久性观测点维护	1次/2年	0.33	

续上表

序号	养护费用细目	支 出 频 率	每年小计(万元)	5年合计(万元)
6	减振阻尼装置维护或更换	1次/3年	11.9	
7	桥梁养护系统升级	1次/5年	2.0	
8	钢护栏防腐、防锈	1次/5年	14.24	
9	拉索锚固端防水养护	1次/3年	6.62	
10	照明、清洁能源费	1次/季度	13.1	
11	例行检查养护设备维护	1次/年	0.5	
12	养护机械能源动力费	1次/月	3.2	1084.3
13	照明灯、航标灯、避雷针维护	1次/半年	0.4	
14	巡检通道及检查车维护	1次/年	0.55	
15	桥梁养护工程师薪金	1次/月	6.72	
16	桥梁养护工程师培训费	1次/半年	0.6	
17	桥梁应急演练费用	1次/年	1.2	
18	健康监测系统维护	1次/半年	6.2	
19	健康监测评估	1次/季度	2.08	

禹门口黄河公路大桥2026—2035年桥梁养护费用年度估算(10年)见表6-10。

禹门口黄河公路大桥2026—2035年桥梁养护费用年度估算(10年) 表6-10

序号	养护费用细目	支 出 频 率	每年小计(万元)	10年合计(万元)
1	日常巡查	1次/天	5.04	
2	经常检查	1次/月	29.9	
3	日常保养	若干次/年	39.9	
4	定期检查	1次/年	87.4	
5	永久性观测点维护	1次/2年	0.33	
6	桥面微表处	1次/10年	38.1	
7	钢—混凝土组合梁连接部检查	1次/12年	26.9	
8	主、引桥铺装铣刨重铺	1次/12年	952.7	
9	桥面径流系统翻新更换	1次/12年	133.4	3406.6
10	减振阻尼装置维护或更换	1次/3年	11.9	
11	索力调整工程	总计1次	36.1	
12	桥梁养护系统升级	1次/5年	2.0	
13	东引桥支座更换	1次/12~15年	48.8	
14	钢护栏防腐、防锈	1次/5年	14.24	
15	拉索锚固端防水养护	1次/3年	6.62	
16	照明、清洁能源费	1次/季度	13.1	
17	例行检查养护设备维护	1次/年	0.5	
18	养护机械能源动力费	1次/月	3.2	

续上表

序号	养护费用细目	支出频率	每年小计(万元)	10年合计(万元)
19	养护机械报废置新	1次/8年	91.5	
20	照明灯、航标灯、避雷针维护	1次/半年	0.4	
21	巡检通道及检查车维护	1次/年	0.55	
22	桥梁养护工程师薪金	1次/月	6.72	3406.6
23	桥梁养护工程师培训费	1次/半年	0.6	
24	桥梁应急演练费用	1次/年	1.2	
25	健康监测系统维护	1次/半年	6.2	
26	健康监测评估	1次/季度	2.08	

禹门口黄河大桥2036—2040年桥梁养护费用年度估算(5年)见表6-11。

表6-11 禹门口黄河公路大桥2036—2040年桥梁养护费用年度估算(5年)

序号	养护费用细目	支出频率	每年小计(万元)	5年合计(万元)
1	日常巡查	1次/天	5.04	
2	经常检查	1次/月	29.9	
3	日常保养	若干次/年	39.9	
4	定期检查	1次/年	87.4	
5	永久性观测点维护	1次/2年	0.33	
6	桥面微表处	1次/10年	38.1	
7	减振阻尼装置维护或更换	1次/3年	11.9	
8	主桥主梁防腐涂层翻新	1次/20年	1400	
9	换索工程	总计1次	4636.8	
10	桥梁养护系统升级	1次/5年	2.0	
11	钢护栏防腐、防锈	1次/5年	14.24	
12	拉索锚固端防水养护	1次/3年	6.62	7238.7
13	照明、清洁能源费	1次/季度	13.1	
14	例行检查养护设备维护	1次/年	0.5	
15	养护机械能源动力费	1次/月	3.2	
16	养护机械报废置新	1次/8年	91.5	
17	照明灯、航标灯、避雷针维护	1次/半年	0.4	
18	巡检通道及检查车维护	1次/年	0.55	
19	桥梁养护工程师薪金	1次/月	6.72	
20	桥梁养护工程师培训费	1次/半年	0.6	
21	桥梁应急演练费用	1次/年	1.2	
22	增设完善巡检通道	总计1次	11.7	
23	健康监测系统维护	1次/半年	6.2	
24	健康监测评估	1次/季度	2.08	

续上表

序号	养护费用细目	支出频率	每年小计(万元)	5年合计(万元)
25	水下检测	1次/20年	25	
26	钢结构焊缝检查	1次/20年	38	7238.7
27	桥墩防撞设施升级改造	总计1次	56	

禹门口黄河公路大桥2041—2047年桥梁养护费用年度估算(7年)见表6-12。

禹门口黄河公路大桥2041—2047年桥梁养护费用年度估算(7年)　　表6-12

序号	养护费用细目	支出频率	每年小计(万元)	7年合计(万元)
1	日常巡查	1次/天	5.04	
2	经常检查	1次/月	29.9	
3	日常保养	若干次/年	39.9	
4	定期检查	1次/年	87.4	
5	永久性观测点维护	1次/2年	0.33	
6	减振阻尼装置维护或更换	1次/3年	11.9	
7	主、引桥铺装铣刨重铺	1次/12年	952.7	
8	桥面径流系统翻新更换	1次/12年	133.4	
9	主桥伸缩缝更换	1次/25年	70.2	
10	钢—混凝土组合梁连接部检查	1次/12年	26.9	
11	桥梁养护系统升级	1次/5年	2.0	
12	钢护栏防腐、防锈	1次/5年	14.24	
13	拉索锚固端防水养护	1次/3年	6.62	
14	照明、清洁能源费	1次/季度	13.1	2865.1
15	例行检查养护设备维护	1次/年	0.5	
16	养护机械能源动力费	1次/月	3.2	
17	养护机械报废置新	1次/8年	91.5	
18	照明灯、航标灯、避雷针维护	1次/半年	0.4	
19	巡检通道及检查车维护	1次/年	0.55	
20	桥梁养护工程师薪金	1次/月	6.72	
21	桥梁养护工程师培训费	1次/半年	0.6	
22	桥梁应急演练费用	1次/年	1.2	
23	健康监测系统维护	1次/半年	6.2	
24	健康监测评估	1次/季度	2.08	
25	荷载试验	估1次/25年	103.8	
26	灾后应急检查	估1次/25年	11.3	
27	承载能力评定	估1次/25年	25.0	

6.6 桥梁养护费用估算分析

根据桥梁养护估算费用实际功用与可能支出,可将桥梁养护估算费用分为必须支出估算、按新规支出估算、可能支出估算三部分。桥梁养护费用估算组成如图6-2所示。

图6-2 桥梁养护费用估算组成

其中,必须支出估算指为确保禹门口黄河公路大桥正常运营的最基本支出。

按新规支出估算指按照多年来交通运输部颁布的规章、办法、制度等要求[如《公路桥梁养护管理工作制度》(交公路发〔2007〕336号)、《交通运输部关于进一步加强公路桥梁养护管理的若干意见》(交公路发〔2013〕321号)、《公路长大桥梁养护管理和安全运行若干规定》(交公路发〔2018〕35号)等],为推动完善桥梁养护工作,在必须支出估算基础上按照新规需要多支出的桥梁养护费用。

可能支出估算指根据材料使用寿命或使用年限,预测在未来30年内桥梁部(构)件可能需求功能升级或出现功能退化、防腐失效等病害,但又不确定病害出现的时间、规模、形式、程度等,在预测需求或可能病害全部发生的费用估算基础上,乘以不确定性概率系数,定义为可能支出估算。

桥梁养护估算费用按照必须支出估算、按新规支出估算、可能支出估算分类,分类细目见表6-13。

桥梁养护费用估算分类表(前27.5年)   表6-13

桥梁养护费用估算分类	估算细目	估算金额(万元)	小计(万元)	合计(万元)
一、必须支出估算	经常检查	821.9	14181.3	14876.8
	日常保养	1095.9		
	定期检查	2360.1		
	桥梁初始检查	87.4		
	桥梁日常巡查	138.6		
	主、引桥铺装铣刨重铺	1924.0		
	桥面径流系统翻新更换	266.8		
	主桥主梁防腐涂层翻新	1400		
	减振阻尼装置维护或更换	107.2		
	索力调整工程	36.1		

续上表

桥梁养护费用估算分类	估算细目	估算金额（万元）	小计（万元）	合计（万元）
一、必须支出估算	换索工程	4636.8	14181.3	14876.8
	东引桥支座更换	48.8		
	主桥伸缩缝更换	70.2		
	钢护栏防腐、防锈	71.2		
	拉索锚固端防水养护	59.6		
	增设永久性观测点及维护	6.8		
	桥梁养护系统配置	12		
	照明、清洁能源费(含路基)	359.2		
	养护机械配置(车辆类)	91.5		
	例行检查养护设备维护	13.8		
	养护机械能源动力费	88.0		
	养护机械报废置新	274.5		
	照明灯、航标灯、避雷针维护	11.0		
	巡检通道及检查车维护	15.1		
	桥梁养护工程师薪金	184.8		
	中修工程(仅计入单价)	—	—	
	混凝土材质状况检测(仅计入单价)	—	—	
二、按新规支出估算	增设完善巡检通道	11.7	288.3	
	桥梁养护工程师培训费	16.5		
	桥梁应急演练费用	32.4		
	健康监测系统维护	170.5		
	健康监测评估	57.2		
三、可能支出估算	水下检测	25	407.2	
	桥面微表处	76.2		
	钢—混凝土组合梁连接部检查	26.9		
	钢结构焊缝检查	38		
	荷载试验	103.8		
	灾后应急检查	11.3		
	承载能力评定	25		
	桥墩防撞设施升级改造	56		
	桥梁养护系统升级	10		
	养护机械配置(巡逻艇)	35		
	拉索剥开护套检查(仅计入单价)	—	—	

注：表中"—"表示因工程规模与数量无法预估，仅计入单价，暂不计入小计与合计汇总。

桥梁养护估算分析结果表明:禹门口黄河公路大桥前27.5年养护费用估算合计14876.8万元。其中,必须支出估算约14181.3万元,占比96.09%;按新规支出估算约288.3万元,占比1.74%;可能支出估算407.2万元,占比2.17%(以上分析数据未计入工程规模与数量无法预估部分,如修复养护常规作业)。

桥梁养护费用估算占比如图6-3所示。

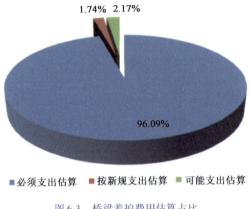

图6-3　桥梁养护费用估算占比

6.7　养护设计取费比率

禹门口黄河公路大桥养护工程一般采用一阶段施工图设计。技术特别复杂的,可以采用技术设计和施工图设计两阶段设计。需进行单独设计的为除小修以外的修复养护与专项养护。应急养护和技术简单的养护工程可以按照技术方案组织实施。

根据《陕西省公路养护工程预算编制办法》,并参考省内已实施养护工程设计取费比率,禹门口黄河公路大桥除小修以外的修复养护设计取费比率暂定为建安费的5%,专项养护设计取费比率暂定为建安费的7.5%。

桥梁管养单位后续若颁布关于养护设计取费相关规定或制度,养护设计取费比率按照桥梁管养单位规定或制度实施。

6.8　桥梁养护费用决算

桥梁养护工程在计划编制阶段进行财务概算,工程设计阶段进行财务预算,工程完工后,进行财务决算。财务决算前,需安排工程验收。

6.8.1　养护作业工程验收

禹门口黄河公路大桥养护工程具备验收条件后应当及时组织验收,具体验收办法由陕西省交通运输主管部门制定。

技术复杂程度高或投资规模较大的养护工程按交工验收和竣工验收两阶段执行,其他一般养护工程按一阶段验收执行。

适用于一阶段验收的养护工程项目一般在工程完工交付使用后 6 个月之内完成验收;适用于两阶段验收的养护工程项目,在工程完工后应当及时组织交工验收,一般在养护工程质量缺陷责任期满后 12 个月之内完成竣工验收。

养护工程质量缺陷责任期一般为 6 个月,最长不超过 12 个月。

养护工程验收及质量缺陷责任期具体时限应当在养护合同中约定,并符合有关要求。

养护工程完工后未通过验收的,由施工单位承担养护责任,超出验收时限无正当理由未验收的除外。验收不合格的,由施工单位负责返修。

在质量缺陷责任期内,发生施工质量问题的,施工单位应当履行保修义务,并对造成的损失承担赔偿责任。

养护工程验收应当具备下列条件:
(1)完成设计文件和合同约定的各项内容。
(2)完成全部技术档案和施工管理资料整理归档。
(3)施工单位按相关标准、规范和规定对工程质量自检合格。
(4)工程质量缺陷问题已整改完毕。
(5)参与养护工程的相关单位完成工作总结报告。
(6)开展了监理咨询的,监理单位对工程质量评定为合格。
(7)按规定需进行专业检测的,检测机构对工程质量鉴定完毕并出具检测报告。

具备上述条件的,可以组织养护工程验收。养护工程通过验收后,可办理养护费用决算。

6.8.2 验收后费用决算

桥梁养护工程费用决算根据决算依据实施,即决算金额与决算依据一致。养护工程验收依据即为养护决算依据。

桥梁养护工程验收依据主要包括:
(1)养护工程计划文件。
(2)养护工程合同。
(3)设计文件及图纸。
(4)变更设计文件及图纸。
(5)行政主管部门的有关批复文件。
(6)养护工程有关标准、规范和规定。

养护作业单位应当接受相关管理部门和机构的监督检查。其中,养护工程资金使用情况是监督检查的主要内容。

Part 2 第二部分

养护技术

第7章 桥梁检查与评定

以"预防为主,防治结合"为原则,以承重部件为重点,加强全面养护,努力提高桥梁载重能力适应率,并使之符合规范要求,保证桥梁安全,减少因养护不当而引起的桥梁损坏,为桥梁的安全使用提供有力的保证。这就需要在运维过程中不断加强桥梁检查与评定工作。

7.1 专有规定

7.1.1 检查分级

因桥梁规模、技术状况、运营环境及所处公路等级的不同,各级公路桥梁的养护需求和养护资源亦有所不同。通过对桥梁检查等级的分级,在实际工作中,细化桥梁的养护要求,适应不同的养护需求,实行差异化的养护检查频率,起到合理配备养护资源的作用。

特定桥涵养护工作的重要性,由桥涵本身的重要性决定,并受桥涵的实时技术状况影响。

养护检查等级的提出主要用于指导桥梁养护资源的投入,指导桥梁检查、检测周期等养护工作安排。

根据公路等级和桥梁规模,公路桥梁检查分为三个等级,分级标准见表7-1。禹门口黄河公路大桥为一级公路特大桥,检查等级为Ⅰ级。

公路桥梁检查分级表　　　　　　　　　　　　　　　　　　　　　　　　　　　表 7-1

公路等级	养护检查分级			
	特大桥	大桥	中桥	小桥
高速公路	Ⅰ级	Ⅱ级	Ⅱ级	Ⅱ级
一、二级公路	Ⅰ级	Ⅱ级	Ⅱ级	Ⅱ级
三级公路	Ⅰ级	Ⅱ级	Ⅲ级	Ⅲ级
四级公路	Ⅰ级	Ⅱ级	Ⅲ级	Ⅲ级

注：表中特大桥指单孔跨径 L_k >150m 的桥梁。

7.1.2 永久性观测点

在大桥或特大桥上设永久观测点，是作为位移和变形监测的基准，也是评定桥梁结构技术状况的重要手段。对大型桥梁建立永久观测点，定期进行控制检测是桥梁检查的一项工作，其检测周期可与定期检查相同，也可以短于定期检查周期。

《公路桥梁养护管理工作制度》（交公路发〔2007〕336 号）第二十四条对需要设置永久观测点的桥梁类型作了明确规定，即单孔跨径 60m 及以上的桥梁。经调研，"十二五"期间全国各省（自治区、直辖市）的多数桥梁监管及管养单位均贯彻执行《公路桥梁养护管理工作制度》，对单孔跨径 60m 及以上的桥梁设置永久观测点已逐渐纳入桥梁的养护工作中，取得了较好的效果。

因此，关于永久观测点的规定在明确了桥梁类型的同时，也对长期观测点设置与检测项目进行了补充，增加了索塔水平变位等项目。

(1) 单孔跨径 60m 及以上的桥梁，应设立永久观测点，定期进行控制检测。单孔跨径小于 60m 的桥梁，检测中若发现结构存在异常变形，应进行相应的控制检测。特殊结构桥梁，宜根据养护、管理的需要，增加相应的控制检测项目。

(2) 桥梁永久观测点的设置应牢固可靠。当测点与国家大地测量网联络有困难时，应建立相对独立的基准测量系统。若永久观测点有变动，应及时检测、校准及换算，保持数据的有效性和连续性。

(3) 设置永久观测点后，应绘制永久观测点平面布置图，并在图中明确基准点位置。

(4) 桥梁主体结构维修、加固改造前后，应进行控制检测，以保持观测资料的连续性。

(5) 应设而没有设置永久观测点的桥梁，应在定期检查时按规定补设。测点的布设和首次检测的时间及检测数据等，应按要求归档。

(6) 特大桥、大桥、中桥的墩台旁，必要时可设置水尺或标志，以观测水位和冲刷情况。

桥梁检测项目与永久观测点布设方法见表 7-2。

桥梁检测项目与永久观测点布设方法　　　　　　　　　　　　　　　　　表 7-2

序号	检测项目	永久观测点布设方法
1	桥面高程	每孔不宜少于 10 个点，沿行车道两边（靠缘石处）布设，跨中、$L/4$ 处、支点等控制截面必须布设
2	墩、台身变位	布置于墩、台身底部（距地面或常水位 0.5~2m）、桥台侧墙尾部顶面上、下游两侧 1~2 个点
3	墩、台身、索塔倾斜度	墩、台身底部（距地面或常水位 0.5~2m 内）的上、下游两侧各 1~2 个点
4	索塔的变位	每个索塔不宜少于 2 个测点，索塔顶面、塔梁交接处各 1~2 个点

禹门口黄河公路大桥主桥(245+565+245)m与西引桥(50.95+85+50.95)m永久性观测点设置为：主桥边跨测点16等分，主跨测点32等分，西引桥主跨测点8等分，西引桥边跨跨径小于60m；为确保高程传递高效实用，西引桥边跨测点亦按4等分布置。

7.1.3　高程系统

禹门口黄河公路大桥高程养护运营阶段采用国家1985高程系统。

7.1.4　控制网

禹门口黄河公路大桥控制网采用2000国家GPS大地控制网(国家测绘局布设的国家高精度GPS A、B级网)。

7.2　初始检查

7.2.1　初始检查时机

禹门口黄河公路大桥初始检查的目的是采集大桥的基础状态数据，建立大桥技术档案，作为日后经常检查、定期检查、专项检查及桥梁评定的基准；通过初始检查，可确定禹门口黄河公路大桥各构件的基础技术状况，便于对后期发现的桥梁缺陷和病害作对比分析，确定病害或缺陷成因及发展程度，为大桥进一步养护工作提供依据。

为确保如实反映大桥的初始技术状况，禹门口黄河公路大桥初始检查与交工验收同时进行，从而避免了一些参数重复检查或漏检。交工验收是以抽检的形式按现行《公路工程质量检验评定标准》(JTG F80)对桥梁工程质量进行检测评定；初始检查是以全面检查的形式按现行《公路桥梁技术状况评定标准》(JTG/T H21)对大桥进行检查评定。

7.2.2　初始检查内容

禹门口黄河公路大桥初始检查内容中包含有桥梁总体尺寸、主要承重构件尺寸、材质强度、钢筋保护层厚度等检测内容，在桥梁没有明显腐蚀、锈蚀、损伤或经历改造的情况下，上述参数不会发生能影响结构评定的变化，因此在后期的定期检查和专项检查中可直接沿用上述参数在初始检查时得到的数据，避免检查工作的重复，节约养护资源。具体检查内容如下：

(1)定期检查测定的项目，并设置永久观测点。

(2)测量桥梁长度、桥宽、净空、跨径等；测量主要承重构件尺寸，包括构件的长度与截面尺寸等；测定桥面铺装层厚度及护栏高度等。

(3)测定桥梁材质强度、混凝土结构的钢筋保护层厚度。

(4)通过静载试验测试桥梁结构控制截面的应力、应变、挠度等静力参数，计算结构校验系数；通过动载试验测定桥梁结构的基频、振型、冲击系数、阻尼比等动力参数。

(5)由于存在水中基础使得基础经受冲刷或"揭河底"现象时，需进行水下检测。

(6)量测缆索结构的拉索索力等。
(7)交工验收资料中已经包含上述检查项目或参数的实测数据时,可直接引用。

7.2.3　检查依据

禹门口黄河公路大桥初始检查工作严格按照现行《公路桥涵养护规范》(JTG 5120)执行。

7.2.4　初始检查报告

现场填写桥梁基本信息及检查记录表。通过初始检查,建立桥梁初始技术档案,确定桥梁技术状况,提出养护建议。

禹门口黄河公路大桥初始检查后提交技术状况评定报告包含以下内容:
(1)桥梁基本状况卡片、桥梁初始检查记录表及桥梁技术状况评定表。
(2)典型缺损和病害的照片、文字说明及缺损分布图,缺损状况的描述应采用专业标准术语,说明缺损的部位、类型、性质、范围、数量和程度等。
(3)三张总体照片。一张桥面正面照片,两张桥梁两侧立面照片。
(4)初始检查内容的成果。
(5)养护建议。

7.3　日常巡查

7.3.1　日常巡查内容

禹门口黄河公路大桥日常巡查内容主要包括桥面及以上部分的桥梁构件及桥梁结构异常变位情况的目测检查。巡查由具有桥梁养护工作经验的专业技术人员负责,采用乘车巡查或步行巡查方式进行,对可视范围内的桥梁构件及附属设施进行日常性巡视。一旦发现异常情况、重大问题或隐患,巡查人员能够第一时间及时向负有直接管理的地方交通运输主管部门和有关部门报告,并依照相关规定处理。禹门口黄河公路大桥日常巡查现场如图7-1所示。日常巡查以目测检查为主,即对巡查部位可见区域桥梁部件或构件的整体巡视。

图7-1　桥梁日常巡查现场

引桥日常巡查包括下列内容：
(1)桥路连接处是否异常。
(2)桥面铺装、伸缩缝是否有明显破损。
(3)护栏等有无明显缺损。
(4)标志标牌是否完好。
(5)西引桥桥面线形是否存在明显异常。

主桥日常巡查包括下列内容：
(1)桥面铺装、伸缩缝是否有明显破损。
(2)栏杆或护栏等有无明显缺损，钢护栏表面涂层状况。
(3)标志标牌是否完好。
(4)主桥桥面线形是否存在明显异常。
(5)斜拉索阻尼器外观与变形。

7.3.2　检查依据

(1)《公路桥涵养护规范》(JTG 5120)。
(2)《公路长大桥隧养护管理和安全运行若干规定》(交公路发〔2018〕35号)。

7.3.3　日常巡查频率

日常巡查检查频率根据桥梁养护检查等级和技术状况确定，禹门口黄河公路大桥巡查频率为每天一次；恶劣天气条件下将增加检查频率。

禹门口黄河公路大桥日常巡查实行昼夜巡查。白天巡查频率每天不少于一次。考虑特殊照明需求(航空、航道指示灯等)，适当开展夜间巡查，夜间巡查频率为每月一次。遇降雨、降雪、暴风等异常天气或发生地质灾害，以及遇有特殊任务的情况下，管养单位应适当增加巡查频率。

7.3.4　日常巡查计划

禹门口黄河公路大桥开展日常巡查前列举了详细的巡查计划，巡查计划主要明确该次巡查的重点部位，如桥面系、拉索阻尼器、防雨罩、墩柱基础、桥台、锥坡、排水沟等，并根据巡查部位，准备日常巡查记录表或巡查日志。对于本次巡查未到部位，可列为下次巡查的计划重点，通过多次循环弥补，实现对全桥可见区域桥梁部件或构件的整体巡视。

桥面巡查人员按规定统一着装，并携带巡查工具，日常巡查检查工具见表7-3。日常巡查可以乘车目测为主，并做好记录，发现明显缺损及时上报。配车巡查时，要求控制车速，按规定开启警示灯具，确保行车安全。停车检查时，注意人身安全。

禹门口黄河公路大桥日常巡查检查工具　　　　表7-3

序号	设备或工具	目　的	数　量
1	望远镜	表观检查	1个
2	数码相机	现场拍照记录	若干
3	激光测距仪	距离测量	若干

续上表

序号	设备或工具	目的	数量
4	小铁锤或橡胶锤	敲击结构物	1把
5	钢卷尺	结构尺寸量测	若干
6	裂缝宽度检测仪	裂缝宽度测量	1台
7	记录本	记录存储	若干
8	记号笔	记录书写	若干

7.3.5 日常巡查记录

日常巡查按规定填写"桥梁日常巡查记录表",对有关事项做好交接。巡查过程中发现情况,要求及时汇报。对于发现的问题,能够现场处理的,立即进行处理,避免造成财产损失、产生安全隐患。

7.4 经常检查

7.4.1 经常检查目的

经常检查是对禹门口黄河公路大桥的结构及其设施的早期缺陷、显著病害及其他异常情况进行的检查,是编制大桥日常保养计划的依据。经常检查发现重要部件严重缺损或存在明显异常的,立即安排定期检查,并视情况采取必要的措施。

7.4.2 检查依据

(1)现行《公路桥涵养护规范》(JTG 5120)。
(2)《公路桥梁养护管理工作制度》(交公路发〔2007〕336 号)。
(3)《交通运输部关于进一步加强公路桥梁养护管理的若干意见》(交公路发〔2013〕321 号)。
(4)《公路长大桥隧养护管理和安全运行若干规定》(交公路发〔2018〕35 号)。

7.4.3 经常检查内容

引桥经常检查包括下列内容:
(1)桥梁结构有无异常变形、异常振动及其他异常状况。
(2)桥梁外观是否整洁,构件表面是否完好、有无损坏、开裂、剥落、起皮、锈迹等。
(3)主梁裂缝是否有发展,箱梁内是否有积水。
(4)西引桥支座表观状况检查。
(5)桥面铺装是否存在缺陷。
(6)伸缩缝是否堵塞、卡死,连接部件有无松动、脱落、局部破损。

(7)护栏是否破损、缺失、起皮、剥落。

(8)排水设施有无堵塞和破损。

(9)墩台有无明显的倾斜、损伤、开裂;基础有无冲刷、损坏、悬空;墩台与基础是否受到生物腐蚀。

(10)翼墙(侧墙、耳墙)、锥坡、护坡、调治构造物有无缺损、开裂、沉降和塌陷。

(11)交通信号、标志、标线、照明设施以及桥梁其他附属设施是否完好、是否正常工作。

(12)西引桥永久观测点及测点的状况。

(13)有无其他明显的损坏或病害。

引桥桥台与锥坡检查现场如图 7-2 所示。

图 7-2　引桥桥台与锥坡检查现场

主桥经常检查应包括下列内容:

(1)桥梁结构有无异常变形、异常振动及其他异常状况。

(2)外观是否整洁,构件表面是否完好、有无损坏、开裂、剥落、起皮、锈迹等。

(3)适当抽查焊缝有无开裂、螺栓有无松动或缺失。

(4)斜拉索锚固区的密封设施是否完好,有无积水或渗水痕迹,密封材料等有无老化和开裂;主缆最低点是否渗水。

(5)斜拉索阻尼器外观与变形。

(6)桥面铺装是否存在缺陷。

(7)伸缩缝是否堵塞、卡死,连接部件有无松动、脱落、局部破损。

(8)栏杆、护栏是否破损、缺失、锈蚀、移动或错位。

(9)排水设施有无堵塞和破损。

(10)过渡墩、索塔有无明显的倾斜、损伤、开裂以及是否受到车、船或漂流物撞击而受损;索塔基础有无冲刷、"揭河底"现象及悬空;过渡墩墩身、索塔塔身及基础是否受到生物腐蚀。

(11)过渡墩、索塔有无明显沉降和偏位。

(12)交通信号、标志、标线、照明设施以及桥梁其他附属设施是否完好、是否正常工作。

(13)主桥永久观测点及测点的状况。

(14)有无其他明显的损坏或病害。

禹门口黄河公路大桥经常检查主要针对目测所及的所有桥梁构件。对桥梁各个构件进行目测检查并对损伤作出定性判断。检查应有序而严密,防止漏项。

斜拉索的经常检查注重检查护套、密封圈等表面构件是否存在老化、开裂及渗漏水等情况。现场桥梁经常检查现场如图7-3所示。

图7-3 桥梁经常检查现场

7.4.4 经常检查方法

禹门口黄河公路大桥经常检查以抵近目测结合辅助工具进行,主要采用目测方法,并辅以简单设备(如望远镜、照相机、摄像机,以及扳手、铲子、锉刀等常用工具),对不易到达的部位借助辅助工具进行查看。为保证及时、准确收集信息,现场填写"桥梁经常检查记录表"。

7.4.5 经常检查频率

根据禹门口黄河公路大桥养护检查等级不同,结合桥梁技术状况,为适应不同的养护需求,实行差异化的检查频率,起到合理配备养护资源的作用。

经常检查工作按下列规定实施:

(1)每月不少于一次。

(2)在洪水、台风、冰冻等自然灾害频发期增大经常检查频率。

(3)如维修处治,应增大经常检查频率。

7.4.6 经常检查计划

开展经常检查前,列举经常检查计划,主要明确该次检查的重点部位。准备"桥梁经常检查记录表"及简单工具,经常检查工具见表7-4。对于本次检查未到部位,可列为下次检查的计划重点,并明确下次检查的具体时间。

禹门口黄河公路大桥经常检查工具表　　　表7-4

序号	设备或工具	目的	数量
1	望远镜	表观检查	1个
2	数码相机	现场拍照记录	若干
3	激光测距仪	距离测量	若干

续上表

序号	设备或工具	目的	数量
4	小铁锤或橡胶锤	敲击结构物	1把
5	钢钎	测深	1把
6	钢卷尺	结构尺寸量测	若干
7	裂缝宽度检测仪	裂缝宽度测量	1台
8	记录本	记录存储	若干
9	记号笔	记录书写	若干

经常检查结果是编制桥梁日常保养计划的依据。经常检查发现重要部件严重缺损或存在明显异常的,应当立即安排定期检查,视情况采取必要措施。

7.4.7 经常检查记录

现场填写桥梁经常检查记录表。现场登记所检查项目的缺损类型,估计缺损范围及养护工程量,提出相应日常保养措施。检查结束后,桥梁养护管理系统数据及时作出更新。

7.5 定期检查

7.5.1 定期检查目的

定期检查是按照规定周期,对禹门口黄河公路大桥主体结构及其附属构造物技术状况进行的全面检查,以评定桥梁技术状况等级。

7.5.2 检查依据

(1)现行《公路桥涵养护规范》(JTG 5120)。
(2)现行《公路桥梁技术状况评定标准》(JTG/T H21)。
(3)《公路桥梁养护管理工作制度》(交公路发〔2007〕336号)。
(4)《交通运输部关于进一步加强公路桥梁养护管理的若干意见》(交公路发〔2013〕321号)。
(5)《公路长大桥隧养护管理和安全运行若干规定》(交公路发〔2018〕35号)。

7.5.3 定期检查内容

1)主桥定期检查内容

斜拉桥上部结构及索塔的检测包括下列内容:

(1)桥塔有无异常变位,拉索塔壁锚固区是否有裂纹、水渍,有无渗水现象,混凝土结构有无缺损、裂缝、剥落、露筋、钢筋锈蚀,钢锚梁涂装是否粉化、脱落、起泡、开裂,钢结构是否锈蚀、变形、裂缝,螺栓是否缺失、损坏、松动,钢与混凝土连接是否完好。

(2)拉索索力有无异常变化,观测斜拉索线形有无异常。

(3)斜拉索阻尼器、塔梁接合处阻尼器外观与变形情况。检查斜拉索减振装置是否出现断裂、移位、冒油、豁口、松动、卡死失效等状况。

(4)斜拉索防护套有无裂缝、鼓包、破损、老化变质,必要时可以打开防护套,检查斜拉索的钢丝涂层劣化、破损、锈蚀及断丝情况。

(5)逐个检查锚具及周围锚固区的情况。锚具是否渗水、锈蚀,是否有锈水流出的痕迹,锚固区是否开裂。必要时可打开锚具后盖抽查锚杯内是否积水、潮湿,防锈油是否结块、乳化失效,锚杯是否锈蚀。锚头是否锈蚀、开裂,墩头或夹片是否异常,锚头螺母位置有无异常。

(6)钢—混凝土组合梁的检测,包含下列内容:

①构件涂层劣化情况。

②构件锈蚀、裂缝、变形、局部损伤。

③焊缝开裂或脱开。

④铆钉和螺栓松动、脱落或断裂。

⑤结构的跨中挠度、结构变位情况。

⑥桥面板与钢梁的接合部位及桥面板混凝土有无开裂、渗水,桥面板有无破损、露筋。横向连接构件是否开裂。

⑦钢—混凝土组合梁外缘用于抗风的导流板发生变形、锈蚀、缺损时,状况轻微的应及时维修,状况相对严重的及时更换。

钢结构变形、裂缝、锈蚀及连接件是否正常均属检测范围。造成构件变形有两种原因,一是机械撞击,二是局部受力过大,如压杆失稳。后一种情况,可能危及整个结构的承载能力,在检测中要注意判别,并及时处治。定期检查时必须重视对铆钉、螺栓等连接件及节点的检测,因为这些部位易于损坏,节点处易于存积雨水、垃圾造成锈蚀。1994年韩国汉城(现首尔)圣水桥垮塌事故,其主要原因就是节点破坏。

钢箱梁焊缝的检测,因工作量较大,定期检查按一定比例抽检(国外一般为1%~3%),先对焊缝表面涂层进行检测,若发现焊缝开裂或怀疑焊缝开裂,可加大抽检频率,对焊缝进行详细检测。

针对跨中挠度及结构变位情况,大桥定期检查时桥面高程(用以判断跨中挠度)和结构变位进行相应的控制检测。

钢—混凝土组合梁连接部位及桥面板混凝土等构造检查如图7-4~图7-8所示。

(7)钢护筒是否脱漆、锈蚀,钢护筒内有无积水,钢护筒与斜拉索密封是否可靠,橡胶圈是否老化或严重磨损,橡胶圈固定装置有无损坏,阻尼器有无异常变形、松动、漏油、螺栓缺失、结构脱漆、锈蚀、裂缝。

索是斜拉桥主要受力构件之一,直接决定着斜拉桥的工作状态。索力测试通过历次检查数据对比,了解拉索索力变化状况、损伤状况及松弛情况。索力测试采取抽检方式,选取长、短、中三种类型拉索进行测试。

(8)锚拉板与桥面接合部位的焊缝开裂、渗水状况。锚拉板与主梁连接部位检查如图7-9所示。

图 7-4　钢—混凝土组合梁连接部位及桥面板混凝土检查

图 7-5　索塔内钢锚梁检查

图 7-6　拉索索力测量

图 7-7　拉索护套表观检查

图 7-8　拉索锚头检查

（9）检查桥梁永久性观测点是否完整，并开展桥面线形测量。

（10）主桥检查车的适用性与安全性检查。主桥检查车适用性与安全性检查如图 7-10 所示。

（11）检查桥梁养护管理系统和健康监测系统的运行情况。

图 7-9　锚拉板与主梁连接部位检查

图 7-10　主桥检查车适用性与安全性检查

2）引桥定期检查内容

禹门口黄河公路大桥西引桥采用预应力混凝土变截面连续箱梁，东引桥采用装配式预应力混凝土箱梁。引桥上部结构定期检查如图 7-11 所示，包括下列内容：

（1）混凝土构件有无开裂及裂缝是否超限，有无渗水、蜂窝、麻面、剥落、掉角、空洞、孔洞、露筋及钢筋锈蚀。

（2）主梁跨中、支点、变截面处及翼缘板悬臂端混凝土是否开裂、缺损和出现钢筋锈蚀。

（3）预应力钢束锚固区段混凝土有无开裂，沿预应力筋的混凝土表面有无纵向裂缝。

（4）西引桥桥面线形及结构变位情况。

（5）混凝土碳化深度、钢筋锈蚀检测。

（6）主梁有无积水、渗水，箱梁通风是否良好。

引桥上部结构检测内容是结合桥梁技术状评定指标确定的，在桥梁外观没有明显腐蚀、锈蚀、损伤或经历改造的情况下，钢筋保护层厚度、混凝土强度不会发生能影响结构评定的变化，定期检查可不做这两项参数的检测而沿用初始检查的检测成果。

图 7-11 引桥上部结构定期检查

对于桥面线形及结构变位情况检测,对单孔跨径 60m 以上的西引桥,需要在定期检查时对桥面高程(用以判断跨中挠度)和结构变形进行控制检测;对单孔跨径小于 60m 的东引桥,检测中若发现结构存在异常变形,应进行相应的控制检测。

由于引桥均为混凝土梁式桥,故其检测要点是混凝土是否开裂、裂缝发生位置、裂缝的形态、裂缝长度及宽度、钢筋锈蚀、预应力(锚头、齿板、钢绞线)状况、跨中挠度、横向联系状况等。如服役时长达到一定年限,在定期检查中需对混凝土的碳化深度检测数据给予重视。

3)支座定期检查内容

支座定期检测包括下列内容:

(1)支座是否缺失。组件是否完整、清洁,有无断裂、错位、脱空。

(2)活动支座是否灵活,实际位移量、转角量是否正常,固定支座的锚销是否完好。

(3)橡胶支座是否老化、开裂,有无位置窜动、脱空,有无过大的剪切变形或压缩变形,各夹层钢板之间的橡胶层外凸是否均匀。

(4)四氟滑板支座是否脏污、老化,聚四氟乙烯板是否磨损、是否与支座脱离。

(5)盆式橡胶支座的固定螺栓是否剪断,螺母是否松动,钢盆外露部分是否锈蚀,防尘罩是否完好,抗震装置是否完好。

(6)球型钢支座地脚螺栓有无剪断、螺纹有无锈死,支座防尘密封裙有无破损,支座相对位移是否均匀,支座钢组件有无锈蚀。

(7)支承垫石是否开裂、破损。主、引桥支座垫石检查如图 7-12 所示。

图 7-12 主、引桥支座垫石检查

(8)支座螺纹、螺帽是否松动,锚螺杆有无剪切变形,上下座板(盆)的锈蚀状况如何。

(9)支座封闭材料是否老化、开裂、脱落。

支座是容易损坏的部位,在日常检查中很难对其进行目测检查,因此在定期检查中应视为重点检测的部位。支座采用的橡胶等高分子材料寿命较短,定期检查时要注意其老化问题。支座的工作状态是否正常,如活动支座是否灵活、位移量是否正常等是定期检查的内容,需对其工作过程进行观察与量测。

禹门口黄河公路大桥除具有一般支座外,还有限位等特殊的横向支座和竖向支座。

4)桥面系定期检查内容

桥面系定期检查包括下列内容:

(1)桥面铺装层纵、横坡是否顺适,有无严重的龟裂、纵横裂缝,有无坑槽、拥包、拱起、剥落、错台、磨光、泛油、变形、脱皮、露骨、接缝料损坏、桥头跳车等现象。

(2)伸缩缝是否有异常变形、破损、脱落、漏水、失效,锚固区有无缺陷,是否存在明显的跳车现象。

(3)栏杆、护栏有无撞坏、缺失、破损等。

(4)防排水系统是否顺畅,泄水管、引水槽有无明显缺陷,桥头排水沟功能是否完好。

(5)桥上交通信号、标志、标线、照明设施是否损坏、老化、失效。

5)桥梁墩台及基础定期检查内容

桥梁墩台及基础定期检查包括下列内容:

(1)墩台身及基础变位情况。

(2)混凝土墩台身、盖梁、台帽及系梁有无开裂、蜂窝、麻面、剥落、露筋、空洞、孔洞、钢筋锈蚀等。

(3)墩台顶面是否清洁,有无杂物堆积,伸缩缝处是否漏水。

(4)圬工砌体墩台身有无砌块破损、剥落、松动、变形、灰缝脱落,砌体泄水孔是否堵塞。

(5)桥台翼墙、侧墙、耳墙有无破损、裂缝、位移、鼓肚、砌体松动。台背填土有无沉降或挤压隆起,排水是否畅通。

(6)基础是否发生冲刷或掏空现象,地基有无侵蚀。水位涨落、干湿交替变化处基础有无冲刷磨损、颈缩、露筋,有无开裂,是否受到腐蚀。

(7)锥坡、护坡有无缺陷、冲刷。

墩台、基础在水面或地面以上部分的检测与上部结构相同,比较困难的是水下或地下部分的检测。基础检测需要对基础及河底铺砌的缺损情况进行详细检测。水下部分通过相关辅助手段(水下摄像机、水下腐蚀电位测量仪等)进行检测,了解构件的损伤、损坏情况。在国外,有用侧向超声波测位仪来检测桥梁水下部分的桥墩、基础冲刷、填石或石笼的范围、移动情况等实例,还有用贯入地面雷达检测桥台外形及其稳定性的实例。潜水员潜水的检测方法比较可靠。

6)附属设施定期检查内容

禹门口黄河公路大桥养护管理设施重点检查主梁检查车是否完好;索塔的检查门、爬梯等是否安全可靠,塔内照明是否完好。

附属设施检查包括下列内容:

(1)养护管理检查设施是否完好。
(2)减振装置是否完好。
(3)索塔防撞设施是否完备。
(4)桥上避雷装置是否完好。
(5)桥上航空灯、航道灯是否完好,能否保证正常照明;桥面照明及结构物内供养护检修的照明系统是否完好。
(6)防抛网、声屏障是否完好。
(7)结构监测系统仪器设备工作是否正常。

7)河床及调治构造物定期检查内容

河床及调治构造物的检查包括下列内容:
(1)桥位段河床有无明显冲淤或漂流物堵塞现象,有无冲刷及变迁状况。对于含河堤铺砌的桥位区域,检查河底铺砌是否完好。
(2)对于增设调治构造物的桥位区域,检查调治构造物是否完好,功能是否适用。

7.5.4 定期检查方法

禹门口黄河公路大桥定期检查主要以目测观察结合仪器观测检查方法进行,必须接近各部件仔细检查其缺损及病害情况。桥梁定期检查常用设备见表7-5。定期检查采用现场纸质记录和检测软件相结合的方式,通过直接录入的方法实现桥梁病害、照片编号、病害分布示意图等检测信息收集与整理。

禹门口黄河公路大桥定期检查常用设备 表7-5

序号	设备	目的	数量
1	桥梁检测车	提供临时检测平台	1台
2	主梁检修桁车	提供临时检测平台	1台
3	索力动测仪	拉索索力测试	1台
4	内窥镜	隐秘部位伸入观察	1台
5	涂层测厚仪	钢结构涂装厚度检测	2个
6	X射线探伤仪	焊缝质量检测	1台
7	裂缝宽度检测仪	裂缝宽度测量	2台
8	混凝土回弹仪	塔柱等混凝土结构强度测试	若干
9	钢筋保护层厚度测定仪	测量钢筋位置及保护层厚度	1台
10	混凝土超声波检测仪	检测混凝土传播声时	1台
11	激光测距仪	距离测量	若干
12	无人机	难以到达部位如主塔外观检查	1台
13	爬索机器人	斜拉索外观检查	1台
14	游标卡尺	碳化深度测量	1把

续上表

序号	设备	目的	数量
15	钢卷尺	结构尺寸量测	若干
16	精密电子水准仪	桥面线形测量	1台
17	塔尺	桥面线形测量	2把
18	全站仪	塔顶偏位及主梁偏位测量	1台
19	望远镜	表观检查	1个
20	登高车	拉索表观检测或频率采集平台	1台
21	数码相机	现场拍照记录	若干

禹门口黄河公路大桥定期检查工作由具有5年以上工作经验的桥梁专业工程师负责,以推行社会化养护、加强维养质量为目的,将定期检查打包,委托有资质的专业桥梁检查单位实施。定期检查方法见表7-6。

桥梁定期检查常用方法 表7-6

序号	项目	范围	检查方法
1	桥梁线形测量	桥面	根据水准或连通器原理,利用皮尺、水准仪、液位连通器等工具测量桥梁几何尺寸,以及桥面线形和高程,以判断基础是否发生沉降,上部结构是否有较大变形,主体承重构件是否满足施工图设计尺寸
2	全桥外观缺陷检查	主梁等各主要构件	借助支架、梯子、桥检车、检修桁车、无人机等实施人工抵近检查。 核查桥梁结构混凝土风化、剥落、破损、裂缝等现象。 核查钢结构桥梁锚栓、焊缝、涂层等表观状况及是否存在开裂、变形等状况

续上表

序号	项目	范围	检查方法
3	结构裂缝检查	主梁等各主要构件	裂缝的分布采用目测、手持式激光测距仪和钢卷尺测量,宽度采用刻度放大镜、裂缝观测仪测量,全面调查裂缝数量以及分布、形态,分析裂缝对结构的影响,以决定对裂缝的处理办法
4	索力测量	斜拉索	采用振动频率法人工采集或健康监测方法自动采集拉索自振频率,进而换算为斜拉索或吊杆索力
5	支座的检查	—	主要采用目测或借助伸缩杆配摄像头查看的方法观察支座是否发生错位和变形,组件是否完整、清洁,有无断裂和脱空现象,支座支承部位是否缺损
6	构件连接部位检查	主梁之间连接	检查构件的连接部位是否有开裂、破损,是否有渗水等现象

续上表

序号	项 目	范 围	检 查 方 法
7	墩台的检查	—	目测或使用读数显微镜观察墩台及其承台圬工有无风化剥落、裂缝及破损，量测裂缝及破损具体位置、宽度、长度、深度。观察墩台有无下沉、位移和倾斜变位。观察台背填土有无沉降，墩台和帽梁有无冻胀、腐蚀、剥落及钢筋锈蚀等
8	基础冲刷检查	—	观察墩台基础的冲刷情况，有无超过设计规定的局部冲刷现象
9	桥面铺装检测	—	调查铺装层存在的主要缺陷，是否存在磨光、裂缝、坑槽及高低不平等现象
10	其他交通设施的检测	—	检查行车指示标志牌和交通信号灯等交通工程设施是否完好
11	河道及河床的调查	—	检查桥墩台处的局部冲刷与设计时采用的数据差异；河流河道是否改变；桥下净空有无改变等
12	桥头引道调查	—	观察桥头引道有无渗水、沉陷、冲刷，引道与桥头衔接是否平顺，有无跳车现象
13	混凝土碳化检测	主梁主要受力部位	酚酞试剂分析法

续上表

序号	项 目	范 围	检查方法
14	混凝土材质强度检测	主梁主要受力部位	采用超声回弹综合法进行混凝土材质强度检测
15	钢筋保护层厚度检测	主梁主要受力部位	钢筋保护层测试仪进行检测
16	钢筋锈蚀电位检测	主梁主要受力部位	自然电位法

1）斜拉索索力检测方法

斜拉索索力检测是斜拉桥定期检查重点关注内容。目前,采用人工方法与自动化监测方法均可实现斜拉索索力测试。人工方法主要借助索力动测仪完成采集;自动化监测方法主要借助前端拉索拾振器采集,后端自动化监测系统分析完成。

索力自动化监测方法采集与运算效率高,适合全桥斜拉索的实时索力测量,但数据量庞大,软件与硬件系统维护费用高,系统存储空间要求高,索力与现场活载匹配程度需借助视频采集分析实现。

人工采集方法采集数据量小,方便存储,适合小规模指定斜拉索的现场测量,力与荷载对应程度高。但采集效率慢,拉索参数输入或索力换算耗费工时多。对于斜拉索防护套管远粗于斜拉索钢丝束的情形,斜拉索自振频率的采集精度将受到较大干扰。确需打开防雨罩或拉索防护套管进行频率采集的,则需要养护单位参与予以恢复并做好防护。

2）斜拉索外观检测方法

目前,斜拉索外观可通过爬索机器人、点阵式无人机、高清光学成像设备进行检查。斜拉索外观检查可与索塔外观检查同步实施。

采用上述方法对斜拉索外观进行检查,避免了传统人工检查斜拉索效率低、难度大、危险系数高的不足,尤其对 PE 护套老化、断裂、雨水侵蚀等表观检查,具有安全、快捷的优势。

以爬索机器人为例,其由视觉检测系统、硬件检测系统、主控器和数据存储器组成。其中硬件检测系统由 4 台摄像机组成。当机器人在拉索上爬升时,控制器以循环的方式将 4 台摄像机图像分时传输给数据存储器,以实现对拉索表面保护层全方位图像的存储,同时通过视频合成器将 4 路视频合成为一路监控视频,并通过无线传输子系统传输到地面监控系统的计算机上。爬行安装现场如图 7-13 所示,爬索机器人检测 PE 护套开裂照片如图 7-14 所示。

图 7-13　爬行安装现场

3）斜拉索锈蚀、断丝检查方法

要对裹有较厚护套的钢丝束进行无损检测,通常需采用检测传感器沿拉索长度方向移动扫描式检测的方法,常规的一些检测方法,如人工目测法、射线检测法等,显然都不适合。磁性检测法是目前对钢丝束类产品进行无损检测最可靠、最成熟的方法之一,已在钢丝绳、电缆检测等方面得到广泛应用。常见磁性检测法有磁漏检测法和磁致伸缩导波检测法,且磁性检测仪器完全能透过拉索的护套对其内部钢丝束进行扫描检测。

（1）人工目测法。

早期人们对斜拉索的检测主要采取人工目测法,主要检查内容有:观察斜拉索护套的外观是否有破损或开裂,然后根据实际情况决定是否要打开护层,进一步检查拉索索体是否有断丝和锈蚀状况;检查锚固端和紧固件有无松脱、变形或锈蚀等情况。检测人员利用目测法对拉索进行检测时,要用设备将检测人员送到高空,检测效率低,且存在高空坠落的危险,检测成本高。

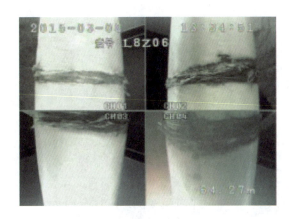 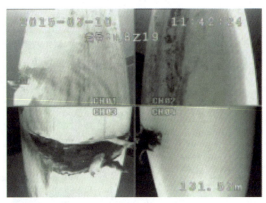

图 7-14　爬索机器人检测 PE 护套开裂照片

检测人员在桥面上通过高分辨率的望远镜对拉索表面进行观察,判断拉索的安全状态。该方法成本低,但检测效率低,精度较差,只能作为辅助检测手段。

(2)射线检测法。

射线检测在日常生产生活中已有非常广泛的应用,如质量检测(铸造焊接、工艺缺陷检测)、测量厚度、物品检查(机场、车站、海关检查)等。射线检测法也可对拉索内部损伤和缺陷进行检测,工程检测中应用的射线主要有两种:X 射线与 γ 射线。X 射线的检测原理是:当 X 射线穿过拉索时,如果拉索局部区域存在缺陷,它将改变拉索对射线的衰减量,引起透射射线强度的变化。通过检测投射线强度,就可以确定拉索中是否存在损伤以及损伤的位置、大小。

早在 20 世纪 80 年代,国外已经采用射线检测法检测拉索的锚固区,但该方法检测成本高、耗时长,因而未被广泛采用。2004 年,有国外学者采用 X 射线对拉索进行检测试验,结果表明:X 射线能检测到拉索中所有缺陷,但拉索内部材质较为复杂,图像解释起来非常困难,检测效率低、造价高。此外,在射线辐射污染问题未取得进一步研究进展之前,并不适合将此方法大规模应用于桥梁拉索损伤检测。

(3)磁漏检测法。

磁漏检测法是无损检测技术,它是通过检测被磁化的斜拉索表面泄露出的磁场强度来判定缺陷的大小。磁漏检测法的原理是:利用由衔铁和永久磁铁组成的磁化器将索体磁化至饱和状态,拉索内部断丝、腐蚀等缺陷处会形成漏磁场。沿拉索轴向利用磁敏感元件扫描获取缺陷漏磁场信号,从而实现对拉索缺陷的检测。

我国从 20 世纪 90 年代初开始对磁漏检测技术进行研究,并研究了拉索断口宽度、缺陷埋藏深度等参数对漏磁场强度的影响,得到了漏磁场强度随上述参数的变化规律,从而为解释拉索检测信号和确定断丝数量提供依据。

(4)磁致伸缩导波检测法。

磁致伸缩效应是指当铁磁性材料受外加磁场力作用时,它的现状和尺寸大小会发生变化的现象,或者铁磁物体受到恒定磁场作用下,当它的形状和尺寸发生变化时,瞬间会引起内部磁场发生变化的现象。其中,前者为磁致伸缩正效应,又被称为焦耳效应;后者为磁致伸缩逆效应,又被称作维拉里效应。磁致伸缩传感器与被测拉索间是非接触的,并有一定提离距离,因此可以对有护套的拉索进行损伤检测。磁致伸缩导波检测现场如图 7-15 所示。

图 7-15　磁致伸缩导波检测现场

7.5.5　定期检查频率

各国对桥梁检查的频率规定不一,美国为 24 个月进行一次常规检查;丹麦为 1～6 年一次;英国针对次等桥梁,数月进行一次详细检查;法国每 5 年对跨径超过 120m 的桥梁进行详细检测;德国每 3 年进行一次总体检测;瑞士每 5 年进行一次间隔性检测;意大利每年进行一次全面彻底的检测;日本每年进行一次 A 级定期检查,1～5 年进行一次 B 级定期检查。我国《城市桥梁养护技术规范》(CJJ 99—2003)将桥梁定期检查分为常规定期检查和结构定期检查,其中常规定期检查周期为每年一次;结构定期检查周期根据养护类别确定。

由于我国公路运输处于快速增长时期,过桥车辆的数量和载质量变化较大,故加强检查很有必要。《交通运输部关于进一步加强公路桥梁养护管理的若干意见》(交公路发〔2013〕321号)中明确提出"定期检查是确定桥梁技术状况的全面检查,应不少于 3 年一次,特大、特殊结构和特别重要的桥梁定期检查周期不少于 1 年一次"。

现行养护规范要求,养护检查等级为Ⅰ级的桥梁,定期检查周期不得超过 1 年;养护检查等级为Ⅱ、Ⅲ级的桥梁,定期检查周期不得超过 3 年。

因此,禹门口黄河公路大桥交付使用 1 年后,进行第一次全面检查;大桥属于特殊结构桥梁,定期检查频率不少于 1 年一次。拉索索体锈蚀、断丝检查,检查频率不低于每 3 年一次。

主塔外观检查,因其费用投入较大,视检查结果可适当放宽检测频率,发现结构性病害或前期已发现的病害发展较快时,每年在定期检查中实施一次,如状况较好则可每 3 年实施一次。

在经常检查中发现重要部(构)件的缺损明显达到三、四、五类技术状况时,应立即安排一次定期检查。

7.5.6　定期检查规定

定期检查和经常检查均有目测检查环节,但定期检查应辅以必要的测量仪器,如望远镜、照相机、探测工具和设备等,强调"必须接近各部件仔细检查其缺损情况"。定期检查前必须创造接近各部件的条件,如使用桥梁检测车、搭设临时支架等。定期检查前要认真查阅有关技术资料、初始检查报告及历次定期检查报告,做好人力、设备等各种准备,落实安全保障措施。

定期检查应接近各部件仔细检查其缺损情况,并应符合下列规定:

(1)现场校核桥梁基本数据,填写或补充完善"桥梁基本信息"。

(2)现场填写"桥梁定期检查记录表",记录各部件缺损状况并绘制主要病害分布图。

(3)对桥梁永久观测点进行复核,对桥面高程及线形、变位等检测指标进行控制检测。

(4)判断病害原因及影响范围,并与历次检查报告进行对比分析,说明病害发展情况。

(5)进行技术状况评定,提出养护建议及下次检查时间。

(6)对损坏严重、危及安全运行的桥梁,提出限制交通、维修加固或改造重建的建议。

其中,校对、补充完善桥梁卡片、填写"桥梁定期检查记录表"应在现场及时、准确地完成。

定期检查结果应与历次检测报告对比分析,主要目的是为病害原因的分析、病害发展趋势的预测以及维修加固建议的提出提供可信、充足、准确的依据。对缺损原因、维修范围的判断,以及加固改建和限制交通的建议工作要慎重进行。对于难以判断的,应提出进一步检测的要求,不可盲目下结论。

7.5.7　定期检查成果及要求

1)桥梁定期检查成果

定期检查过程中填写"桥梁定期检查记录表"。桥梁定期检查记录表与现场病害照片是定期检查过程中的主要成果。

定期检查记录表记录内容如下:

(1)病害描述。病害描述包括对病害位置、病害类型、病害数量、病害范围、病害程度、检测时间、检测人员、天气气温等进行如实填写,并将病害照片对应编号记录。

(2)材质状况等检测记录。记录混凝土强度、碳化深度、钢筋保护层厚度、拉索索力、漆膜厚度等。

(3)线形及偏位记录。记录桥面线形、主塔偏位、墩台沉降等。

定期检查完成后,填写"桥梁基本状况卡片",根据桥梁定期检查记录表与现场病害照片,编写桥梁定期检查报告,并及时更新桥梁养护管理系统数据。桥梁定期检查报告是桥梁定期检查完成后的最终成果。

2)定期检查报告要求

定期检查后提交检查报告,包含下列内容:

(1)桥梁基本状况卡片、桥梁定期检查记录表、桥梁技术状况评定表。

(2)桥梁概况。主要陈述待检测桥梁总体状况,包括地理位置、桥梁桩号、结构形式、跨径组合、桥梁宽度、设计时速、行车道数、荷载等级、通航要求、修建时间等信息。

(3)三张总体照片。一张桥面正面照片,两张桥梁两侧立面照片。若桥梁改建,应重新拍照,并标注清楚。

(4)桥梁构件编号规则。一般按照运营桩号由小到大顺序,横桥向从左至右顺序对桥梁上部结构(主梁、横隔板、支座)、下部结构(桥墩、桥台、锥坡护坡、盖梁、挡块等)、桥面系(护栏、伸缩缝等)进行构件编号,以利于对外观检查结果的位置描述。

(5)外观检查结果。按照上部结构、下部结构、桥面系的顺序对桥梁定期检查外业纸质记录成果进行归类,报告采用文字描述与现场照片相结合的方式进行展示。其中,文字描述主要交代病害位置、病害类型、病害范围、病害程度等信息;照片拍摄对应描述位置病害现状2~4张,照片中应涵盖当次现场记录时间与现场记录痕迹。

(6)无损检测结果。预应力混凝土梁式桥无损检测主要针对混凝土材质状况、钢筋材质状况展开,主要包含混凝土强度检测、钢筋保护层厚度检测、混凝土电阻率检测、钢筋锈蚀电位检测、混凝土氯离子含量检测、混凝土碳化深度检测等。无损检测结果主要依据《公路桥梁承载能力检测评定规程》(JTG/T J21—2011)相关规定进行评定。

(7)变形测量结果。变形测量主要包含桥面线形测量与桥墩垂直度测量,包含桥面测点布置与分布、桥墩测点布置与分布、测量等级、测量方法、测量结果等内容。变形测量结果依据《公路工程质量检验评定标准 第一册 土建工程》(JTG F80/1—2017)相关规定进行评定。

(8)桥梁技术状况评定。桥梁表观检查结果主要采用《公路桥涵养护规范》(JTG H11—2004)与《公路桥梁技术状况评定标准》(JTG/T H21—2011)相结合的评定方法进行评定。

(9)历次检查结果对比。对新近年份历次定期检查结果进行对比,主要比较相同位置处桥梁病害数量、程度变化,以及新增病害趋势发展变化等信息。

(10)病害成因分析。对桥梁典型病害成因进行分析,对成因不明确病害进行合理推测,并提出相关深化检查(如特殊检查)建议,为科学制定维修建议提供相关依据。

(11)检查结论与维修建议。检查结论对桥梁定期检查技术状况、无损检测结果、变形测量结果进行汇总。根据病害成因分析及病害规模,提出对应维修处治建议。

定期检查后,根据桥梁技术状况提出养护工作建议,如提出专项检查建议,说明检查的项目及理由;进行大中修、加固或改建的计划,说明维修目的、拟采用的维修方案、预估费用和建议实施时间等。

7.6 专项检查

7.6.1 专项检查目的

专项检查的目的是根据检测病害情况和性质,采用仪器设备进行现场测试和其他辅助试验,针对桥梁现状进行检算分析,形成评定结论,提出措施建议。

7.6.2 专项检查依据

(1)《公路桥涵养护规范》(JTG H11—2004)。
(2)《公路桥梁技术状况评定标准》(JTG/T H21—2011)。
(3)《公路桥梁养护管理工作制度》(交公路发〔2007〕336号)。
(4)《交通运输部关于进一步加强公路桥梁养护管理的若干意见》(交公路发〔2013〕321号)。
(5)《公路长大桥隧养护管理和安全运行若干规定》(交公路发〔2018〕35号)。

7.6.3 专项检查时机

专项检查是在特定情况下对桥梁特定构件采取的专门检查评定工作,下列情况应做专项检查:

(1)定期检查中难以判明构件损伤原因及程度的桥梁。
(2)拟通过加固手段提高荷载等级的桥梁。
(3)水中基础可能存在破损、掏空、冲刷、变位、腐蚀等病害的桥梁。
(4)遭受洪水、流冰、滑坡、地震、风灾、火灾、撞击,因超重车辆通过或其他异常情况影响造成损伤的桥梁。

近年来,由水下基础缺陷造成的桥梁事故频繁发生。由《桥涵养护规范》修编时对水下检测做过的相关调研可知:多数桥梁运营期间未做过水下基础检查;水下基础存在冲刷、倾斜、下沉、桩基础径缩、开裂、钢筋锈蚀现象;重载交通及受环境条件和桥梁施工阶段留下隐患影响威胁桥梁安全;广东省、湖南省、浙江省等积极开展了水下基础检查,并编制了相关地方标准以规范水下检查工作。因此,鉴于水下检测对桥梁养护的重要性和迫切性,将水下检测纳入专项检查的内容中,有助于进一步保障桥梁的安全性。

水下检测是专项检查中对水下构件的重要检测项目,一般根据水文环境、地质环境和基础形式决定检测项目、频率及内容。检测周期通常为3~5年一次,若桥梁所处环境存在加快基础技术状况恶化的情况,如水流湍急、河床下切快、基础埋深浅、水质腐蚀强、所处河段采砂等,可提高检测频率。

下列情况一般需要进行水下检测:

在经常检查、定期检查中发现桥梁基础有异状,但由于水深不能详细检查时,应及时组织进行水下基础专项检查,以全面查清基础病害情况;旧桥在进行改造方案设计前,应调查了解水下基础状况,必要时,应进行水下基础专项检查;桥梁墩台受到洪水、泥石流冲击或船只、大的漂浮物撞击而损伤后,应立即组织水下基础专项检查,查明水下基础的损伤情况,并对水下基础的受损程度进行鉴定;水中基础处于腐蚀环境、位于山区季节性河流中的桥梁;受到船舶撞击或其他异常情况时;经分析现有病害可能由于基础受损引起时。

7.6.4 专项检查前准备

实施专项检查前,充分收集桥梁设计资料、竣工资料、材料试验报告、施工资料、历次检测报告及维修资料等,并现场复核。设计资料包含设计文件、计算所用的程序、方法及计算结果等。原始资料如有不全或存疑时,可根据实际情况现场测绘构造尺寸,测试构件材料组成及性能,勘查水文地质情况等。

7.6.5 专项检查内容

专项检查包括下列一项或多项内容:

(1)材料的物理、化学性能及其退化程度的测试鉴定;结构或构件开裂状态的检测及评定。
(2)结构的强度、刚度和稳定性的检算、试验和鉴定。桥梁承载能力评定按现行《公路桥梁承载能力检测评定规程》(JTG/T J21)执行。

（3）桥梁抵抗洪水、流冰、风、地震及其他灾害能力的检测鉴定。

（4）桥梁遭受洪水、流冰、滑坡、地震、风灾、火灾、撞击、超重车辆通过或其他因素造成损伤的检测鉴定。

（5）水中墩台身、基础的缺损情况的检测评定。

（6）定期检查中发现的较严重的开裂、变形等病害，应进行跟踪观测，预测其发展趋势。

桥梁结构构件缺损状况方法鉴定，可根据鉴定要求和缺损的类型、位置，选择表面测量、无损检测和局部取样等有效可靠的方法。试样从有代表性构件的次要部位获取。

桥梁承载能力评定，可基于已有构件缺损和材料实测值的桥梁检算及桥梁荷载试验。

桥梁抗灾能力评定，一般采取现场检测与验算的方法，特别重要的桥梁可进行模拟试验。

7.6.6 专项检查常用设备

禹门口黄河公路大桥专项检查常用设备见表7-7。

禹门口黄河公路大桥专项检查常用设备　　　　表7-7

序号	专项检查方法	设　　备
1	荷载试验	桥梁检测车
		静态应变测试系统
		动态信号采集系统
		电阻式钢筋应变计
		磁电式速度传感器
		读数显微镜
		裂缝宽度检测仪
		索力动测仪
		精密电子水准仪
		塔尺
		全站仪
		对讲机
2	模拟试验	风洞试验仪
		反力架
		加载试验机
3	水下检测	潜水服
		水下电筒
		皮划艇
		水下相机
		氧气瓶
		地质雷达

续上表

序号	专项检查方法	设　备
4	钢结构探伤	X射线探伤仪
		涂层测厚仪
5	拉索专项检查	斜拉索检测机器人
		高清摄像系统
		索力动测仪
		内窥镜
		橡胶锤
6	桩基检测	非金属超声检测仪
		基桩动测仪
		钢筋笼长度磁法测试仪
7	混凝土材质检查	混凝土回弹仪
		钢筋保护层厚度测定仪
		非金属超声波检测仪
		电锤
		氯离子含量测定仪
		取芯机
		电阻率测试仪

7.6.7　专项检查报告

专项检查后提交检查报告，包含下列内容：
（1）更新后的桥梁基本状况信息。
（2）专项检查的总体情况概述，包括桥梁的基本情况、检测的组织、时间、背景、目的和工作过程等。
（3）现场调查、检测与试验项目及方法的说明。
（4）详细描述检测部位的损坏程度并分析原因。
（5）桥梁结构专项检查评定结果。
（6）提出结构部件和总体的维修、加固或改建的建议。

7.7　桥梁技术状况评定

7.7.1　技术状况评定依据

桥梁技术状况评定依据桥梁初始检查、定期检查资料，通过对桥梁各部件技术状况的综合评定，确定桥梁的技术状况等级，提出养护措施。评定按现行《公路桥涵养护规范》

（JTG 5120）以及《公路桥梁技术状况评定标准》（JTG/T H21）执行。

2011年，交通运输部相继颁布了《公路桥梁技术状况评定标准》（JTG/T H21—2011）和《公路桥梁承载能力检测评定规程》（JTG/T J21—2011）。其中，《公路桥梁技术状况评定标准》（JTG/T H21—2011）对桥梁技术状况分类、评定方法作了详细的规定。

进行桥梁技术状况评定时，有关裂缝限值的相关规定按现行《公路桥梁承载能力检测评定规程》（JTG/T J21）执行。

《公路桥梁技术状况评定标准》（JTG/T H21—2011）中，桥梁技术状况评定采用分层综合评定与5类桥梁单项控制指标相结合方法，先对桥梁各构件进行评定，然后对桥梁各部件进行评定，再对上部结构、下部结构和桥面系分别进行评定，最后进行桥梁总体技术状况的评定。桥梁技术状况评定指标体系如图7-16所示。

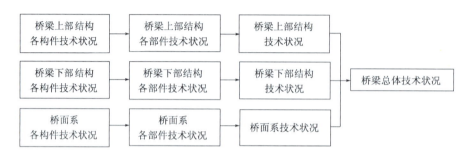

图7-16 桥梁技术状况评定指标体系

7.7.2 桥梁技术状况评定等级

桥梁定期检查依据《公路桥梁技术状况评定标准》（JTG/T H21—2011），采用分层综合评定与五类桥梁单向控制指标相结合的方法，先对桥梁各构件进行评定，然后对桥梁各部件进行评定，再对上部结构、下部结构和桥面系分别进行评定，最后进行桥梁总体技术状况评定。桥梁总体技术状况评定等级分为1类、2类、3类、4类、5类。公路桥梁技术状况评定分类界限见表7-8，总体技术状况评定等级见表7-9。

《公路桥梁技术状况评定标准》（JTG/T H21—2011）评定分类界限　　　表7-8

技术状况评分	技术状况等级				
	1类	2类	3类	4类	5类
总体技术状况评分	[95,100]	[80,95)	[60,80)	[40,60)	[0,40)

《公路桥梁技术状况评定标准》（JTG/T H21—2011）总体技术状况评定等级　　　表7-9

技术状况评定等级	桥梁技术状况描述
1类	全新状况，功能完好
2类	有轻微缺损，对桥梁使用功能无影响
3类	有中等缺损，尚能维持正常使用功能
4类	主要构件有大的缺陷，严重影响桥梁使用功能；或影响承载能力，不能保证正常使用
5类	主要构件存在严重缺损，不能正常使用，危及桥梁安全，桥梁处于危险状态

7.7.3 桥梁技术状况评定工作流程

桥梁技术状况评定工作流程如图7-17所示。

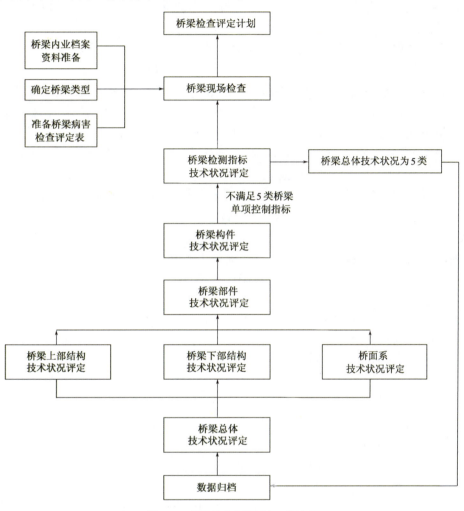

图7-17 桥梁技术状况评定工作流程

7.7.4 斜拉桥主要构件劣化状态

斜拉桥主要构件评定标准之一为斜拉桥主要构件劣化状态。有下列情况之一时,表明斜拉桥主要构件处于劣化状态:

(1)拉索钢丝有较多锈蚀或损坏,钢丝断裂,截面出现削弱。

(2)斜拉索出现异常位移、变形,且无法复位。

(3)拉索锚固区较多锚头或锚拉板出现破损、松动或裂缝,锚头锈蚀,锚固区有明显的受力裂缝。

(4)拉索线形出现明显异常,或有异常声音。

(5)钢—混凝土组合梁构件明显变形,即压力杆件弯曲矢度大于构件自由长度的1/1500,或拉力杆件弯曲矢度大于构件自由长度的1/800且不大于杆件自由长度的1/500,或腹杆、连接杆件弯曲矢度大于构件自由长度的1/500且不大于杆件自由长度的1/300。

(6)钢—混凝土组合梁跨中挠度接近限值,即跨中最大挠度大于计算跨径的1/1200且不大于计算跨径的1/800。

(7)主要构件焊缝出现较多裂缝,构件出现变形,即主梁、纵横梁受拉翼缘边焊缝开裂长度大于5mm且小于或等于10mm,其他位置焊缝开裂长度不大于5mm。

(8)钢构件出现较多裂纹,截面削弱,即受拉翼缘焊接盖板端部裂缝长度大于10mm且小于或等于20mm,或桁梁端横梁与纵梁连接处下端处裂缝长度大于20mm且小于或等于50mm,或主桁腹杆铆接、栓接头处裂缝长度大于20mm且小于或等于50mm。

(9)主要构件铆钉(螺栓)有较多损坏、松动或丢失,造成连接部位铆钉(螺栓)失效,构件出现明显变形,即损坏、失效数量大于总量的10%且小于或等于总量的30%。

(10)主要构件存在明显的永久变形,变形小于或等于规范值,或桥面竖向呈波形。

(11)索塔处横向支座和竖向支座螺纹、螺帽出现松动、脱落甚至个别出现断裂,或锚螺杆出现剪切变形、剪断现象,并且造成相关上下部结构受到异常约束,出现损坏,即螺纹、锚栓出现松动、脱落甚至断裂的数量大于3%且小于或等于10%,或锚螺杆出现剪切变形数量大于10%且小于或等于20%,锚螺杆剪断数量小于或等于10%。

(12)过渡墩出现滑动、下沉、倾斜,变形小于或等于规范值。

(13)索塔存在倾斜变形或存在扭转,两塔不对称变位,存在安全隐患。

(14)索塔沉降较大,但沉降稳定。

(15)下部结构大量主筋锈蚀,混凝土表面保护层剥落,钢筋裸露,甚至出现主筋锈断现象。

(16)承台大范围出现剥落、露筋、锈蚀现象且混凝土出现严重锈蚀裂缝,或基础较大范围出现剥落、露筋,主筋严重锈蚀,即剥落、露筋累计面积大于构件面积的10%且小于或等于构件面积的20%,单处面积大于$1.0m^2$。

(17)索塔、过渡墩浅基被冲空,露出底面,冲刷深度大于设计值,即基础冲空面积大于10%且小于或等于20%。

(18)基础结构应力异常,出现剪切裂缝或混凝土出现碎裂,即缝宽大于限值且小于或等于1.0mm,缝长大于截面尺寸的1/2。

7.7.5 斜拉桥主要构件危险状态

斜拉桥主要构件评定标准之二为斜拉桥主要构件危险状态。有下列情况之一时,表明斜拉桥主要构件处于危险状态:

(1)钢索裸露,钢丝大量严重锈蚀或损坏,钢丝断裂,主梁出现严重变形,造成安全隐患。

(2)斜拉索异常位移变形过大,导致桥面线形、纵向位移伸缩量出现显著异常,结构振动或摇晃显著,影响结构安全。

(3)较多锚头或锚拉板出现严重破损、松动、裂缝,锚头积水锈蚀严重,锚固区有明显的受力裂缝,且缝宽大于0.2mm。

（4）拉索线形出现显著异常，桥面线形出现显著异常，结构振动摇晃明显，主梁出现严重变形。

（5）钢—混凝土组合梁构件严重变形，存在失稳现象，结构振动或摇晃显著，即压力杆件弯曲矢度大于构件自由长度的1/1000，或拉力杆件弯曲矢度大于构件自由长度的1/500，或腹杆、连接杆件弯曲矢度大于构件自由长度的1/300。

（6）钢—混凝土组合梁严重变形，挠度超出限值，有不正常移动，影响结构安全，即跨中最大挠度大于计算跨径的1/800。

（7）主要构件焊缝存在大量裂缝甚至完全开裂，主要构件存在明显的变形，变形大于规范值，即主梁、纵横梁受拉翼缘边焊缝开裂长度大于10mm，其他位置焊缝开裂长度大于5mm。

（8）钢构件严重裂缝，主梁变形，造成严重安全隐患，即受拉翼缘焊接盖板端部裂缝长度大于20mm，或桁梁端横梁与纵梁连接处下端处裂缝长度大于50mm，或主桁腹杆铆接、栓接头处裂缝长度大于50mm。

（9）主要构件铆钉（螺栓）有大量损坏、松动或丢失，造成连接部位铆钉（螺栓）失效，主要构件存在明显的永久变形，变形大于规范值，即损坏、失效数量超过总量的30%。

（10）主要构件存在明显的永久变形，变形大于规范值，结构振动或摇晃显著，有不正常移动。

（11）索塔处横向支座和竖向支座螺纹、螺帽松动、脱落、断裂现象，或锚螺杆出现剪切变形、剪断现象，支座已经失去正常支承功能，并且造成相关上下部结构受到异常约束，严重损坏，主梁出现严重变形或挠度大于限值，即螺纹、锚栓出现松动、脱落甚至断裂的数量超过10%，或锚螺杆出现剪切变形数量超过20%，锚螺杆剪断数量超过10%。

（12）过渡墩不稳定，出现严重滑动、下沉、位移、倾斜现象，造成结构和桥面变形过大，变形大于规范值或不能正常行车。

（13）索塔出现明显倾斜，或两塔不对称变位严重，造成主梁出现严重变形，严重影响结构安全。

（14）索塔沉降量异常且不稳定，或索塔基础出现严重沉降或位移。

（15）下部结构钢筋严重锈蚀，主筋锈断，混凝土表面开裂严重，出现严重滑动或倾斜等现象。

（16）过渡墩、索塔出现结构性裂缝，缝宽超限，裂缝有开合现象，桥墩变形失稳。

（17）基础大量剥落、露筋且主筋有锈断现象，基础失稳，即基础剥落、露筋累计面积超过构件面积的20%，单处面积大于1.0m^2。

（18）索塔、过渡墩基础冲刷深度大于设计值，地基失稳，承载力降低，或桥台岸坡滑移或基底无法修复，即基础冲空面积超过20%。

（19）基础结构应力异常，出现剪切裂缝，裂缝贯通，基础处于失稳状态，或基础出现结构性裂缝甚至断裂，即缝宽大于1.0mm，缝长大于截面尺寸的1/2。

7.7.6　斜拉桥次要指标技术状况评定

1）斜拉索评定指标及分级评定标准
（1）涂层损坏评定标准见表7-10。

涂层损坏评定标准 表7-10

标度	评定标准	
	定性描述	定量描述
1	完好	—
2	涂层有轻微损坏、裂纹、起皮或剥落	累计面积小于或等于构件面积的10%，单处面积小于或等于0.5m²
3	较大范围涂层有损坏、裂纹、起皮、剥落	累计面积超过构件面积的10%且小于构件面积，单处面积小于或等于1.0m²
4	大范围涂层有损坏、裂纹、起皮、剥落	累计面积超过构件面积的20%，单处面积大于1.0m²

（2）护套内的材料老化变质评定标准见表7-11。

护套内的材料老化变质评定标准 表7-11

标度	评定标准
	定性描述
1	完好
2	护套内的材料轻微老化，表面有脏污
3	护套内的材料老化变形
4	护套内的材料老化变形，并有破裂现象，局部还造成渗水

2）斜拉索护套评定指标及分级评定标准
（1）漆膜损坏评定标准见表7-12。

漆膜损坏评定标准 表7-12

标度	评定标准	
	定性描述	定量描述
1	各部分油漆均匀平光、完整、色泽鲜明	—
2	油漆变色、轻微损坏、裂纹、起皮或剥落	累计失效面积小于或等于构件面积的10%
3	较大范围涂层有轻微损坏、裂纹、起皮或剥落	累计失效面积大于构件面积的10%且小于或等于构件面积的20%
4	大范围涂层有轻微损坏、裂纹、起皮或剥落	累计失效面积大于构件面积的20%

（2）护套裂缝评定标准见表7-13。

护套裂缝评定标准 表7-13

标度	评定标准
	定性描述
1	完好
2	PE管或金属管轻微胀裂，未造成渗水等；或热挤PE护套轻微开裂，未造成其他影响，符合相关要求
3	PE管或金属管轻微胀裂，出现较多纵向裂缝，造成渗水，钢丝有锈迹或护套内有氧化物，钢束截面削弱，但在规范范围内；或热挤PE护套产生环状开裂或PE层断开，造成渗水，导致钢丝锈蚀，但在规范范围内
4	PE管或金属管轻微胀裂，出现很多纵向裂缝，渗水造成钢丝锈蚀和护套内有氧化物，钢束截面削弱超出规范范围；或热挤PE护套产生严重环状开裂或PE层断开，造成渗水，导致钢丝锈蚀超出规范范围

(3)护套锈蚀评定标准见表7-14。

护套锈蚀评定标准　　　　　　　　　　　　　　　　　　表7-14

标度	评定标准
	定性描述
1	完好
2	护套表面发生轻微锈蚀,并且少部分氧化皮或油漆层已经剥落
3	护套表面部分发生锈蚀,并且部分氧化皮或油漆层已经剥落
4	护套表面发生锈蚀,有大量点锈现象,氧化皮或油漆层因锈蚀而部分剥落或者可以刮除

(4)防护层破损评定标准见表7-15。

防护层破损评定标准　　　　　　　　　　　　　　　　　表7-15

标度	评定标准
	定性描述
1	完好
2	个别防护层轻微老化或破损
3	个别防护层老化、破损、松动
4	部分防护层老化、破损、裂纹或积水,造成局部渗水或锈蚀;个别护套甚至脱落

(5)护套上端浆液离析评定标准见表7-16。

护套上端浆液离析评定标准　　　　　　　　　　　　　　表7-16

标度	评定标准	
	定性描述	定量描述
1	完好	—
2	—	—
3	局部离析	不等于10%的浆液没有凝固
4	局部离析,浆液有流动性	多于10%的浆液没有凝固

(6)渗水评定标准见表7-17。

渗水评定标准　　　　　　　　　　　　　　　　　　　　表7-17

标度	评定标准
	定性描述
1	完好
2	个别护套轻微渗水
3	个别护套明显渗水;个别渗水处伴有锈蚀
4	多处护套明显渗水;渗水处伴有锈蚀

3)钢—混凝土组合梁评定指标及分级评定标准

(1)锈蚀评定标准见表7-18。

(2)涂层劣化评定标准见表7-19。

锈蚀评定标准   表7-18

标度	评定标准	
	定性描述	定量描述
1	完好	—
2	构件表面少量锈蚀,部分氧化皮或油漆层剥落	锈蚀累计面积不超过构件面积的3%
3	构件表面有大量点蚀现象,氧化皮或油漆层因锈蚀而部分剥落或者可以刮除	锈蚀累计面积大于构件面积的3%且不超过构件面积的5%,或锈蚀孔洞不多于2个,孔洞直径小于或等于30mm且小于或等于构件宽度的15%
4	构件表面有严重点蚀现象,氧化皮或油漆层因锈蚀而全部剥离,较多部位被锈蚀成洞,影响结构安全	锈蚀累计面积超过构件面积的5%,或锈蚀孔洞多于2个,孔洞直径大于30mm且大于构件宽度的15%

涂层劣化评定标准   表7-19

标度	评定标准	
	定性描述	定量描述
1	完好	—
2	涂层个别位置出现流痕、气泡、白化、漆膜发黏、针孔、起皱或皱纹、表面粉化、变白起皮、脱落等缺陷	累计面积不超过构件面积的10%
3	涂层出现较严重流痕、气泡、白化、漆膜发黏、针孔、起皱或皱纹、表面粉化、变色起皮、脱落等缺陷	锈蚀累计面积超过构件面积的10%且不超过构件面积的50%
4	涂层出现严重流痕、气泡、白化、漆膜发黏、针孔、起皱或皱纹、表面粉化、变色起皮、脱落等缺陷	累计面积超过构件面积的50%

4)索塔评定指标及分级评定标准

(1)裂缝评定标准见表7-20。

裂缝评定标准   表7-20

标度	评定标准	
	定性描述	定量描述
1	完好,无裂缝	—
2	网状裂缝:局部网状裂缝	网状裂缝:累计面积不超过构件面积的20%,单处面积小于或等于1.0m²
	其他裂缝:有少量裂缝,缝宽未超限	其他裂缝:缝长小于或等于截面尺寸的1/3
3	网状裂缝:局部网状裂缝	网状裂缝:累计面积超过构件面积的20%,单处面积大于1.0m²
	其他裂缝:有大量裂缝,缝宽未超限	其他裂缝:缝长大于截面尺寸的1/3且不超过截面尺寸的2/3,间距大于或等于20cm
4	有大量裂缝,缝宽超限	缝宽大于限值,缝长大于截面尺寸的2/3,间距小于20cm

(2)锚固区渗水评定标准见表 7-21。

锚固区渗水评定标准　　　　　　　表 7-21

标度	评定标准
	定性描述
1	完好
2	锚固区有轻微渗水
3	锚固区有局部明显渗水,渗水量较大
4	锚固区多处有明显渗水,渗水量大;个别渗水处伴有晶体析出或锈蚀,流膏处混凝土松散

5)锚具评定指标及分级评定标准
(1)锚杯积水评定标准见表 7-22。

锚杯积水评定标准　　　　　　　表 7-22

标度	评定标准
	定性描述
1	完好,锚杯无积水
2	锚杯积水较少,空气湿度较大
3	锚杯积水严重,空气湿度很大

(2)锚具内潮湿评定标准见表 7-23。

锚具内潮湿评定标准　　　　　　　表 7-23

标度	评定标准	
	定性描述	定量描述
1	完好,空气干燥	—
2	锚具内有少量水汽,空气较潮湿	湿度小于或等于 40%
3	锚具内水汽较多,空气潮湿,锚具锈蚀	湿度大于 40%且小于或等于 50%
4	锚具内空气潮湿,造成锚具严重锈蚀	湿度大于 50%

(3)防锈油结块评定标准见表 7-24。

防锈油结块评定标准　　　　　　　表 7-24

标度	评定标准
	定性描述
1	防锈油无结块
2	防锈油有少量结块
3	防锈油结块面积较大

(4)锚具锈蚀评定标准见表 7-25。
6)减振装置损坏评定指标及分级评定标准。
减振装置损坏评定标准见表 7-26。

锚具锈蚀评定标准 表 7-25

标度	评定标准
	定性描述
1	完好
2	个别锚具轻微锈蚀
3	部分锚具锈蚀、疲劳或损坏等,个别处有少量点蚀现象,氧化皮或油漆层因锈蚀而部分剥落或者可以刮除
4	锚具锈蚀、疲劳或损坏等严重,防护普通开裂,并大量脱落,表面普遍有点蚀现象,氧化皮或油漆层因锈蚀而全面剥落

减振装置损坏评定标准 表 7-26

标度	评定标准
	定性描述
1	完好
2	减振装置极个别处轻微损坏
3	减振装置出现较多处损坏,部分功能失效

7.7.7 引桥主要构件劣化状态

东、西引桥主要构件评定标准之一为引桥主要构件劣化状态。有下列情况之一时,表明引桥主要构件处于劣化状态:

(1)承重构件钢筋锈蚀引起混凝土剥落,钢筋裸露,表面膨胀性锈层显著,即承重构件钢筋锈蚀电位水平为 -400~-500mV,或电阻率为 5000~10000Ω·cm。

(2)承重构件混凝土强度处于很差状态,造成承重构件出现较严重缺损或变形现象,即承重构件混凝土推定强度均质系数在 0.7~0.8 之间(含 0.7),平均强度均质系数大于或等于 0.85。

(3)主梁出现显著下挠,挠度接近限值,或构件存在明显的永久变形,变形小于或等于规范值,梁板出现较严重病害,即跨中最大挠度大于计算跨径的 1/1000 且小于或等于计算跨径的 1/600;悬臂端最大挠度大于悬臂长度的 1/500 且小于或等于悬臂长度的 1/300。

(4)东引桥边梁有横移或外倾现象,行车摇动或摇晃明显,有异常音。

(5)部分钢绞线断裂或失效,或锚头开裂较严重但未完全失效,或齿板位置处裂缝严重,裂缝超限。

(6)主梁控制截面出现较多横向裂缝(钢筋混凝土梁),或顺主筋方向出现严重纵向裂缝并伴有钢筋锈蚀等,或出现斜裂缝、水平裂缝、竖向裂缝等,裂缝缝宽超限,即主梁裂缝缝长大于截面尺寸的 1/2,间距小于 30cm。

(7)橡胶支座老化破裂,裂缝严重,且造成其他构件产生较严重病害:裂缝宽度大于 2mm,裂缝长度大于相应边长 25%。

(8)支座串动较严重,或出现脱空现象,或出现严重变形,即串动长度小于或等于相应边长的 25%,或剪切角度大于 45°且小于或等于 60°。

(9)盆式支座大量锚栓剪断,或底板变形,大部分压碎、剥离,造成相关上下部结构受到异常约束,损坏严重,即锚栓剪断不超过 50%。

(10)下部结构大量主筋锈蚀,混凝土表面保护层剥落,钢筋裸露,甚至出现主筋锈断现象。

(11)桥墩出现滑动、下沉、倾斜,变形小于或等于规范值。

(12)桥台出现滑动、下沉、倾斜、冻拔等,台背填土有沉降裂缝或挤压隆起,变形发展较快,变形小于或等于规范值。

(13)从基础向上发展至台身的裂缝,即重点部位缝宽超限,缝长大于截面尺寸的1/3,间距小于20cm。台身的水平裂缝,即重点部位缝宽超限,缝长大于台身宽的1/2。竖向裂缝,即重点部位缝宽超限,缝长大于截面尺寸的1/2,间距小于20cm。翼墙和前墙断裂的裂缝,即出现开裂,缝宽超限,缝长大于截面尺寸的2/3,缝宽大于1.0mm。

(14)承台大范围出现剥落、露筋、锈蚀现象且混凝土出现严重锈蚀裂缝,或基础较大范围出现剥落、露筋,主筋严重锈蚀,即剥落、露筋累计面积超过构件面积的10%且不超过构件面积的20%,单处面积大于1.0m^2。

(15)基础出现滑移或倾斜,导致支座和墩台支承面被严重破坏,或导致伸缩装置破坏、接缝减小、伸缩机能完全丧失,或滑移量过大,梁端与胸墙紧贴。

(16)基础结构应力异常,出现剪切裂缝或混凝土出现碎裂,即缝宽大于限值且小于或等于1.0mm,缝长大于截面尺寸的1/2。

7.7.8 引桥主要构件危险状态

东、西引桥主要构件评定标准之二为引桥主要构件危险状态。有下列情况之一时,表明引桥主要构件处于危险状态:

(1)承重构件大量钢筋锈蚀引起混凝土剥落,部分钢筋屈服或锈断,混凝土表面严重开裂,影响结构安全,即承重构件钢筋锈蚀电位水平低于-500mV,或电阻率低于5000Ω·cm。

(2)承重构件混凝土强度处于非常差状态,造成承重构件有严重的变形、位移、失稳等现象,显著影响承载力和行车安全,即承重构件混凝土推定强度均质系数小于0.70,平均强度均质系数小于0.85。

(3)主梁挠度或其他变形大于限值,造成结构出现明显的永久变形,梁板出现严重病害,显著影响承载力和行车安全,即跨中最大挠度大于计算跨径的1/600;悬臂端最大挠度大于悬臂长度的1/300。

(4)构件有严重的横向位移,存在失稳现象,结构振动或摇晃显著。

(5)预应力钢绞线大量断裂,预应力损失严重,或锚头损坏失效,梁板出现严重变形。

(6)主梁控制截面出现大量结构性裂缝,裂缝大多贯通,且缝宽严重超限,主梁出现变形,即主梁裂缝缝宽大于1.0mm,间距小于20cm。

(7)橡胶支座老化破裂,裂缝非常严重,已经失去正常支承功能,且使相关上下部结构受到异常约束,造成严重损坏,主梁出现严重变形,即裂缝宽度大于2mm,裂缝长度大于相应边长的50%。

(8)串动严重并造成桥梁其他构件出现较严重病害,即串动长度大于相应边长的25%。支座错位、串动、变形严重,已经失去正常支承功能,造成相关上下部结构严重损坏,主梁出现严重变形,即剪切角度大于60°。

(9)有大量的锚栓剪断或盆环开裂、脱焊、支座损坏、缺失严重,已经失去正常支承功能,造成相关上下部结构严重损坏,主梁出现严重变形,即锚栓剪断大于50%。

(10)下部结构钢筋严重锈蚀,主筋锈断,混凝土表面开裂严重,出现严重滑动或倾斜等现象。

(11)桥墩不稳定,出现严重滑动、下沉、位移、倾斜现象,造成结构和桥面变形过大,变形大于规范值或不能正常行车。

(12)桥墩出现结构性裂缝,缝宽超限,裂缝有开合现象,桥墩变形失稳。

(13)桥台不稳定、出现严重滑动、下沉、位移、倾斜、冻拔等,造成结构和桥面变形过大,变动大于规范值或不能正常行车。

(14)桥台出现结构性裂缝,桥台变形失稳,即缝宽大于1.0mm,缝长大于台身宽的2/3。

(15)基础大量剥落、露筋且主筋有锈断现象,基础失稳,即基础剥落、露筋累计面积超过构件面积的20%,单处面积大于1.0m²。

(16)滑移量过大导致前墙破坏或局部破碎、压曲,或基础不稳定,滑移或倾斜现象严重,或导致梁体从支承面上滑落。

(17)基础结构应力异常,出现剪切裂缝,裂缝贯通,基础处于失稳状态,或基础出现结构性裂缝甚至断裂,即缝宽大于1.0mm,缝长大于截面尺寸的1/2。

7.7.9 引桥次要指标技术状况评定

预应力混凝土梁桥上部承重构件和一般构件评定指标及分级评定标准如下。

(1)蜂窝、麻面评定标准见表7-27。

蜂窝、麻面评定标准 表7-27

标度	评定标准	
	定性描述	定量描述
1	完好,无蜂窝麻面	—
2	较大面积蜂窝麻面	累计面积不超过构件面积的50%
3	大面积蜂窝麻面	累计面积超过构件面积的50%

(2)剥落、掉角评定标准见表7-28。

剥落、掉角评定标准 表7-28

标度	评定标准	
	定性描述	定量描述
1	完好,无剥落、掉角	—
2	局部混凝土剥落或掉角	累计面积不超过构件面积的5%,或单处面积小于或等于0.5m²
3	较大范围混凝土剥落或掉角	累计面积超过构件面积的5%且不足构件面积的10%,或单处面积大于0.5m²且小于1.0m²
4	大范围混凝土剥落或掉角	累计面积超过构件面积的10%,或单处面积大于或等于1.0m²

(3)空洞、孔洞评定标准见表7-29。

空洞、孔洞评定标准 表7-29

标度	评定标准	
	定性描述	定量描述
1	完好,无空洞、孔洞	—
2	局部混凝土空洞、孔洞	累计面积不超过构件面积的5%,或单处面积小于或等于0.5m²
3	较大范围混凝土空洞、孔洞	累计面积超过构件面积的5%且不足构件面积的10%,或单处面积大于0.5m²且小于1.0m²
4	大范围混凝土空洞、孔洞	累计面积不小于构件面积的10%,或单处面积大于或等于1.0m²

(4)混凝土保护层厚度评定标准见表7-30。

混凝土保护层厚度评定标准 表7-30

标度	评定标准
	定性描述
1	完好
2	承重构件混凝土保护层厚度符合要求,对钢筋耐久性有轻度影响
3	承重构件混凝土保护层厚度不足,对钢筋耐久性有较大影响,造成钢筋锈蚀
4	承重构件混凝土保护层厚度严重不足,对钢筋耐久性有很大影响,钢筋失去碱性保护,发生较严重锈蚀

(5)混凝土碳化评定标准见表7-31。

混凝土碳化评定标准 表7-31

标度	评定标准
	定性描述
1	完好
2	承重构件有少量碳化现象,且所有碳化深度均小于混凝土保护层厚度
3	承重构件的主要受力部位部分位置碳化现象,局部碳化深度均大于混凝土保护层厚度,混凝土表面少量胶凝料松散粉化
4	承重构件的主要受力部位全部测点碳化且碳化深度大于混凝土保护层厚度,混凝土表面胶凝料大量松散粉化

7.7.10 支座技术状况评定

1)东、西引桥橡胶支座评定指标及分级评定标准

(1)板式支座缺陷评定标准见表7-32。

板式支座缺陷评定标准 表7-32

标度	评定标准	
	定性描述	定量描述
1	完好	
2	有外鼓现象	沿支座一侧外鼓长度小于或等于相应边长的10%
3	外鼓现象较严重,或钢板局部外露	沿支座一侧外鼓长度大于相应边长的10%且小于相应边长的25%,或钢板外露长度大于100mm
4	外鼓现象严重,或钢板大部分外露	沿支座一侧外鼓长度大于相应边长的25%,或钢板外露长度大于100mm

(2)聚四氟乙烯滑板磨损评定标准见表7-33。

聚四氟乙烯滑板磨损评定标准　　表7-33

标度	评定标准	
	定性描述	定量描述
1	完好	—
2	磨损较少	聚四氟乙烯滑板外露高度大于或等于0.5mm
3	磨损较多	聚四氟乙烯滑板外露高度大于或等于0.2mm且小于0.5mm
4	磨损严重,并造成其他构件出现病害	聚四氟乙烯滑板外露高度小于0.2mm

(3)盆式支座位移、转角超限评定标准见表7-34。

盆式支座位移、转角超限评定标准　　表7-34

标度	评定标准	
	定性描述	定量描述
1	完好	—
2	—	—
3	有位移现象,或有较大转角,转角超出设计值	位移小于或等于10mm,或转角不大于设计转角的20%
4	位移现象较明显,或有较大转角,转角远超出设计值	位移大于10mm,或转角大于设计转角的20%

2)斜拉桥钢支座评定指标及分级评定标准

(1)钢支座组件或功能缺陷评定标准见表7-35。

钢支座组件或功能缺陷评定标准　　表7-35

标度	评定标准	
	定性描述	定量描述
1	完好	—
2	有锈蚀现象;或牙板咬死;或个别锚栓出现剪断现象;或底板与垫石没有密贴,出现较大缝隙	锚栓剪断数量不超过5%;或底板与垫石间缝隙宽度小于或等于2.0mm,深度大于50mm
3	有位移现象;或有较大转角,转角超出设计值	锚栓剪断数量不超过5%且不足30%;或底板与垫石间缝隙宽度大于2.0mm,深度大于支座相应边长的25%
4	位移现象较明显;或有较大转角,转角远超出设计值	铆钉或锚栓剪断数量多于30%

(2)钢支座位移、转角超限评定标准见表7-36。

钢支座位移、转角超限评定标准　　表7-36

标度	评定标准	
	定性描述	定量描述
1	完好	—
2	—	—
3	位移大于限值	纵向位移不超过5mm,或横向位移不超过2mm
4	位移大于限值严重,或倾斜度超限	纵向位移大于5mm,或横向位移大于2mm

(3)钢支座部件磨损、裂缝评定标准见表7-37。

钢支座局部磨损、裂缝评定标准　　　　　表7-37

标度	评定标准	
	定性描述	定量描述
1	完好	—
2	钢部件磨损出现凹陷,或出现微裂缝	磨损凹陷不超过1.0mm,或裂缝深度不超过5.0mm
3	钢部件磨损出现凹陷,或出现较大裂缝	磨损凹陷大于1.0mm且不超过3.0mm,或裂缝深度大于5.0mm且不超过10.0mm
4	位移大于限值严重,或倾斜度超限	磨损凹陷大于3.0mm,或裂缝深度大于10.0mm

3）主桥斜拉桥特殊支座评定指标及分级评定标准

主桥斜拉桥除具有一般支座外,还有特殊的横向支座和竖向支座。此类特殊支座主要评定指标及分级评定标准如下。

(1)上下座板(盆)锈蚀评定标准见表7-38。

上下座板(盆)锈蚀评定标准　　　　　表7-38

标度	评定标准	
	定性描述	定量描述
1	完好	—
2	局部出现锈蚀	锈蚀面积不超过5%
3	出现锈蚀,个别位置有剥落	锈蚀面积大于5%且不超过20%
4	出现锈蚀,大多数位置有剥落	锈蚀面积大于20%

(2)纵横线扭转评定标准见表7-39。

纵横线扭转评定标准　　　　　表7-39

标度	评定标准	
	定性描述	定量描述
1	完好	—
2	—	—
3	纵横线发生轻微扭转	纵横线扭转小于或等于1.0mm
4	纵横线发生较大扭转	纵横线扭转大于1.0mm

7.7.11　下部结构技术状况评定

1）墩身评定指标及分级评定标准
(1)蜂窝、麻面评定标准见表7-40。
(2)剥落、露筋评定标准见表7-41。
(3)空洞、孔洞评定标准见表7-42。
(4)混凝土碳化、腐蚀评定标准见表7-43。
(5)圬工砌体缺陷评定标准见表7-44。

蜂窝、麻面评定标准　　　　　　　　　　　　　　　　　　　表 7-40

标度	评定标准	
	定性描述	定量描述
1	完好	—
2	轻微蜂窝、麻面	累计面积不超过构件面积的20%，单处面积小于或等于1.0m²
3	较多蜂窝、麻面	累计面积大于构件面积的20%，单处面积大于1.0m²

剥落、露筋评定标准　　　　　　　　　　　　　　　　　　　表 7-41

标度	评定标准	
	定性描述	定量描述
1	完好	—
2	局部混凝土剥落、露筋	累计面积不超过构件面积的3%，单处面积小于或等于0.5m²
3	较大范围混凝土剥落、露筋	累计面积大于构件面积的3%且不超过构件面积的10%，单处面积小于或等于1.0m²
4	大范围混凝土剥落、露筋	累计面积大于构件面积的10%，单处面积大于1.0m²

空洞、孔洞评定标准　　　　　　　　　　　　　　　　　　　表 7-42

标度	评定标准	
	定性描述	定量描述
1	完好	—
2	局部空洞、孔洞	累计面积不超过构件面积的3%，单处面积小于或等于0.5m²
3	较大范围空洞、孔洞	累计面积大于构件面积的3%且不超过构件面积的10%，单处面积小于或等于0.5m²或最大深度不大于25mm
4	大范围空洞、孔洞	累计面积大于构件面积的10%，单处面积大于0.5m²或最大深度大于25mm

混凝土碳化、腐蚀评定标准　　　　　　　　　　　　　　　　表 7-43

标度	评定标准
	定性描述
1	无碳化现象
2	有少量碳化或腐蚀现象，且所有碳化深度均小于混凝土保护层厚度
3	部分位置出现碳化现象，局部碳化深度大于混凝土保护层厚度，混凝土表面少量胶凝料松散粉化；或构件受强酸性液体或气体腐蚀，造成混凝土受到腐蚀；或钢筋出现少量锈蚀；或有冻融现象，造成混凝土出现胀裂
4	大部分位置碳化，碳化深度大于混凝土保护层厚度，混凝土表面胶凝料大量松散粉化；或构件受强酸性液体或气体腐蚀，造成混凝土腐蚀或钢筋大量锈蚀；或有冻融现象，造成混凝土出现胀裂

圬工砌体缺陷评定标准 表 7-44

标度	评定标准	
	定性描述	定量描述
1	完好	—
2	砌体局部出现灰缝脱落现象,或砌体局部出现破损、剥落等现象	灰缝脱落累计长度不超过构件截面长度的10%,或破损、剥落累计面积不超过构件面积的3%
3	砌体大范围出现灰缝脱落现象,或砌体较大范围出现破损、剥落、局部变形等现象	灰缝脱落累计长度大于构件截面长度的10%,或破损、剥落、局部变形等累计面积大于构件面积的3%且小于或等于构件面积的10%
4	砌体大范围出现破损、剥落、松动、变形等现象	破损、剥落、松动、变形等累计面积大于构件面积的10%

2)台身评定指标及分级评定标准
(1)桥头跳车评定标准见表 7-45。

桥头跳车评定标准 表 7-45

标度	评定标准	
	定性描述	定量描述
1	完好	—
2	台背路面轻微沉降,有轻度跳车现象	沉降值不大于2cm
3	台背路面沉降较大,桥头跳车明显	沉降值大于2cm且不大于5cm
4	台背路面明显沉降,桥头跳车严重	沉降值大于5cm

(2)台背排水状况评定标准见表 7-46。

台背排水状况评定标准 表 7-46

标度	评定标准
	定性描述
1	完好
2	台背排水不良,造成桥台被渗水污染
3	台背填土排水不畅,填土出现膨胀或冻胀现象,造成挤压隆起,变形发展较快
4	台背填土排水不畅,填土出现膨胀或冻胀现象,造成台身、翼墙等构件出现大面积鼓肚或砌体松动,甚至出现严重变形

3)台帽评定指标及分级评定标准
(1)破损评定标准见表 7-47。
(2)裂缝评定标准见表 7-48。

破损评定标准 表7-47

标度	评定标准	
	定性描述	定量描述
1	完好	—
2	局部混凝土剥落、磨损等	累计面积不超过构件面积的10%,单处面积小于或等于0.5m²
3	较大范围混凝土剥落、磨损等	累计面积大于构件面积的10%且不超过构件面积的20%,单处面积小于或等于1.0m²
4	大范围混凝土剥落、磨损等	累计面积大于或等于构件面积的20%,单处面积大于1.0m²

裂缝评定标准 表7-48

标度	评定标准	
	定性描述	定量描述
1	完好,无裂缝	—
2	由支撑垫石从下向上发展的裂缝:缝宽未超限	由支承垫石从下向上发展的裂缝:缝长小于或等于截面尺寸的2/3
2	台帽自上而下的垂直裂缝:缝宽未超限	台帽自上而下的垂直裂缝:缝长小于或等于截面尺寸的2/3,间距大于或等于20cm
3	由支撑垫石从下向上发展的裂缝:缝宽超限	由支承垫石从下向上发展的裂缝:缝长大于截面尺寸的2/3
3	台帽自上而下的垂直裂缝:缝宽超限	台帽自上而下的垂直裂缝:缝宽大于限值且不大于1.0mm,缝长大于截面尺寸的2/3,间距小于20cm
4	台帽自上而下的垂直裂缝:缝宽超限	台帽自上而下的垂直裂缝:缝宽大于1.0mm,缝长大于截面尺寸的2/3,间距小于20cm

4)基础(包括水下基础)评定指标及分级评定标准

冲蚀评定标准见表7-49。

冲蚀评定标准 表7-49

标度	评定标准	
	定性描述	定量描述
1	完好	—
2	基础或承台有轻微磨损、腐蚀现象,个别部位表面磨耗,粗集料显露	累计面积不超过构件面积的3%
3	基础或承台大范围被侵蚀,有磨损、缩颈、露筋或者环状冻裂现象;或桩基顶面出现较大空洞	累计面积大于构件面积的3%且不超过构件面积的10%
4	混凝土腐蚀或钢筋大量锈蚀并有锈断现象;或有严重冻融现象,造成大面积混凝土胀裂	累计面积大于构件面积的10%

5)锥坡、护坡评定指标及分级评定标准
(1)缺陷评定标准见表 7-50。

缺陷评定标准　　　　　　　　表 7-50

标度	评定标准	
	定性描述	定量描述
1	完好	—
2	铺砌面局部隆起、凹陷、开裂,砌缝砂浆脱落,或局部铺砌面下滑,坡角损坏	缺陷面积不超过 10%
3	铺砌面出现大面积隆起、凹陷、开裂,砌缝砂浆脱落	缺陷面积大于 10% 且不超过 20%
4	出现孔洞、破损等,丧失锥坡、护坡功能,或锥坡体和坡脚损坏严重,大面积滑坡、坍塌,坡顶下降较大,锥坡、护坡作用明显降低	缺陷面积大于 20%

(2)冲刷评定标准见表 7-51。

冲刷评定标准　　　　　　　　表 7-51

标度	评定标准
	定性描述
1	完好
2	局部冲成浅坑
3	坡脚局部冲蚀,冲成浅坑、沟或槽
4	锥坡体和坡脚冲蚀严重,基础有掏空现象

6)河床评定指标及分级评定标准
(1)堵塞评定标准见表 7-52。

堵塞评定标准　　　　　　　　表 7-52

标度	评定标准
	定性描述
1	完好
2	局部有漂流物,堵塞河道
3	多处有漂流物堵塞河道
4	河道被完全堵塞

(2)冲刷评定标准见表 7-53。

冲刷评定标准　　　　　　　　表 7-53

标度	评定标准
	定性描述
1	河床稳定,无冲刷现象
2	局部冲刷轻微
3	冲刷严重,墩台底有掏空现象,防护体损坏严重
4	河床压缩,出现严重冲蚀掏空,危及桥梁安全

(3)河床变迁评定标准见表7-54。

河床变迁评定标准　　表7-54

标度	评定标准
	定性描述
1	完好
2	局部轻微淤积
3	河床淤泥严重,河床扩宽有变迁趋势
4	已出现变迁、扩宽现象,并有发展趋势

7.7.12 桥面系技术状况评定

1)沥青混凝土桥面铺装评定指标及分级评定标准

(1)变形(车辙、拥包、高低不平等)评定标准见表7-55。

变形(车辙、拥包、高低不平等)评定标准　　表7-55

标度	评定标准	
	定性描述	定量描述
1	完好	—
2	局部出现波浪拥包	波浪拥包面积不超过10%,波峰波谷高差小于25mm
2	局部有高低不平的现象	高低差不大于25mm
2	局部出现车辙,深度较浅	铺装层出现车辙的面积不超过10%,深度小于25mm
3	多处出现波浪拥包	波浪拥包面积大于10%且不超过20%,波峰波谷高差不大于25mm
3	多处有高低不平的现象	高低差不大于25mm
3	较大面积出现车辙,深度较浅	铺装层出现车辙的面积超过10%且不超过20%,深度不大于25mm
4	大面积出现波浪拥包	波浪拥包面积大于20%,波峰波谷高差大于25mm
4	普遍有高低不平的现象	高低差大于25mm
4	大面积出现车辙,深度较深	铺装层出现车辙的面积超过20%,深度大于25mm

(2)泛油评定标准见表7-56。

泛油评定标准　　表7-56

标度	评定标准	
	定性描述	定量描述
1	完好	—
2	局部出现泛油	面积不超过10%
3	多处出现泛油	面积超过10%且不超过20%
4	大面积出现泛油、磨光	面积超过20%

(3) 破损评定标准见表7-57。

破损评定标准　　　　　　　　　　　表7-57

标度	评定标准	
	定性描述	定量描述
1	完好	—
2	面层局部松散、露骨	松散、露骨累计面积不超过10%
	局部浅坑槽	坑槽深度不大于25mm,累计面积不超过3%,单处面积小于或等于0.5m²
3	多处松散、露骨	松散、露骨累计面积超过10%且不超过20%
	多处出现坑槽	坑槽深度不大于25mm,累计面积超过3%且不超过10%,单处面积大于0.5m²且小于或等于1.0m²
4	大部分松散、露骨	松散、露骨累计面积超过20%
	大部分有坑槽	坑槽深度大于25mm,累计面积超过10%,单处面积大于1.0m²

(4) 裂缝(龟裂、块裂、纵向裂缝、横向裂缝等)评定标准见表7-58。

裂缝(龟裂、块裂、纵向裂缝、横向裂缝等)评定标准　　　　　表7-58

标度	评定标准	
	定性描述	定量描述
1	完好	—
2	局部龟裂,裂缝区无变形、无散落	龟裂缝宽小于或等于2.0mm,部分裂缝块宽小于或等于5.0m
	局部块裂,裂缝区无散落	块裂缝宽小于或等于3.0mm,大部分裂缝块宽大于1.0m
	有纵横裂缝,裂缝壁无散落,无支缝	纵横裂缝缝长小于或等于1.0m,缝宽小于或等于3.0mm
3	局部龟裂,状态明显,裂缝区有轻度散落或变形	龟裂缝宽大于2.0mm且小于或等于5.0mm,部分裂缝块宽小于或等于2.0m
	局部块裂,裂缝区有散落	块裂缝宽大于3.0mm,大部分裂缝块宽大于0.5m且小于或等于1.0m
	有纵横裂缝,裂缝壁有散落,有支缝	纵横裂缝缝长大于1.0m且小于或等于2.0m,缝宽大于3.0mm
4	多处龟裂,特征显著,裂缝区变形明显、散落严重	龟裂缝宽大于5.0mm,大部分裂缝块宽小于或等于2.0m
	多处块裂,裂缝区散落严重	块裂缝宽大于3.0mm,大部分裂缝块宽小于或等于0.5m
	有纵横通缝,裂缝壁散落,支缝严重	纵横裂缝缝长大于2.0m,缝宽大于3.0mm

2)伸缩缝装置评定指标及分级评定标准

(1)凹凸不平评定标准见表7-59。

凹凸不平评定标准　　　　　表7-59

标度	评定标准	
	定性描述	定量描述
1	完好	—
2	略有凹凸不平	差值小于或等于1cm
3	有明显凹凸不平	差值大于1cm且小于或等于3cm
4	严重凹凸不平	差值大于3cm

(2)锚固区缺陷评定标准见表7-60。

锚固区缺陷评定标准　　　　　表7-60

标度	评定标准	
	定性描述	定量描述
1	完好	—
2	锚固构件松动,或锚固螺栓松脱	数量少于或等于10%
	混凝土轻微损坏,出现裂缝、剥落现象	面积不超过10%
3	锚固构件松动,或锚固螺栓松脱但功能尚存	数量多于10%且少于或等于20%
	混凝土局部损坏	面积超过10%且不超过20%
4	锚固构件松动,或锚固螺栓松脱基本失效	数量多于20%
	混凝土大面积损坏	面积超过20%

(3)破损评定标准见表7-61。

破损评定标准　　　　　表7-61

标度	评定标准	
	定性描述	定量描述
1	完好	—
2	锚固构件松动、缺失,或焊缝开裂	数量不多于10%
	橡胶条轻微损坏、老化	面积不超过10%
	排水管发生轻微破损,但不影响功能	—
3	锚固构件松动、缺失,或焊缝开裂,造成钢板损坏	数量多于10%且少于或等于20%
	橡胶条老化、剥离	面积超过20%
	焊接处大部出现裂缝,但未断裂	
	防水材料老化并有局部脱落现象,排水管破损、堵塞,尚能维持功能	—
4	严重老化,锚固构件松动、缺失,或焊缝开焊,造成钢板破损失效	数量多于20%
	焊接处出现剪断现象,或钢板其他部位出现剪断现象	
	橡胶条安全剥离或脱落	
	防水材料老化、完全脱落,或排水管完全堵塞失效	—

（4）失效评定标准见表7-62。

失效评定标准 表7-62

标度	评定标准
	定性描述
1	完好
2	由于上层槽口堵塞、卡死等原因，造成伸缩缝伸缩异常，车辆行驶时发出冲击和噪声
3	由于上层槽口堵塞、卡死等原因，造成伸缩缝伸缩不能自由变形，伸缩异常现象严重，伸缩缝出现明显损坏
4	伸缩异常导致失效

3）栏杆、护栏评定指标及分级评定标准

（1）撞坏、缺失评定标准见表7-63。

撞坏、缺失评定标准 表7-63

标度	评定标准	
	定性描述	定量描述
1	完好	—
2	局部受到车辆冲撞，不影响功能，或构件脱落、缺失	损坏长度小于或等于3%
3	多处出现车辆冲撞引起的损坏，不影响功能，或构件脱落、缺失	损坏长度大于3%且小于或等于10%
4	受到车辆冲撞，失去效用，或构件脱落、缺失	损坏长度大于10%

（2）破损评定标准见表7-64。

破损评定标准 表7-64

标度	评定标准	
	定性描述	定量描述
1	完好	—
2	个别构件出现蜂窝麻面、剥落、锈蚀、裂缝、变形错位等现象	累计面积不超过10%
3	较多构件出现蜂窝麻面、剥落、露筋、锈蚀、裂缝、变形错位等现象	累计面积超过10%且不超过20%
4	大量构件出现剥落、露筋、锈蚀、裂缝变形错位等现象	累计面积超过20%

4）防排水系统评定指标及分级评定标准

（1）排水不畅评定标准见表7-65。

排水不畅评定标准 表7-65

标度	评定标准
	定性描述
1	完好
2	局部排水不畅，桥下出现漏水现象，或桥台支承面、翼墙面等平面受到污水污染
3	桥下多处出现漏水现象，或桥台支承面、翼墙面、前墙面等平面受到污水污染，支座锈蚀，或桥台后填料排水不畅，造成路堤轻微沉降
4	桥下普遍出现漏水现象，或桥台支承面、翼墙面、前墙面等平面被污水严重污染，支座严重锈蚀，或桥台后填料排水不畅，造成路明显下沉

（2）泄水管、引水槽缺陷评定标准见表7-66。

泄水管、引水槽缺陷评定标准 表7-66

标度	评定标准	
	定性描述	定量描述
1	完好	—
2	较少泄水管、引水槽、排水孔出现堵塞，或排水设施构件损坏、缺件、管体脱落、漏留泄水管	数量不多于5%
3	较多泄水管、引水槽、排水孔出现堵塞，或排水设施构件损坏、缺件、管体脱落、漏留泄水管	数量多于5%

5）照明、标志评定指标及分级评定标准

（1）污损或损坏评定标准见表7-67。

污损或损坏评定标准 表7-67

标度	评定标准
	定性描述
1	完好
2	个别设施松动、锈蚀、损坏，或出现污损标志不清现象
3	多处设施松动、锈蚀、损坏，或出现污损标志不清现象
4	大部分设施松动、锈蚀、损坏，危及行车安全

（2）照明设施缺失评定标准见表7-68。

照明设施缺失评定标准 表7-68

标度	评定标准	
	定性描述	定量描述
1	完好	—
2	少量照明设施缺失	数量不多于10%
3	较多照明设施缺失	数量多于10%且不多于20%
4	大量照明设施缺失，危及行车安全	数量多于20%

(3)标志脱落、缺失评定标准见表7-69。

标志脱落、缺失评定标准　　　　　　　表7-69

标度	评定标准
	定性描述
1	完好
2	个别标志脱落、缺失,或需要标志的位置没有相应标志
3	多处标志脱落、缺失,或需要标志的位置没有相应标志

7.8　桥梁结构安全综合评估

禹门口黄河公路大桥结构安全综合评估主要包括运营安全评估、设施安全评估、结构安全评估。

7.8.1　运营安全评估

禹门口黄河公路大桥开通运营,具备以下条件:
(1)按照有关规定进行交工验收,并向有关管理机构和管养单位移交相关技术资料。
(2)设置必要的检修通道、消防、通风、照明、救援等安全附属设施,安全警示标志和交通(通航)标志齐全、鲜明,并符合国家标准规定。
(3)桥梁管养单位的职责和安全运营管理人员(包括专职的桥梁养护工程师)落实到位,突发事件应急预案和各项安全管理制度齐全、有效。

桥梁开通运营后,运营安全评估主要包括车辆通行安全与船舶通行安全。车辆通行安全具体包括以下内容:
(1)车辆通过桥梁严格遵守交通规则,不违反交通标志、标线和交通信号灯指示行驶,除遇紧急情况,不在桥梁上(内)停车或低速行驶。
(2)装载、携带易燃易爆以及其他危险货物的车辆通过桥梁时,严格执行国家有关危险货物运输的规定,确保运行安全。遇有自然灾害、恶劣气象条件以及其他严重影响桥梁运营安全情形时,危险货物运输车辆不得驶入桥梁。
(3)履带车、铁轮车、超限车辆或其他可能会危及桥梁设施安全的车辆不得擅自驶入桥梁。确需通行时,经管理机构或政府交通运输主管部门批准,并按要求采取必要的安全防护措施,根据指定的时间、路线、方式和速度通过。影响交通安全的,经同级公安机关批准同意后方可通行。在特种车辆经批准通过桥梁时,管养单位做好技术审核、通行引导,以及车辆通行前和通行期间桥梁结构状况的检查、监测等相关工作。

船舶通行安全具体包括以下内容:
(1)跨越通航水域的大型桥梁管养单位,按规定积极配合有关部门做好船舶通航管理工作,遇有航道变化、辅航标志或设施受损情况,管养单位或有关部门依据职责,及时进行更新和维护。

(2)船舶通过大型桥梁所在水域时,按照航标设置、航道标准和船舶通行规范要求通过,并遵守以下规定:

①船舶进入大型桥梁所在水域前,对舵、锚、主辅机、航行信号、船队系缆及拖带设备进行严格检查,保持良好的技术状态,落实安全措施,确保安全通过。

②采取一切有效手段尽早与相关管理机构及通行船舶取得联系,确保安全通行。

③通过大型桥梁所属水域的船舶,相互之间保持安全距离,禁止追越或并行航行。

④根据大型桥梁的通航净空高度留足安全系数。船队通过大桥的最大高度限值,由航道管理部门以航行通告的形式发布。出现能见度不良、风力超过6级、大桥水域航道或通航不正常、本船船位不正等情况时,禁止船舶通行。装载爆炸品的船舶禁止夜间通过大桥所属水域。

(3)桥梁管养单位依据职责加强对禹门口黄河公路大桥及通航安全设施的日常巡查,配合相关单位及时发布河道的通航净空尺寸、具体位置等数据,防止船撞事故发生。

7.8.2 设施安全评估

禹门口黄河公路大桥设施安全评估具体包括以下内容:

(1)桥梁管养单位按照反恐、消防管理、事故救援等有关规定,在桥梁设施上(内)合理设置报警、灭火、逃生、防汛、防爆、防护监视、救援等器材和设备,定期进行检查和维护,及时更新,保证其处于良好工作状态。

(2)依附桥梁及其附属设施架设管线的,审批机关在审批时征得公路管理机构同意,并依法办理有关手续。管线产权单位定期对管线检查和维修,及时消除安全隐患。

(3)桥梁及其附属设施上(内)禁止下列行为:

①修建建筑物或者擅自占用、挖掘桥面。

②利用桥梁及其附属设施进行围栏、吊装、牵拉等施工作业(排险、养护维修除外)。

③擅自设置广告牌或者移动附属设施。

④其他损害桥梁及其附属设施,妨碍运营安全的行为。

(4)管养单位根据交通情况,及时调整、完善交通安全设施,做到完好、齐全、醒目。同时,在桥梁入口前设立"动态禁入"标志,确保发生突发事件后车辆不再进入桥梁,并在紧急情况时往对向车道掉头,安全驶离事故现场。

(5)按规定设置并完善桥梁防撞设施、监控设施、助航标志等安全设施,确保其效能完好。

7.8.3 结构安全评估

禹门口黄河公路大桥结构安全评估主要包括安全监测系统与安全监测评估制度。根据交通运输部336号与《交通运输部关于进一步加强公路桥梁养护管理的若干意见》(交公路发〔2013〕321号)要求,禹门口黄河公路大桥为特别重要的特大桥,主桥已建立符合自身特点的健康监测系统。最终可采用对健康监测指标评估,丰富安全监测评估制度。

桥梁安全监测(含健康监测)指桥梁管养单位采用现代信息技术,对桥梁的工作环境、结构状态、桥梁在各类外部荷载下的响应情况进行实时监测,及时掌握该桥整体技术状况和运营条件,为该桥未来的运营管理、养护维修、可靠性评估及相关科学研究提供依据。

桥梁管养单位根据桥梁实际技术状况和结构特点,按照实用、可靠、安全的原则,合理确定安全监测的项目和监测手段。禹门口黄河公路大桥主要监测指标与监测仪器如下。

(1)拉索索力监测(索力拾振器)。

(2)索塔偏位监测(倾角仪)。

(3)主梁挠度监测(液位连通器)。

(4)主梁应力监测(光纤光栅应变计)。

(5)索塔应力监测(光纤光栅应变计)。

(6)桥面板应力监测(光纤光栅应变计)。

(7)伸缩缝位移监测(位移计)。

(8)风速监测(风速计)。

禹门口黄河公路大桥健康监测指标如图7-18所示。

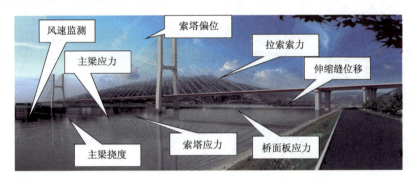

图7-18 禹门口黄河公路大桥健康监测指标

利用修正后的有限元模型,制定桥梁各项监测指标阈值范围,利用监测数据与阈值范围对比,实现最直观的桥梁安全监测评估。桥梁安全监测评估立足于自动化健康监测系统与健康监测数据,但不拘泥于健康监测手段,安全监测人员定期将监测结果与桥梁检查结果进行比对和分析,及时提出监测报告,为管理决策提供依据。

经桥梁安全评估,对极端情况或不可抗力危及行车安全的,桥梁管养单位能够立即按相关规定采取交通干预措施并参照以下四级级别发布预警信息:红色等级Ⅰ级;橙色等级Ⅱ级;黄色等级Ⅲ级;蓝色等级Ⅳ级。

桥梁管养单位对监测评估的结果,及时给予响应。经监测评估,桥梁管养单位及时设置或变更限载及安全警示标志,加强交通控制和管理,迅速采取相应工程措施进行处治,确保行车安全。

禹门口黄河公路大桥已安装长期监测系统,在监测与评估时关注同一断面上钢梁与混凝土桥面板的应力变幅,有利于评价钢梁和混凝土桥面板的共同受力性能。

第8章 养护与维修

作为特殊结构桥型,禹门口黄河公路大桥的养护与维修工作是运营期间公路养护管理的重要环节,加强其管理工作,具有非常重要的意义。

8.1 同类桥型常见病害

8.1.1 钢梁常见病害

钢—混凝土组合梁常见病害有涂装脱落、锚栓松动、钢板锈蚀等表观病害;长期荷载作用下,钢梁易产生疲劳裂纹,可能导致构件脆性断裂。

8.1.2 桥面预制板常见病害

钢—混凝土组合梁中,相当宽的混凝土翼板沿一个狭窄的接触面承受钢梁通过剪力连接件传来的剪力,将在混凝土翼板的接合面附近产生较大剪应力。尤其是单排栓钉连接的τ形截面组合梁常发生混凝土翼板纵向开裂。如果没有足够横向钢筋约束裂缝发展,组合梁剪力连接程度就会降低。

混凝土翼板受压,钢梁受拉是钢—混凝土组合梁最有利的受力状态,但在连续梁中,支点负弯矩区会不可避免地出现翼板受拉而钢梁受压的不利状态,易在中支点负弯矩区出现混凝土开裂。

长期重载交通下,在桥面防水失效及融冰盐的化学腐蚀作用下,会导致混凝土桥面板局部或大面积开裂,混凝土板中的受力钢筋出现锈蚀,引起混凝土桥面板承受局部车轮荷载的能力明显下降。

8.1.3 剪力键常见病害

剪力键的作用是保证桥面板混凝土及钢梁的共同作用,因此其承受巨大的纵向剪力作用。在长期超载交通作用下,由于纵向剪力过大或反复作用会导致剪力键疲劳、弯曲或剪断。当剪力键起不到应有作用时,将引起钢梁与混凝土桥面板间的相对错位,钢—混凝土组合梁随即演变为叠合梁桥。

8.1.4 斜拉索常见病害

斜拉索常见病害包括斜拉索 PE 护套开裂,防雨罩错动移位,斜拉索导管积水,斜拉索钢丝锈蚀、断裂,拉索锚固端松动、失效等。

8.1.5 混凝土索塔常见病害

混凝土索塔常见病害有混凝土破损、露筋、剥落、锈胀、水蚀等表观病害;混凝土竖向裂缝、环向裂缝;索塔偏位、不均匀沉降等。

8.1.6 装配式预应力混凝土箱梁

装配式预应力混凝土箱梁常见病害有混凝土破损、露筋、剥落、锈胀、水蚀等表观病害;混凝土纵向、斜向、竖向裂缝;支座脱空、剪切、串动、破损、老化;横隔板、湿接缝破损、露筋、空洞、开裂、蜂窝、麻面、集料外露等;桥面伸缩缝型钢断裂、锚固区混凝土破损、伸缩缝功能失效、桥面铺装坑槽、开裂等。

装配式预应力混凝土箱梁表观破损、纵向裂缝如图 8-1 所示,装配式预应力混凝土箱梁翼缘渗水、湿接缝露筋如图 8-2 所示。

图 8-1　装配式预应力混凝土箱梁表观破损、纵向裂缝

图 8-2　装配式预应力混凝土箱梁翼缘渗水、湿接缝露筋

装配式预应力混凝土箱梁支座破损、伸缩缝型钢断裂如图 8-3 所示。

图 8-3　装配式预应力混凝土箱梁支座破损、伸缩缝型钢断裂

8.1.7　预应力混凝土变截面连续箱梁

预应力混凝土变截面连续箱梁常见病害有混凝土破损、露筋、剥落、锈胀、水蚀等表观病害;混凝土纵向裂缝、斜向裂缝、竖向裂缝;支座偏压、窜动、支座钢构件锈蚀等;墩顶隔板开裂、露筋、集料外露;跨中下挠变形超限;桥面系伸缩缝型钢断裂、锚固区混凝土破损、伸缩缝功能失效、桥面铺装坑槽、开裂等。

预应力混凝土变截面连续箱梁腹板纵向裂缝、顶板水蚀如图 8-4 所示。

8.1.8　下部结构常见病害

主桥下部结构常见病害有过渡墩墩柱混凝土破损、露筋、剥落、锈胀、水蚀等表观病害;混凝土竖向裂缝、环向裂缝、过渡墩及索塔基础掏空、冲刷外露;塔座大体积混凝土开裂;基础不均匀沉降等。

引桥下部结构常见病害有墩柱、盖梁混凝土破损、露筋、剥落、锈胀、水蚀等表观病害;混凝土竖向裂缝、环向裂缝;桥台台帽水蚀、桥台前墙开裂;墩柱基础掏空、冲刷外露;墩台不均匀沉降或偏位等。

图 8-4　预应力混凝土变截面连续箱梁腹板纵向裂缝、顶板水蚀

8.2 日常养护

8.2.1 桥面系日常养护

1）桥面铺装

(1)经常清扫桥面使桥面清洁平整,保持行车的舒适性。

(2)桥面铺装应保持一定的横坡和纵坡,在雨后应及时将积水排出。

(3)冬季雨、雪后应及时清除桥面上的冻块或积雪。

(4)严禁在桥面上放置杂物或将桥面作为晒场等。

(5)保持桥面防水层具有良好的使用性能。

(6)及时处理桥面铺装存在的裂缝等表面缺陷,主桥桥面铺装为沥青混凝土铺装层,应及时填补、灌浆封闭。

(7)桥上架设的管线的安全保护设施应保持良好的工作性能。

2）伸缩装置

主桥采用单元式多向变位梳形板伸缩装置,日常维护内容包括:

(1)清除缝内的垃圾和杂物,更换老化、漏水的止水带,修补开裂、坑洞、剥落的混凝土保护带等。

(2)清除缝内的垃圾和杂物时,应将止水带和梁端缝隙间彻底清除干净,避免堵塞排水和伸缩缝的自由伸缩。清除梁端缝隙间杂物时,可用支架从梁底往上沿横桥向依次清除。

(3)防水系统的更换应符合伸缩装置止水带更换工艺要求;混凝土保护带的修补应符合混凝土保护带修补工艺要求。

3）排水系统

(1)桥面的泄水管要及时清扫、疏通。

(2)泄水管损坏要及时修理,接头不牢已掉落的要重新安装接上,损坏严重的要予以更换。

(3)引水槽破裂的要重新修理,长度不足时予以接长。当槽口太小不能满足排水需要时,要扩大槽口重新修筑。

4)栏杆、灯柱

(1)人行道护栏、中心隔离栏、机动车/非机动车隔离栏、路灯灯柱及其附属构件应经常进行清洗,清洗频率应依据桥梁所处环境由各管养单位具体确定。

(2)栏杆变形或破坏不能发挥其功能时,必须及早修补。修补期间,应用闪光灯和栅栏等标示栏杆破坏。

(3)钢筋混凝土栏杆发现裂缝或剥落时,轻者用环氧树脂修补,严重者要凿除损坏部分重新修补完整,并注意损坏是否和梁及下部构造有关。

(4)钢栏杆应经常除锈、刷漆,腐蚀严重的应进行更换。

(5)护轮带发生破坏时,将影响安全,应迅速修补。

8.2.2 钢—混凝土组合梁日常养护

(1)钢—混凝土组合梁桥的日常养护中,应注意对其接合部位的保养维修,防止桥面水渗漏造成钢构件锈蚀及钢和混凝土之间的连接失效;采用主梁检修车检查接合部。

(2)钢—混凝土组合梁日常养护应关注桥面板的抗渗养护与冻融养护。

(3)清除钢结构的表面污垢,保持杆件清洁,特别应注意节点、转角、钢板搭接处等易积聚污垢的部位。

(4)由高强螺栓连接的杆件,若发现松动应及时加以拧紧,对于高强螺栓必须施加设计的张拉预应力。为便于螺栓的更换,应防止丝口锈蚀,如接合杆件表面有角度时,则在螺帽之下垫以楔形垫圈。

(5)焊接连接的杆件,焊缝处若发现裂纹、未熔合、夹渣、未填满、弧坑等缺陷,应及时上报管理部门,及时处理。

(6)钢杆件(非主要受力杆件)受到冲击造成局部弯曲时,应及时上报管理部门,可用撬棍、弓形螺旋顶或油压千斤顶进行冷矫,禁止用锻钢烧材的方法来矫正。

8.2.3 斜拉索日常养护

(1)拉索两端的锚具及护筒应经常保持清洁和干燥。塔端锚头若漏水、渗水,应及时用防水材料封堵。梁端锚头若漏水、积水,应及时将水排出并封堵水源。

(2)定期更换拉索两端锚具锚杯内的防护油。

(3)定期更换钢护筒与套管连接处的防水垫圈及阻尼垫圈,做好搭接处的防水处理。

(4)定期对索端钢护筒做涂漆防锈处理。

(5)若拉索套筒出现开裂、漏水、渗水应及时处理。可剥开已损坏的护套,将潮湿的钢索吹干,对已生锈的钢索做好除锈处理,再涂装防护漆及防护油,并用玻璃丝或其他防护材料包扎严密。

(6)斜拉索的减振装置要保持正常工作状态,发现异常或失效要及时维修。

8.2.4 索塔日常养护

1）索塔塔柱与横梁

（1）保持索塔表面清洁，及时清除污物。

（2）发现塔壁渗水，混凝土表面分化、劣化，保护层剥落时，应及时进行防腐处理。

（3）索塔防腐涂装起皮、剥落时，应及时修复。外刷涂料不得封闭裂缝、覆盖检查观测点，影响养护维修；涂刷材料不得影响构件耐久性。

2）索塔基础

（1）桥梁上下游各1.5倍桥长，但不大于500m的范围内，应做到：

①河床要适时地进行疏浚。每次洪水过后，应及时排除清理河床上的漂浮物和沉积物，使水流顺利宣泄。

②在桥下树立警告示牌，禁止任何人或单位在上述范围内采砂、取土、采石、倾倒废弃物，禁止进行爆破作业及其他危及公路桥梁安全的活动。

③不得任意修建对桥梁有害的建筑物，因抢险、防汛需要修筑堤坝、压缩或拓宽河床时，应事先报经公路管理机构同意，并采取有效的防护措施。

发现任何有可能破坏桥梁安全的行为，应及时制止。

（2）黄河冰凌期间，桥梁管养单位宜安排观察人员职守；当冰凌灾害严重时，启动相应应急预案。

（3）对索塔墩设置的破冰凌构造，应经常检查、维护，保持良好状态。

（4）若基础冲刷过深或基底局部掏空，应立即进行维护。可在四周打板桩或其他方法作坝围堰，灌注水下混凝土防护；也可以麻袋盛装干硬性混凝土，每袋装量为麻袋容积的2/3，通过潜水作业，将混凝土分层填塞冲空部分，并注意比基础每边边缘宽0.4m。

8.2.5 支座日常养护

主桥支座为球型钢支座、KFPZ型抗风支座（主塔处），应按产品出厂要求及时进行养护。支座地脚螺母不得剪断，橡胶密封圈不得龟裂、老化。

8.2.6 附属设施日常养护

1）阻尼器、风导流板

（1）阻尼器、风导流板各部位应保持完整、清洁，每半年至少清扫一次，清除其周围的油污、垃圾，防止积水、积雪，保证其正常工作。

（2）阻尼器、风导流板附属构件有缺损时要及时修整或更换，养护管理单位宜针对产品的自身特点，参考制造单位的意见养护维修。

2）避雷设施

防雷设施的养护与维修应符合下列规定：

（1）桥梁避雷装置应保持完好。严禁挖掘地线的覆土，并应采取防冲刷措施。

（2）每年至少定期检查1次，其中在雷雨季节来临之前必须安排定期检查，具体检测要求应满足《高速公路防雷装置检测技术规范》（DB42/T 511—2008）的要求。

(3)塔顶避雷系统的引线及避雷针应连接可靠,接地部位无异常物品堆放。在雷雨季节前,进行避雷针和引下线及地线的检测。

(4)如养护单位无相关力量进行检查,应联系专业单位对避雷接地装置进行定期检查,是否损坏、失效。在每年3月春雷来临之前测试避雷接地装置的接地电阻,并与设计值进行比较。

3)航空障碍灯

(1)航空障碍灯应保持良好工作状态,保证起到示警作用。

(2)航空障碍灯应满足中华人民共和国民用航空行业标准《航空障碍灯》(MH/T 6012—2015)的要求。

4)供配电设备

(1)所有供配电设施的定期检查应参考供配电的相关标准规范进行。

(2)养护时应重点关注全桥内部供配电系统是否正常工作,线路设备槽是否存在潮湿、积水、渗水等病害。

(3)专用变压器的巡查检修要求如下:

①检查油位、油色是否正常,有无漏洞现象。

②检查声音是否正常,有无噪声及异响。

③检查高低压瓷管是否清洁,有无放电闪烁和裂纹。

④检查低压中点接地线是否良好,变压器外壳是否接地。

⑤检查其他辅助设备高压令克、避雷器、低压保险、闸刀是否完好。

⑥检查变压器上有无搭落的树枝、金属等杂物。

⑦每年对变压器接地电阻测试一次,接地电阻不得大于4Ω。

(4)电缆线路的巡查检修要求如下:

①检查地下电缆路径上的路面是否正常,有无挖掘痕迹,如有施工单位施工,应提醒注意,并加强巡视。

②地缆线路上不得栽种树木,堆置重物、排泄化工污物、汽油、机油易燃物或埋设任何东西等。

③检查电缆有无破损,接头有否过热及烧蚀情况。

④低压电缆绝缘电阻用500V摇表测量,绝缘电阻值必须在$0.5M\Omega$以上。

(5)路灯配电箱(室)的巡查检修要求如下:

①巡查维修人员应熟悉掌握配电箱(室)设施、运行方式、控制方式、变压器和配盘供电容量及运行状况。

②配电箱(室)保持清洁、明亮,有防止小动物窜入的有效措施。检查箱(室)是否漏雨积水,门窗齐全、电缆等设施是否齐全有效。

③开关断合标志、指示灯指示正确,空气开头、真空开头、磁吸开头、灭弧罩完整无烧痕,保险管完整,熔断丝工作正常,内部无响声。

④避雷器外壳无破损裂纹、内部无异声,接地良好。

⑤电缆绝缘良好,接头无过热、烧焦等现象。

⑥检查路灯时控器是否良好,是否按设定的时间启停,时控器时间是否准确。

5）检查桁车及通道

主要检查钢结构表面涂装是否脱落、结构是否锈蚀、螺栓连接是否松动、螺栓是否缺损、焊缝是否开裂、结构是否变形、受拉钢绳（索）是否松弛、检修车和电梯是否有机械故障。对于专用设备（如电梯），应按专用设备相关要求进行检查。

（1）检修通道的养护与维修应符合下列规定：

①检修道应保持牢固、完好。

②主梁、索塔内检修通道的扶手、栏杆等钢构件如有锈蚀应及时除锈并涂刷防锈漆，锚固件如有松动应及时紧固，撑杆等杆件如有弯曲扭转，应予以校正或更换。

（2）主梁检查桁车的养护与维修应符合下列规定：

①检查桁车应定期检查，保持清洁、完好。

②轨道与主梁的连接如有松动，及时拧紧或进行维修。

③检查桁车的行走系统、驱动系统、电气系统等，可根据生产厂家提供的使用说明书进行日常养护工作。

（3）其他。

①保持塔内、箱内的照明系统处于正常工作状态。

②爬梯、工作电梯、观光电梯应定期保养，包括除锈、涂漆、修理损坏的构件等。工作电梯、观光电梯应按生产厂家提供的有关规定或行业规定进行保养。

8.3 预防养护

8.3.1 一般规定

禹门口黄河公路大桥对预防养护的内容、设计目标、设计依据等作出规定，并对养护工程方案实施的快捷性作出原则性要求。

（1）应重点对桥涵、路基、路面等养护工程进行预防养护，其他专业可根据养护需要开展设计。禹门口黄河公路大桥首次定检后宜安排预防养护。

（2）预防养护应以延缓性能过快衰减或延长使用寿命为设计目标。

（3）预防养护应以现场调查和必要的专项检测为依据，科学合理地确定病害预防处治方案。

（4）预防养护工程方案应便于快速实施。

当大桥符合表8-1的情况时，宜进行预防养护。

预防养护病害类型　　　　　　　　　　　　　表8-1

序号	分类	病害与缺陷
1	混凝土构件	表面存在开裂、蜂窝、空洞、破损等表观缺损
2	混凝土构件	内部存在空洞、钢筋保护层厚度不足、预应力管道灌浆不饱满等内部缺陷
3	混凝土构件	钢筋存在锈蚀风险
4	伸缩缝	过车异响、橡胶密封条破损、滑动支承磨损

续上表

序号	分类	病害与缺陷
5	支座	橡胶保护层开裂、偏压、剪切变形过大
6	基础	基础冲刷超过设计
7	防水	结构渗漏

8.3.2 混凝土构件预防养护

预防性养护设计应符合下列要求：

（1）养护检查发现的混凝土桥涵内部及外部缺陷应及时进行修复。

①对于混凝土裂缝，应根据裂缝的性质、深度、宽度及活动性采取有针对性的处理措施。混凝土表面裂缝的封闭修补分为两类：对宽度＜0.15mm 的裂缝，采用表面封闭修补；对裂缝宽度≥0.15mm 的裂缝，采用灌缝处理。

混凝土梁桥表面裂缝封闭如图 8-5 所示，混凝土梁桥表面裂缝灌浆如图 8-6 所示。裂缝灌浆修补材料的安全性能指标见表 8-2。

图 8-5　混凝土梁桥表面裂缝封闭

图 8-6　混凝土梁桥表面裂缝灌浆

裂缝灌浆修补材料的安全性能指标 表8-2

性能项目		性能指标	试验方法标准
胶体性能	抗拉强度(MPa)	≥20	《树脂浇铸体拉伸性能试验方法》(GB/T 2568)
	抗拉弹性模量(MPa)	≥1500	《树脂浇铸体拉伸性能试验方法》(GB/T 2568)
	抗压强度(MPa)	≥50	《树脂浇铸体压缩性能试验方法》(GB/T 2569)
	抗弯强度(MPa)	≥30,且不得呈脆性(碎裂状)破坏	《树脂浇铸体弯曲性能试验方法》(GB/T 2570)
钢—钢拉伸抗剪强度标准值(MPa)		≥10	《胶粘剂 拉伸剪切强度的测定(刚性材料对刚性材料)》(GB/T 7124)
不挥发物含量(固体含量,%)		≥99	《硅酮和改性硅酮建筑密封胶》(GB/T 14683)
可灌注性		在产品说明书规定的压力下,能注入宽度为0.1mm	现场试灌注固化后取芯样检查

注：当修补目的仅为封闭裂缝，而不涉及补强、防渗的要求时，可不做可灌注性试验。

②表面蜂窝、空洞等表观缺陷深度大于5cm或面积大于20cm×20cm的表面缺陷，宜加设φ5(50mm×50mm)带肋钢丝网片。水中冲蚀造成的构件破损宜采用玻纤或钢套筒进行抗冲刷防护。

③预应力混凝土桥梁的预应力管道灌浆空洞的补压浆应根据空洞的位置和结构分仓设计适宜的进出浆孔，灌浆材料应满足现行《公路桥涵施工技术规范》(JTG/T F50)相关标准要求，采用专用压浆料或压浆剂配制的浆液进行压浆。

④结构性缺损还应结合修复方案确定处理的时机和方案。

⑤含水率大于4%的混凝土构件或水下构件，裂缝修补材料适于选用能在水中固化的亲水型环氧树脂类材料制成的封缝胶、灌缝胶、注浆料及粘贴纤维布的配套胶。

(2)混凝土桥涵的耐久性不足时，可采取附加防护措施，其设计宜符合现行《公路工程混凝土结构耐久性设计规范》(JTG/T 3310)的要求。

(3)已有防护涂装的混凝土桥涵出现局部破损时，应采用原工艺、材料和质量要求进行维护性补涂。

(4)经检测存在钢筋锈蚀风险的混凝土宜参照现行《钢筋阻锈剂应用技术规程》(JGJ/T 192)的规定采取喷涂渗透型钢筋阻锈剂进行锈蚀的阻断，必要时可采取电化学脱盐和再碱化修复处理。

(5)混凝土主梁不得进行电化学脱盐和再碱化修复处理。

由于施工、环境影响、灾害事故导致的混凝土桥涵各类缺陷将降低混凝土桥涵结构的耐久性能，故应及时进行修补，防止有害物质通过缺损侵入结构内部。

对于宽度在0.15mm以下的裂缝，适于采用环氧基或水泥基材料进行封闭；水泥基浆体类别、规则及性能指标满足现行《水泥基渗透结晶型防水材料》(GB 18445)的规定；对宽度大于或等于0.15mm且小于1.5mm非活动性裂缝,适于采用环氧胶低压灌注的方法进行修补;对宽度大于或等于1.5mm裂缝非活动性裂缝适于采用超细无收缩水泥注浆料、不回缩微膨胀水泥注浆料及改性聚合物水泥注浆料等进行裂缝封闭;当缝深大于1.0m时适于采取钻孔埋管的方式注浆,浅层的则适于采用压力注浆工艺。处理活动裂缝或尚在发展的裂缝时适于采用无流动性的有机硅酮、聚硫橡胶、改性丙烯酸酯、聚氨酯等具有弹性和柔韧性的材料;条件不具备时,则适于采用微膨胀水泥砂浆、聚合物砂浆或细石混凝土填缝。活动型裂缝封闭设计的要点为沿裂缝走向骑缝凿槽或切槽,槽深和槽宽分别大于20mm和15mm,凿槽或切槽应延伸过裂缝末端,槽的端头做成弧形(U形),以避免该处应力集中。凿槽或切槽完成后,吹风清洁干净。当设置隔离层时,槽底隔离材料适于采用不吸潮膨胀且不与弹性密封材料及结构材料相互发生反应的材料,隔离材料紧贴槽底。填入槽中的弹性密封材料宜低于构件表面高度,视情况粘贴无碱/耐碱玻璃纤维布、芳纶布或碳纤维布等,增强纤维布加强裂缝表面的封护。

表面蜂窝、空洞缺陷小面积,浅层的适于采用聚合物砂浆,面积较大;深度较深的适于采用聚合物混凝土进行修补,并增设钢丝网,防止修补处的收缩开裂。

预应力管道灌浆饱满度对预应力的有效性、耐久性有重要影响,其空洞的分布比较复杂,有沿孔道长度方向上间断的无浆,也有束形最高点区域、锚头区域等位置的无浆等。因此,要根据空洞的实际情况分段处理,一般情况下,取每个区段孔道最高的位置作为出浆孔,低的位置为注浆孔。

混凝土耐久性不足主要有保护层厚度不足或存在有害介质侵入危及耐久性极限状态的保证等情况。

采用非金属预应力管道的预应力混凝土构件,采用电化学脱盐或再碱化时,可能引起预应力筋因氢脆或应力腐蚀而断裂。

8.3.3 桥面沥青铺装预防养护

桥面沥青铺装的预防养护应符合下列要求:

(1)桥面沥青铺装的预防养护的对策宜依据病害类型和桥面铺装种类选取,预防养护病害类型见表8-3。

预防养护病害类型　　　　表8-3

预防性养护措施	铺装主导损坏类型及其严重情况							
	改性AC(沥青混凝土)铺装层							
	裂缝			车辙			抗滑损失	表面渗水
	轻	中	重	轻	中	重		
裂缝填封	√	√						
表面封层	√							√
微表处	√			√	√		√	√

(2)桥面沥青铺装经过正常使用2~4年,没有明显病害,技术状况良好,可适当进行预防性养护。桥面铺装抗滑能力下降,抗滑性能指数 SRI<90 时,应进行预防性养护。

表面封层可延缓铺装层氧化,密封表面的微小裂缝,防止水进入路面结构层内部等,最常用表面封层技术包括雾封层、稀浆封层、微表处等。雾封层可提高路面防水性能、防止路面老化,施工简单且技术成熟,在国内钢桥面沥青铺装预防养护中有一定的应用经验。

桥面沥青铺装的预防养护适合在铺装层没有发生损坏或存在轻微缺陷与病害迹象时予以实施,以起到延缓功能过快衰减和延长使用寿命的作用。

8.3.4 支座预防养护

支座的预防养护符合下列要求:
(1)采用涂刷橡胶专用胶对橡胶支座保护层内的表面微小裂缝进行封闭。
(2)橡胶支座偏位或剪切变形过大时宜采取顶升调整的方式,脱空及偏压还宜配合楔形钢垫块。
(3)更换盆式支座磨损或滑出的滑动层。
(4)支座垫石开裂、破损等病害的维修可参照混凝土构件进行。
(5)对支座滑动面进行润滑。

8.3.5 伸缩缝预防养护

伸缩缝预防养护设计应符合下列要求:
(1)拧紧或更换各类伸缩装置中松动或损坏连接螺栓和螺母。
(2)更换磨损损坏的支承梁橡胶支撑。
(3)脱落的密封橡胶条应进行复位,破损的应进行更换。
(4)槽区混凝土的轻微损坏、裂痕、间隙等病害的维修可参照混凝土构件进行。
(5)对各类伸缩装置中的钢构件进行除锈、防腐涂装。
(6)对伸缩缝中滑动部件的滑动面进行润滑。

8.3.6 防水维修

桥梁防水维修设计应符合下列要求:
(1)桥涵各构件渗漏的处治采取疏堵结合的方式。
(2)根据桥梁实际情况于伸缩缝处增设集中排水管,盖梁、台帽上表面涂刷防水涂层及设置排水坡等方式处理墩台积水及支座受渗漏水侵蚀,盖梁、台帽上表面设排水坡时,坡度应不小于1.5%。

桥梁伸缩缝处经常由于伸缩缝排水不畅或密封破损导致下面的墩台和支座等受到渗漏水的侵蚀,适合根据桥梁实际情况采取增设集中排水管、盖梁、台帽涂刷防水涂层、上表面设置一定坡度快速排水等方式避免积水及保护支座。

(3)桥面破损、桥涵防水层失效导致的结构渗漏除灌注封堵外,结合桥面铺装改造重做防水层。

桥面破损或桥涵防水层失效导致的结构渗漏一般很难根治。早期可采用灌注各类防水材料进行封堵。长期看,如渗漏严重,宜结合桥面铺装的修复改造进行重新防水。

8.3.7 冲刷维修

桥梁冲刷维修符合下列要求：

(1)桥梁墩台基础埋深低于设计值60%、基础投影面积冲空大于10%或基础防护出现破损时，应根据水流与河床情况、工程造价、基础形式、桥梁跨径等，采取适合的整孔或局部抗冲刷防护措施。

①局部防护不得压缩流水断面，高程宜设置于一般冲刷线处。

②一般可采取围堰抽水，并以砌石或混凝土回填冲空的方式。

③当河床不稳定、基础埋置较浅、冲刷范围较大时，可采用平面防护加固措施，其范围要覆盖全部冲刷坑。

④大流速或河床纵坡过大，冲刷严重的不通航河流，可在下游适当地点修筑拦沙坝。下游坝顶高程一般应与上游桥址处河床的高程相同。

局部防护仅能防止水流局部冲刷而不能防止一般冲刷，因此，局部防护必须在一般冲刷已充分发展的基础上才能获得应有的效果。整孔防护包括浆砌片石(或混凝土)护底、设置拦沙坝等，局部防护包括石笼，混凝土块排，钢筋混凝土板，单、双层的块、片石铺筑、河床处理等平面防护与立体防护措施，其中立体防护费用较高，要慎重采用。

(2)基础冲刷出现基础破损、钢筋外漏时还应结合基础构件的修复进行维修。

8.4 修复养护

8.4.1 一般规定

禹门口黄河公路大桥对修复养护设计的内容、设计目标、设计依据等作出了规定，并突出强调了总体设计、安全隐患治理、交通组织设计等方面的要求。

(1)修复养护对路线、路基、路面、桥涵、隧道、安全设施、机电设施、环境保护与绿化等专业工程病害处治进行全面、系统的设计。

(2)修复养护以功能性和结构性修复为设计目标。

(3)修复养护以现场勘查和专项检测为依据，加强隐性病害的分析与诊断，科学合理地确定病害处治方案。

(4)修复养护工程进行总体设计，统筹协调各专业工程之间的关系，明确工程界面并做好设计衔接。

(5)修复养护对存在交通安全隐患和交通运行不畅的路段可采取必要的养护工程措施，以改善交通运行状况。

(6)修复养护工程方案与交通组织方案协调配合。

(7)桥涵加固设计方案的费用宜控制在重建费用的60%以下。

(8)桥梁修复养护后，其构件的技术等级不低于2类。

修复养护的主要病害与缺陷见表8-4，应对表中所列病害进行处治。

修复养护的主要病害与缺陷 表 8-4

序号	分类			病害与缺陷
1	耐久性	混凝土构件		涂层普遍性剥落;非结构性开裂;锈胀、碱集料反应、冻融及冲蚀导致的各类剥落;锚碇渗漏;涵洞渗漏、伸缩装置渗漏
2	结构性	上部结构	梁桥	各种原因导致的构件结构性开裂面积在20cm×20cm以上,深度15mm以上的混凝土破损、超出设计允许的屈曲,变形或错位,构件达到设计使用年限不适宜延寿	横向联系断裂或不足;混凝土箱梁开裂下挠;钢构件局部屈曲
3		下部结构	墩台		墩台倾斜、水平位移;台身开裂
4			基础		冲刷超过设计深度;基础不均匀沉降
5			地基		承载力不足
6		桥面系			铺装破损
7		附属设施			伸缩缝错台、断裂;支座承载能力不足;护栏锈蚀、变形,防撞能力不足

8.4.2 修复养护前专项检查

(1)修复养护的专项检查项目和内容根据设计目标、病害成因分析评估与修复措施设计的需要进行选择。

(2)修复养护的专项检查要求见表8-5。

修复养护专项检查要求 表 8-5

分类	部位	检测项目	检测内容	检测方法	检测频率
混凝土缺损	混凝土桥梁各构件	结构性裂缝	裂缝的分布范围、条数、平均间距,主要裂缝的位置、形态、深度、长度、倾角、最大宽度及其位置	目测(含测宽仪)、超声法、钻芯法	全部,主要裂缝可选1~2条
		其他表观缺损	蜂窝、空洞、剥落、破损等缺陷大小、深度及其位置	目测、尺量	全部
		内部缺损	预应力灌浆空洞、涵洞壁后空洞的大小、深度及其位置	钻孔、冲击回声、雷达法	全部,预应力每束最高点、锚头区;涵洞每侧1条测线,钻孔验证
		预应力筋位置	束形的沿程空间相对坐标	雷达法	每1m测1处
		钢筋分布	钢筋数量、间距与直径	钢筋检测仪	每个构件不少于3处
结构材料	桥梁各构件	混凝土	混凝土强度	目测、回弹法、超声法、钻芯法	每个构件10测区,3个芯样
		钢筋	下屈服强度、抗拉强度、断后伸长率、弯曲性能	取样试验	每个构件损伤区域每规格2根

续上表

分　类	部　位	检测项目	检测内容	检测方法	检测频率
结构材料	桥梁各构件	预应力筋	最大力、最大力总伸长率、弹性模量、0.2%屈服力	取样试验	每个构件损伤区域每束2根
		钢材	拉伸性能、弯曲性能	取样试验	每个构件损伤区域每厚度2试样
耐久性	混凝土构件	保护层	钢筋与预应力筋保护层厚度	钢筋检测仪、雷达法	每个构件不少于3处
		有害介质	碳化深度、氯离子含量	酚酞法、滴定条法、化学分析法	每个构件不少于3个测区，每测区不少于3个点
		钢筋	混凝土电阻率、锈蚀电位的大小	半电池法、四电极法	主要承重构件的主要受力部位
结构性	上部结构	梁桥	结构变形	桥面上下游线形，曲线桥梁横向变位，钢构件局部屈曲	目测、尺量、水准仪、全站仪	每跨8分点测护栏内侧及桥轴线各3点；钢桥支承区、索锚区、钢—混凝土接合段、叠合面的局部变形检查应全覆盖
			钢构件连接	钢构件连接失效或缺失	目测、尺量、锤击	焊缝与螺栓抽检不少于20%，关键结构部位及桥面轮迹带应全覆盖
			支座	剪切变形、偏压、不均匀鼓凸的程度	目测、尺量	全部
	下部结构	墩台	结构变形	墩台沉降，墩台倾斜程度	全站仪	墩顶底部上下游，大小桩号方向各4点
		基础		冲刷深度、不均匀沉降程度	全站仪、水下测量	基础上下游，大小桩号4个方向
	桥面系	铺装	破损、坑槽分布范围	目测	全部
	附属设施	伸缩装置	变形、断裂、破损的程度	目测、尺量	全部
		栏杆	变形、断裂、破损的程度	目测、尺量	全粗

（3）变形检测的测点数量与位置应能反映最大变位及其空间变化规律。

（4）结构或构件的强度调查可根据设计需要进行整体或局部的调查，强度测区或取样应覆盖主要受力构件的主要受力部位或薄弱部位。测区及测点的要求应符合相关检测规范的规定。

（5）耐久性检查要求应符合《公路桥梁耐久性检测评定技术规程》的规定。

修复设计前对桥梁的适用性和耐久性进行有针对性的检查评估有利于准确判断病害原因。

8.4.3 修复养护结构计算

修复养护应充分考虑结构现状、修复措施对原结构的影响,涉及结构性修复的计算应符合下列要求:

(1)根据原结构竣工图及设计荷载进行原结构复算。

(2)根据现场检测结果、荷载情况、加固维修历史,依据《公路桥梁承载能力检测评定规程》(JTG/T J21—2011)进行结构检算,并作为修复养护设计的依据。

(3)桥梁计算模型应在设计模型的基础上充分考虑桥梁病害的影响,计算参数的选取应考虑施工、全过程收缩徐变、结构实际承受的荷载、开裂后结构性能衰减与内力的重分布、预应力损失、新增材料的重量与应变滞后等因素,其计算结果应与桥梁主要病害特征相吻合,必要时应通过实际桥梁局部加载试验,修正计算模型。

(4)拟订方案后对相关结构补强措施的效果进行计算验证,其结果满足对应设计标准下正常使用和承载能力极限状态的要求。

8.4.4 混凝土构件修复养护

混凝土构件耐久性修复设计针对已发生耐久性病害的处理,修复养护应符合下列要求:

(1)混凝土耐久性修复前按混凝土构件预防养护要求修复内外部缺陷。

(2)混凝土耐久性修复设计根据具体桥涵类型与环境作用等级、耐久性损伤的原因与类型、预期修复效果、预期使用年限确定修复方案与材料。

(3)混凝土保护层因钢筋锈胀破坏时,要区分碳化侵蚀和氯盐侵蚀。对于氯盐侵蚀,除钝化钢筋措施外,破损修补的混凝土或砂浆要混合内掺型钢筋阻锈剂,并根据病害与环境情况采取附加防护措施。内掺型钢筋阻锈剂应符合现行《钢筋阻锈剂应用技术规程》(JGJ/T 192)的规定。

(4)对于混凝土构件发生碱集料反应导致的破损,除开裂破损修补外还要进行表面涂层防护,表面涂层应具备良好的长期密封隔水能力。

8.4.5 桥梁结构几何复位

桥梁结构几何复位应符合下列要求。

(1)对桥梁结构复位中的反力体系、限位结构、临时支撑体系进行复核验算,满足强度、刚度、稳定性及局部承压要求。

(2)限位结构包括桥梁横向限位与纵向限位,其荷载作用值宜通过计算确定,一般情况下可按原桥上部结构重量的20%确定。限位结构可根据下列形式与要求进行选择:

①多跨多幅梁式桥,宜选用斜撑支架作为限位结构。

②当桥梁纵坡大于1%时,在桥梁纵向两端的桥台、墩、伸缩缝处混凝土上安装挡块类辅助限位结构。

③临时支撑体系宜采用便于安装与拆除的钢管支撑墩。

④顶推、移动梁板过程中保证梁体稳定,竖向和水平移动宜交替分级进行。每级移动量宜

控制在 2mm 以内。

⑤桥梁下部结构桥台、墩柱倾斜等的复位,可采取外力纠偏法、基底掏土纠偏法及堆载或卸载纠偏法。

⑥对于严重位移,构件损坏,没有利用价值的墩、台,宜拆除重建。

⑦纠偏前或纠偏过程中采取措施消除致偏原因。

桥梁复位适用于桥梁上下部结构出现超出设计允许范围的纵、横向位移、扭转或倾斜需要恢复其正常位置的情况。外力纠偏法需在倾斜结构附件的适当位置,设置锚桩、锚碇等抗拔结构,支承千斤顶或卷扬机对结构施力使其复位。基底掏土纠偏法适合均质黏土或砂土浅埋基础的纠偏,也适于采用人工挖掏或水力冲掏方式。堆载或卸载纠偏法适于软弱地基纠偏量不大的浅埋基础纠偏。

8.4.6　桥梁梁体更换

桥梁梁体更换符合下列要求:

(1)置换的新梁体设计可采用混凝土结构、钢结构及钢—混凝土组合结构,推荐采用钢结构与钢—混凝土组合结构,以降低驮运或安装机具的负荷要求及下部结构的承载要求,节约场地,提高效率。

(2)单梁更换时考虑其刚度与其他梁片(肋)的匹配,保持横向分配系数不变。采用混凝土单梁时还要注意不同龄期差造成的影响。

(3)连续结构置换时要考虑与其他跨的连接设计与整体刚度匹配,特别是在采用钢结构与混凝土结构连接时。

(4)置换梁体设计时,根据检测考虑旧的下部基础的技术状态,评估其承载能力是否可满足置换后桥的使用要求,对不满足要求的应采取加固措施。

(5)根据梁体(含各梁片)的结构形式、技术状态通过验算选择合适的驮运或吊装方案,以保证施工过程中梁体的结构安全。对不满足安全要求的梁体,应采取临时加固措施。

(6)新置换的梁体能满足现行公路工程技术标准的要求。

桥梁主梁整体驮运置换适用于交通繁忙、应急保通等对桥梁维修需求时间尽可能短的情况、上部结构技术标准或技术条件已不适应当前交通运行需求且进行加固改造的可行性较差的情况;单片梁(肋)的置换适用于上部结构整体完好,只是其中单片或多片梁体出现损伤或其他病害导致其不能满足协同承载要求的情况。

8.4.7　上部结构性修复

上部结构性修复设计符合下列要求:

(1)梁桥结构性病害根据病害成因、施工条件综合采用一种或者多种整体性和局部性的补强方法修复梁桥上部结构的承载能力。

(2)因表观或内部缺损对截面的削弱导致结构承载能力不足时,不可直接采用表面修补的方式,宜通过卸载降低残余结构断面的恒载内力后再进行修补。

(3)梁桥长期过度下挠的控制设计符合下列规定:

①对于下挠无开裂情况,应根据跨中下挠的趋势和建设条件分级采用体外预应力、刚梁柔

塔型矮塔斜拉桥、主动顶推辅助构件、刚梁柔拱及缆索承重结构等主动加固方案。

②对于下挠且开裂的情况,则还应增设开裂构件补强措施。

③计算过程仔细考虑刚度变化对内力分布的影响。

梁桥主要的加固修复方案包括粘贴或拼接钢板、粘贴纤维复合材料、增大截面、增设承重构件、增强横向联系、增设体外预应力、加强或更换薄弱、受损构件、改善钢构件疲劳细节、改变结构体系(简支变连续、增设支架或桥墩等)等。

截面削弱的修复补强设计要注意加强新旧构造物的界面构造,以满足层间抗剪连接要求,使其形成协同受力的整体。

预应力箱梁桥开裂与下挠与预应力的损失有重要相关性。在目前缺乏有效检查有效预应力的情况下,对有效预应力的模拟,应依据压浆密实度检测、锚固区外观检查等检测情况进行预估,再通过结构模拟分析试算,对比理论计算结果与实际开裂情况和下挠量的吻合度,最终确定有效预应力。开裂模拟要考虑结构刚度的损失与由于刚度变化导致的结构内力重分布。建设条件包括可利用的结构内外的空间、加固期间通行交通等。

8.4.8 桥梁下部结构性修复

下部结构性修复应符合下列要求。

(1)盖梁的结构性修复主要应为控制承载力不足或基础沉降过大导致的结构性开裂。

(2)桥梁墩台墩身的加固需根据桥梁墩台墩身状况,并通过计算采取不同的加固措施:

①由于基础或地基导致的墩台身结构损坏,应先加固基础和地基。

②由于车、船及漂浮物撞击导致墩柱开裂时,可采取灌缝配合套箍加固的方案。

③墩台产生水平位移和倾斜时,应根据原因采取更换填土、减小土压力、增加桥台横断面尺寸和自重、从台背打入斜向排桩等措施。

④采用钢筋混凝土增大截面的厚度不宜小于15cm。

盖梁常用的加固方法有粘贴钢板加固、粘贴纤维复合材料加固、增大截面和配筋法加固、体外预应力加固、改变结构体系加固及外包钢加固。

墩台常用的加固方法有增大截面和配筋法加固、钢筋混凝土围带或钢箍、碳纤维布缠绕及换填台背填土。

8.4.9 桥梁基础结构性修复

基础结构性修复符合下列要求:

(1)当地基土质比较坚实,而墩台又是砖石或混凝土刚性实体基础,基础承载力不足或具有较大的不均匀沉降时,可采用扩大桥梁基础底面积的方法。

(2)桥梁墩台基底下有软弱层,墩台发生沉陷,桩的深度不足或水蚀或冲刷等原因使桩基外露或发生倾斜时,可采取增补桩基加固法。

(3)基础的加固注重新旧基础的结合、协同受力与沉降差的控制。

①视情况可采取增大摩擦桩桩长、桩底压浆、堆载预压后浇筑承台接缝、加大扩大基础截面等技术措施降低不均匀沉降的不利影响。

②新旧基础应可靠连接,除接缝钢筋外,还可采用预应力加强新旧基础连接。

8.4.10 桥梁地基修复

桥梁地基修复符合下列要求：

（1）注浆法加固地基，应根据注浆的目的、地质情况、地基土的孔隙大小、地下水的状态等，选择注浆的材料、最佳配比、注浆量和压力、注浆孔布置和注浆顺序。浆点的覆盖土应大于2m。

（2）旋喷桩法加固地基应用地质钻探的方法确定基岩或硬层的深度，决定旋喷固结体的性质。若基岩较浅，设计为端承桩；基岩较深，则可设计成摩擦桩。应根据墩台基础承载能力、固结体的材料强度确定所必需的固结体的总面积、旋喷固结体的有效直径和孔位布置。

旋喷桩法适用于处理淤泥、淤泥质黏土、黏性土、粉土、黄土、砂土、人工填土和碎石土等地基，但对于土中砾石直径过大、砾石含量过多及有大量纤维质的腐殖土，则应根据现场试验结果确定其适用程度。

8.4.11 桥梁支座更换

根据《公路桥梁技术状况评定标准》（JTG/T H21—2011）进行支座的检查评定与更换。当支座技术状况评定标度≥3时，表明支座已部分或完全丧失使用功能，不能继续使用，必须立即更换，同时应对支座垫石等附属构件进行检查修复。

桥梁支座更换符合下列要求。

（1）支座更换充分考虑支座处施工空间小、工期要求较短，不中断交通等条件限制，采用合理的维修更换措施与材料机具设备，进行迅速、可靠地更换。

（2）支座符合下列情况之一的，应进行更换：

①橡胶支座不均匀鼓包；

②橡胶支座严重开裂，钢板脱漏；

③支座变形超限；

④支座超过设计使用年限，经检测评估不能满足支座功能要求；

⑤支座构件严重锈蚀、断裂、变形受限，经检测评估难以修复或无修复价值。

板式橡胶支座开裂与串动如图8-7所示。

图8-7 板式橡胶支座开裂与串动

(3)新换的支座应与结构体系相适应,与原支座使用功能和几何尺寸一致。

(4)横桥向同一墩台上的同一排中的个别橡胶支座需要更换时,宜将同一排支座全部更换。

(5)桥梁采用局部顶升更换支座时,应充分考虑顶升高度对梁体的不利影响,对不同结构形式、不同跨径的桥梁,应通过计算确定各顶升点的局部顶升高度允许值。

(6)墩顶顶升空间和支承面不满足顶升要求采取辅助顶升支架或导梁时,应按相关规范对附加支承结构进行承载力和稳定性验算。

(7)引桥支座顶升更换施工工艺如图8-8所示,支座更换流程如图8-9所示。

图8-8 引桥支座顶升更换施工工艺

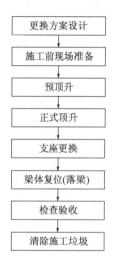

图8-9 支座更换流程

(8)质量验收。

①验收文件资料应齐全,包括支座更换设计方案、支座的质量检测报告和支座变更设计文件等。

②更换的新支座规格、型号和变更设计的支座规格、型号等应无差错。

③支座垫石不应有裂缝等缺陷,其修复尺寸、混凝土强度等级、安装顶面平整度偏差应符合设计文件或相关规范标准要求。

④支座安装位置与梁底轴线及垫石中心线偏差应符合《公路桥涵施工技术规范》(JTG/T F50—2011)、《公路桥梁板式橡胶支座》(JT/T 4—2019)和《公路桥梁盆式支座》(JT/T 391—2009)等相关规范标准以及更换设计要求。

⑤支座的安装位置与安装滑移方向应符合原设计图纸和支座更换设计要求,受力状态应正常,不应有偏压、裂纹、脱空、不均匀外鼓等缺陷。

⑥墩台顶面和梁底支承面不应有局部承压损坏现象,梁体不应有新增裂纹或其他损坏现象。若出现新增裂纹或损伤现象,应查清原因并修复。

⑦支座更换后,垫石模板应拆除,不得留有任何垃圾。

8.4.12 桥梁伸缩缝更换

桥梁伸缩缝更换现场如图 8-10 所示,应符合下列要求:

(1)伸缩缝符合下列情况之一的,应进行更换:

①伸缩装置达到设计使用寿命,经检测评估不能继续使用的。

②伸缩装置整体或局部构件出现严重老化、变形、破损、松脱,装置不能正常伸缩及转动,经检测评估不能继续使用的。

图 8-10　桥梁伸缩缝更换

(2)伸缩装置槽区混凝土较大范围破损、开裂时,车行道伸缩缝槽口新浇混凝土强度等级应比原结构混凝土提高一级,宜采用早强的钢纤维混凝土。

(3)根据原有伸缩装置的结构类型、破坏原因、交通量和重车组成、槽口现状及环境条件,结合实际温度变化计算最大伸缩量选择新伸缩装置类型与构造。

8.4.13 桥梁护栏修复

桥梁护栏修复应符合下列要求:

(1)由于交通事故或自然灾害造成护栏缺损、错位或变形应及时修复或更换。

(2)对由于梁体不正常变形导致的护栏变形,应分析原因,对梁体进行处理后再修复护栏。

(3)混凝土护栏表面破损、锈胀等表观病害的修复,可参照混凝土构件修复养护实施。

(4)护栏与基础的连接应牢固、稳定,承载能力符合护栏等级的要求。

(5)对防护能力不足的桥梁护栏,应参照《提升公路桥梁安全防护能力专项行动技术指南》的要求进行护栏防护能力提升。

8.4.14 锥坡、翼墙修复

锥坡、翼墙修复应符合下列要求。

(1)应根据锥坡砌体及勾缝开裂,局部破损、沉陷、垮塌、位移等不同原因采取针对性措施:

①当为填土不密实时,破损塌陷应进行重新填土。

②当为流水冲刷时,轻微破损、沉陷时可加强锥坡,大范围破损甚至垮塌时还应增设或改

造调治构造物。

③当为桥台位移时,轻微开裂、较小位移可勾缝处理,较大时应对桥台基础进行加强。

(2)翼墙出现下沉、断裂或其他损坏时,应根据损坏原因采取针对性措施后,根据翼墙的损坏情况,对翼墙采取灌封修补、拆除重建等措施。

8.4.15 增设桥梁养护设施设计

增设桥梁养护设施设计符合下列要求:
(1)保证有Ⅰ类养护设施。
(2)桥梁养护设施增设宜符合桥梁养护设施设置标准,见表8-6。

桥梁养护设施设置标准 表8-6

养护设施类别	养护设施类型		适用范围	适用公路等级
Ⅰ	支座检查平台(含进入通道)	墩台上支座检查平台+桥面爬梯	各类人员不可徒步安全接近观察的有支座桥梁	高速公路,一级、二级、三级、四级公路
		墩台上支座检查平台+桥面爬梯		
	桥梁关键部位(位置)巡查通道/平台	外部钢桁架通道	60m以上混凝土箱梁桥	

(3)桥梁养护设施时在保证人员安全的前提下,便于对桥梁实施近距离人工作业或方便检修人员携带小型检查设备通行。
①通行净高宜不小于2m,净宽宜不小于1m。
②钢制楼梯、平台等设计宜符合现行《固定式钢梯及平台安全要求》(GB 4053)的规定。
(4)桥梁养护设施应覆盖日常检查及定期检测的全部范围,包括并不限于在不同类型桥梁的易出现病害的位置、具有安全预警的意义的位置、需要经常性维护的位置、需要定期更换部件的位置等。
(5)对于增设养护设施的,还应考虑与原桥梁结构的可靠连接,连接设计要求应满相关设计规范的要求。

8.5 专项养护

8.5.1 钢结构涂装养护

1)病害形式和成因
(1)防腐涂装方案。
①加劲梁的防腐涂装。
一般钢结构桥梁加劲梁各部位的设计防护涂装见表8-7,涂装的耐久性不少于25年。

加劲梁防腐涂装设计方案 表8-7

结构部位	涂装体系	膜厚(μm)	涂装道数	备注
桥面板上表面(两侧检修道护栏之间)，主梁构件封闭内表面	喷砂 Sa2.5 级	粗糙度 $R_z = 40 \sim 80$	—	—
	醇溶性无机硅酸锌车间底漆	25	1	—
构件外表面及桥面板其他外表面	喷砂 Sa2.5 级	粗糙度 $R_z = 40 \sim 80$	—	—
	醇溶性无机富锌底漆	75	1	不挥发成分中的锌含量≥80%
	环氧封闭漆	25	1	
	环氧云铁中间漆	70/125	1/2	
	聚氨酯面漆	40 + 40/50 + 50	2	
主梁构件未封闭内表面	喷砂 Sa2.5 级	粗糙度 $R_z = 40 \sim 80$	—	—
	环氧富锌底漆	80	1	总厚度 280μm
	环氧厚浆漆	75 + 75	2	
	环氧面漆	50	1	
普通螺栓、螺母、垫圈、螺钉	热浸锌	600g/m²	—	—
高强度螺栓	在安装完成后，高强度螺栓的涂装与其连接处构造外表面相同，在施工完成后统一涂装			
高强度螺栓栓接面	喷砂 Sa3.0 级	粗糙度 $R_z = 40 \sim 80$	—	空气喷涂
	HES-2 无机硅酸锌防滑防锈漆	80 ~ 160	1	空气喷涂
	热喷铝	—	1	出厂摩擦系数应大于0.55

②检查车、轨道系统内表面防护。

检查车、轨道系统表面直接暴露在大气中，是钢主梁最容易腐蚀的部位。检查车及轨道系统涂装技术要求见表8-8。

检查车、轨道系统内表面防护技术要求 表8-8

部位	涂装用料	道数	厚度
检查车、轨道系统	二次表处喷砂	清洁度 Sa2.5 级、粗糙度 $R_z = 40 \sim 60\mu m$	
	环氧富锌底漆	1 道	80μm
	环氧云铁中间漆	2 道	2×80μm
	氟碳树脂面漆	2 道	2×30μm

③防撞护栏与灯柱的防护涂装。

桥面栏杆与灯柱等金属结构涂装技术要求见表8-9，耐久性要求不小于15年。

桥面栏杆、灯柱等金属结构涂装技术要求　　　　　　　　　　表8-9

部　位	涂装用料	道　数	厚　度
桥面栏杆与灯柱等金属结构	除油、清洁	—	—
	涂覆磷化底漆	1道	20μm
	环氧云铁中间漆	2道	2×50μm
	氟碳树脂面漆	2道	2×30μm
	环氧富锌底漆	1道	70μm

（2）涂层老化的评价。

外界的强烈影响，如温差、磨蚀、太阳暴晒、紫外线、风雨、潮气、化学结晶、烟雾、接触腐蚀、微生物影响和阴极保护等，都会造成涂层的老化或者产生缺陷。所以涂层的使用寿命通常都短于钢结构或其他设备的设计寿命，涂层的保养和维修就显得同最初进行涂装一样重要。当旧有的涂层受到机械损伤等外力作用或涂层本身的使用寿命快到的时候而发生锈蚀、剥落、粉化、点蚀等，都说明涂层需要维修了。

及时进行涂层维修保养可以体现最佳的经济性。受防腐体系的影响，涂层老化失效主要可以分为如下三种：

①有机涂层老化。有机涂层老化主要是指涂膜的老化，主要是受到化学物质的侵蚀，或受外界使用环境如紫外线、冷热、雨水等的长期作用，以及腐蚀介质对涂层的溶胀扩散等导致其受到破坏等。

②金属涂层的失效。金属涂层主要有热喷锌、热喷铝、热浸镀锌和无机富锌涂层，都是利用锌或铝在使用过程中起到的阴极保护作用，牺牲自身来保护钢结构。富锌涂层由于锌粉含量高达80%～90%，可以看作是某种程度上的金属涂层。一方面它对钢铁起到阴极保护作用，另一方面是黏结剂，如环氧树脂等的失效将会使锌粉附着不良而失去作用。这其中，哪一种更为主动，则涂层的使用寿命就取决于哪一种因素。

③复合涂层失效。处于腐蚀环境严酷环境的钢桥，必须采用长效保护的重防腐体系，需要采用以金属喷涂层和有机涂层相结合的双重复合保护涂层。外层的有机涂层可以有效地阻挡住腐蚀因子对金属涂层和钢结构的侵蚀。复合涂层的失效，首先就是外层有机涂层的失效，大多数常见情况为粉化、剥落等。由于有机涂层的破损，腐蚀因子有机会渗入底面，再引起金属涂层的腐蚀，而腐蚀产物的生成和积累又会引起有机涂层的附着力下降等。

对有机涂层进行检查时，应在选定的地方，根据相应的标准，进行目测和相应的仪器测试，评定涂层的状态。

2）钢结构防腐涂层劣化维修处治

（1）维修用涂装的选用。

①氧化型涂料。醇酸树脂涂料是以往常用于桥梁的防腐蚀涂料，与其类似的还有亚麻油、酚醛树脂、环氧树脂等涂料，它们依靠空气中的氧气反应来聚合成膜。这种反应首先在表面，然后氧气透过表面到达深层与涂料发生反应。这类涂料的重涂因干燥慢，故最好对表面进行轻度的打磨拉毛，以利于新涂层的渗透咬合。

②物理干燥型涂料。在涂膜形成过程中，树脂没有发生化学变化，干燥过程中只是溶剂从

漆膜中挥发的过程,留下完全聚合的树脂和颜料。这类涂料是热塑性的,涂漆膜韧性好、遇热易软化,主要类型有氯化橡胶涂料、乙烯涂料、丙烯酸涂料、沥青涂料等。当使用同种涂料复涂时,涂料中溶剂会溶化旧漆膜,而后与新漆完全融合在一起,因此附着力特别强。

③化学固化型涂料。其多数为双组分涂料,混合施工后,将通过分子间或分子内的交联固化成膜。完全固化后的漆膜,不会被溶剂影响而软化。化学固化型涂料的主要类型有环氧涂料、酚醛环氧涂料、环氧煤沥青涂料和聚氨酯涂料等。因环氧漆在阳光下会粉化,所以除去粉化层是最重要的。对于表面没有粉化的涂层,特别是聚氨酯涂料,表面硬度高,重涂时需进行表面的拉毛,然后涂漆,这样可以保证涂层间的附着力。

④无机锌涂料。无机锌涂料主要有水性和醇溶性两种,但在漆膜完全固化后,性质上是一样的。无机硅酸锌涂料的维修有两种情况,一种是对于单独无机硅酸锌涂料系统,一种是表面罩有中间漆和面漆的复合涂层系统。

单道无机硅酸锌涂层系统,由于长时间暴露,锌粉会与氧气、二氧化碳和水分经过长时间进行反应,其生成物为氧化锌和碳酸锌,紧紧封闭住旧有的锌层。因此在对于旧的无机硅酸锌涂料进行维修时,需要除去氧化锌和碳酸锌,然后才能进行新漆的涂装。小面积的可以用砂纸轻轻打磨,大面积的则需要扫砂处理。对于单道涂层系统,进行全面扫砂后可以用无机硅酸锌涂料本身进行修补。

复合涂层系统的维修与其他有机涂层的维修差不多,用动力工具打磨或局部喷砂除去锈蚀,然后对于边缘部分进行打磨光顺、有坡度。对于复合涂层,则不宜使用无机硅酸锌涂料来修补,因为作为无机涂料,在进行局部修补时,必然会与边缘的有机涂层有一定的搭接,而无机涂层对于有机涂层的附着力很差。所以最合适的修补底漆是环氧富锌漆,因为环氧树脂对底材有着良好的附着力,不会影响与周边涂层的附着力。

通常的维修涂层系统是与原涂层相同的。世界市场上较为出名的涂料主要有:Akzo Nobel工业漆的 Interseal 670HS,Jotun 佐敦油漆的 Jotmastic87,Hempel 海虹老人牌涂料的 45880,亚美隆 Ameron 的 Amerlock2 等。

潮湿和寒冷天气选用湿固化聚氨酯涂料比较合适,这种涂料特别适宜于这种环境,但价格要比一般的涂料贵。这种涂料对锈蚀区,特别是主梁端头,附着力特别好。采用对主梁端头手工除锈,除去旧涂层后,涂装该涂料。其他部位,手工清理到 SSPC-SP2,动力工具清理到 SSPC-SP3,对牢固涂层和牢固锈蚀表面清理。但是要求施工时,钢板表面温度一定高于露点温度3℃以上。钢板表面如果喷砂处理到 SSPC-10,湿固化聚氨酯涂料当然会有更好的效果。有条件的,在高湿寒冷天气下可以考虑使用除湿机,工人就能在控制的湿度和温度条件下作业,并能在冬季施工。

对无条件进行涂层清理的路段,可考虑使用封闭性涂料,它可以封闭住牢固的锈和旧漆。底漆和封闭漆都可以使用铝粉型 Mastic 环氧涂料或丙烯酸涂料。

⑤低表面处理涂料。低表面处理涂料即表面容忍性涂料,是桥梁维修中最常用一类节能、环保型涂料,主要用于针对在不可能完全达到 ISO8501 Sa2.5 级机械喷砂除锈,又要达到高级别的防腐蚀保护要求,以及要求能够涂覆在不同种类的旧涂层上面而不会产生相容性问题的场合。该类涂料对表面处理的要求只是用手工或动力工具打磨表面达到 ISO8501-1 规定的 St3 及 St2 级。它可以复涂在带闪锈或微锈钢材表面,以及复涂在多种类型的牢固的旧漆膜表

面,如环氧漆(Epoxy)、聚氨酯涂料(PU)、醇酸漆(Alkyd)和硅酸乙酯漆(ESI)等,可配套各种中间漆和面漆,配套性能良好。

(2)维护涂装施工的原则。

①在一定时间内(大约两个月一次)使用高压淡水洗刷斜腹板、栏杆、防撞护栏、灯座以及吊缆基座等,以保持这些部位的清洁美观。

②维修涂装前一定要进行表面处理,表面处理的标准要按照有关规定执行。

③表面处理或油漆施工前需要测量温度与湿度等环境情况,并记录在案。

④重涂间隔是油漆施工重要的一环,必须按照涂料产品说明书有关规定执行。

⑤双组分油漆一定要按比例混合,同时需要事先估计好油漆每次的用量。否则,一经混合,不在指定的时间内用完就会因胶化而报废。

8.5.2　高强螺栓养护

1)高强螺栓的检查内容和主要病害

(1)经常性检查钢梁的高强度螺栓连接部分不得有流锈现象。高强度螺栓不得超拧、欠拧、漏拧、断裂或缺栓等。

(2)每一年全面检查栓焊钢梁各部位和部件的高强度螺栓和焊缝,并应选择具有代表性的节点,拆卸不超过该节点螺栓总数的2%(至少1个)的高强度螺栓,细致地检查螺栓及栓孔内壁锈蚀情况,检查结果应详细记入"病害检查记录表"中。

(3)高强度螺栓检查办法。

①目视法。如发现杆件滑移(一般表现为连接处漆膜拉开或流锈水),导致拱度、挠度变化,即表明连接处高强度螺栓大部分欠拧;如发现个别螺栓头或螺母周围漆膜开裂脱落或流锈水,即表明该螺栓多属严重欠拧、漏拧或出现裂纹。

②敲击法。用重约0.25kg检查小锤敲击螺母一侧,手指按在相对另一侧,如手指感到轻微颤动,即为正常拧紧的螺栓;如颤动较大,则是严重欠拧的螺栓。

(4)更换高强度螺栓时,如采用力矩法施工,则终拧后的复验,可采用力矩测定法。

2)维修处治

(1)经检查判明有严重锈蚀(有肉眼可见的锈蚀麻面者)、裂纹或折断的高强度螺栓应立即更换。

(2)经检查判明有严重欠拧、漏拧或超拧的高强度螺栓应予卸下。卸下的高强度螺栓无严重锈蚀、严重变形(严重变形指不能自由插入栓孔)和裂纹者,以及施拧未超过设计预拉力15%以上者,则除锈涂油后,可以再用;否则应予更换。

(3)更换的高强度螺栓、螺母及垫圈应符合《钢结构用高强度大六角头螺栓》(GB/T 1228—2006)、《钢结构用高强度大六角螺母》(GB/T 1229—2016)、《钢结构用高强度垫圈》(GB/T 1230—2006)、《钢结构用大六角螺栓》(GB/T 1231—2006)的有关规定,其强度级别、规格及尺寸应与原有螺栓、螺母或垫圈相同。

(4)重新安装经拆卸后清除过的高强度螺栓或更换新高强度螺栓时,应将栓孔内壁及孔口处的锈蚀污物清除干净。

(5)高强度螺栓的更换,对于大型节点,每次更换数量不得超过该节点处每根杆件上高强度螺栓总数的10%;对于螺栓数量较少的节点,则要逐个更换。更换应在桥上无车时进行。

(6)高强度螺栓、螺母和垫圈的外露部分应在高强度螺栓拧紧后涂以底漆和面漆,防止锈蚀。

(7)栓焊钢梁节点处板束的顶缝、侧缝和底缝均应腻封。如有开裂或脱落者,应清除干净后重新腻封。在多雨潮湿季节对此尤应注意。

8.5.3 钢结构变形养护

1)病害的形式和成因

钢结构截面小、强度大,构件及总结构的稳定则是重要的控制因素,钢结构各构件间或某一构件上的零件、配件间的连接是受力和传力的关键部位,连接的构件不稳定,甚至会造成整个结构的破坏,而钢结构的变形是导致这种破坏的主要原因之一。

钢结构变形分总体变形和局部变形,总体变形指结构尺寸和外形变化,局部变形指结构构件局部区域内出现变形。变形原因主要有以下几点:①钢材原材料变形;②冷加工产生变形;③制作、组装带来变形;④运输、堆放、安装中产生变形;⑤使用过程中产生变形,钢结构在环境温度较高条件下长期承受交变载荷线使用中局部受到强烈冲击,均会发生变形。在车辆荷载和温度荷载作用下,均会产生疲劳变形。

2)钢构件变形的类型

(1)腹杆、压杆、拉杆弯曲变形。如钢结构构件的压杆出现弯曲变形,则需要对压杆的承载力进行测算,如测算出的承载力折减系数低于正常范围,则要进行加固处理。

(2)梁柱腹板局部凹凸变形。当钢结构构件的梁柱腹板局部出现变形时,首先要观察受拉伸区域是否存在裂缝。如果出现裂缝,需要计算凹凸部分对腹板截面的削弱比例,如超过25%就要进行加固处理。

(3)节点板弯折变形。弯折点也是构件出现变形的多发位置,所以对于弯折点变形,也要提高重视,当弯折角度正切值大于0.2时,要结合弯折区域是否出现裂缝进行针对性处理。

3)对钢结构构件变形的处理措施

(1)冷加工。一般来讲,冷加工矫正变形是指通过人工或者机械的方式对产生变形的钢结构构件进行处理的措施。这种处理方式适用于小型钢结构构件或者构件的微变形矫正。但是这种方法有一个使用前提,那就是保证杆件和板件没有裂缝,正型后杆件能够承受一定外力作用正常工作。对钢结构变形一般采用冷加工处理。

(2)热加工。热加工就是通过采用火焰等外部热源,利用温差变化使构件产生变形,恢复本来形状的加工方式。其原理是利用钢材热胀冷缩的特点,先借助工具对变形部位完成拉、压、撑、顶等处理,再使用乙炔气和氧气混合燃料火焰加热,直到变形构件恢复形状。在加热的时候要注意将温度控制在500~700℃之间为宜,避免重复加热。由于热加工会对钢结构带来残余应力,因此需谨慎使用热加工工艺。

8.5.4 斜拉索养护

斜拉桥的桥跨结构的重量和桥上承担的活载的绝大部分都是通过斜拉索传递到索塔上的。斜拉桥均要求其斜拉索具备良好的抗疲劳性能、耐久性、抗腐蚀性和安全性。

1)病害形式和成因

对目前普遍使用的斜拉索进行分析,归纳其主要病害主要有以下几类:

(1)部分设计未在拉索上下索道内填充密封材料或者是使用的填充材料容易老化开裂,导致索道内部积水,更有甚者在拉索下锚具垫板处没有设置泄水槽,造成索道内部在没有张拉索道时就开始有积水,从而导致筒内密封环、连接筒以及锚板、钢丝镦头的锈蚀。

(2)斜拉索在风、雨作用下,或是在桥面、桥塔的振动作用下,或是在上述因素的共同作用下,会发生各种不同机制的振动。有的振动虽然振幅不大,但经常发生;有的振动虽然发生频率不高,但振幅较大。斜拉索振动导致索端接头部位疲劳,在索锚接合处易产生疲劳裂纹,破坏索的防腐系统,严重的造成拉索失效。

(3)施工时上、下锚具封盖固定不牢,锚杯内黄油填充不实,使得雨水很容易进入锚板,而锚具因其构造特征,水分易进难出,容易被侵蚀,且锚具的布置不易于检测,出现问题后一般难以被及时发现。锚杯的构造使得水汽易进难出,容易引起斜拉索的锈蚀。锚具的锈蚀会导致锚端部位斜拉索的腐蚀。斜拉索在锚具连接筒的末端因荷载作用下的变形以及斜拉索自身的振动等常承受反复的弯折作用,疲劳作用明显。

(4)施工时对索体的保护措施普遍不够,施工过程中索体的损伤时有发生。拉索安装过程中,对 PE 护套造成的刻痕和划伤,将会导致拉索在运营后不久就开裂。在施工过程中拉索 PE 护套由于施工时的碰撞导致 PE 护套出现刻痕、破裂,并且对破裂部分现场修补能力有限,使得拉索耐久性降低,护套破损会使得拉索裸露在大气中,容易被雨水侵蚀。

2)维修处治技术

(1)拉索采用的镀锌低松弛平行钢丝及镀锌低松弛钢丝或采用具有轻质、高强、耐腐蚀、耐疲劳热膨胀系数低、成型工艺性好、施工简便等优点。若松弛,拉索将不能承受原来长度的内力,势必引起结构内力的重新分布,使结构内力偏移设计内力。

(2)对钢索进行重点防腐蚀措施,可以采用各种涂层,如油漆、油脂、水泥浆、镀锌等。防护方法大致有如下几种:

①全封闭索防护;

②单根钢索镀锌、铝防护;

③化学涂层法;

④套管压浆法;

⑤直接挤压防套法。

(3)防护可分为临时防护与永久防护,较重要的为永久防护。永久防护可分为内防护与外防护,内防护指直接防止拉索锈蚀,所用材料一般有沥青砂、防锈脂、黄油、聚乙烯塑料泡沫和水泥浆,外防护是保护内防护材料不致流出、老化等。我国一般采用炭黑聚乙烯在塑料挤出机中旋转挤包于拉索上而成的热挤索套防护拉索方法,要做好防护工作必须严格控制生产时各环节与工序,确保质量。

(4)对于施工中或其他原因出现的护套开裂及时进行修补,对于小面积的划伤,深度在 3mm 以下时,可以用专用焊枪用相同的 HDPE 原料覆盖并焊接在损坏处再用电磨机进行表面处理,恢复表面平整。对于比较深、范围较大的损坏,宜采用加热套管进行恢复。

(5)锚固部位外露锚具防护:在锚固结构的锚板上设置法兰连接垫板并进行必要的防锈

处理,周边用密封胶密封;清除锚具外露部分的表面污染和锈蚀后均匀涂刷一层锚具专用长效防护油脂;在法兰垫板表面沟槽内安装密封圈,打上密封胶后安装不锈钢护罩;护罩用合格的不锈钢材料加工制造,过渡连接部位美观,锚端防护罩能全部罩住斜拉索锚具,并与其他密封措施配合形成密封区间;锚管内聚氨酯发泡填充,近年来使用封闭性聚氨酯发泡填充在斜拉索与锚管的间隙内,防止水分和污染物进入斜拉索护筒管内;梁端拉索导管出口处不锈钢防雨罩结构为了防止雨水顺斜拉索索体流入锚管内,避免斜拉索索体与锚管口摩擦伤损,同时使过渡连接部位美观,锚端防护专门设置了不锈钢防雨罩结构。

(6)振动会影响拉索使用性能,缩短使用寿命,可采取减振措施使振动限制在可接受的范围内,即应达到的控振目标:容许振幅等于拉索直径或等于 $L/1700 \sim L/3000$(L 为拉索长度);索的阻尼 $D=0.03$,增加阻尼,可降低振幅;索的受控振型为小于 3Hz 的振型。研究表明,拉索的频率大于 3Hz 后,风雨的激励将不容易使拉索发生有害振动。

(7)耐高应力幅(250MPa)拉索、抗风雨激振拉索、抗腐蚀长寿命拉索、防护层高密度聚乙烯拉索等研发与应用,相对地延长了拉索的使用寿命,可减少换索工程的施工频率。另外,在施工时,应注意配合锚固的构造,合理控制锚杯内锚腔的长度与拉索的折点,保证锚固强度与安全性,最好设置拉索的移动滚道使索体与滚道不产生相对移动,严格控制温度与水分的影响,同时考虑运营时荷载的变化引起的钢丝之间的微动摩擦为 0 而填充油性蜡等,以起到润滑减摩的作用。

(8)加强对拉索索体护套和上、下锚固端检查等。按顺序逐束检查拉索 PE 套管有无开裂、断裂、鼓胀及变形,并做好标记和记录。重点检查索端出索处的钢护筒、钢管与索导管连接处的外观情况。检查拉索的防护层有无裂纹、破损、老化,钢护筒有无松动、脱落、锈蚀,连接处有无渗水、漏水等。按顺序逐束检查塔端和梁端锚具及周围混凝土的情况。检查锚具是否生锈,周围混凝土是否开裂、潮湿,锚具内是否有水存在等。检查拉索锚固区导管端部橡胶套管的水密性,并针对上述检查出来的问题,及时找出解决方案。

(9)斜拉索连接件、耳板、销轴、螺栓等部位暴露在大气中,应注意防水防锈。发生锈蚀时,按下列步骤进行:

①除去表面油脂,采用手工除漆除锈,使构件表面达到 St2.0 级。
②涂刷环氧富锌底漆两道。
③用防锈油脂涂覆。

护套破损应采用绕包带临时密封,绕包带的密封长度应超过破损位置两端各 2 倍索径。

8.5.5 拉索锈蚀的养护

(1)当护套破损并导致钢丝(钢绞线)裸露并出现锈蚀时,应对锈蚀情况进行评估,当认为拉索可继续使用时,可进行锈蚀钢丝(钢绞线)的修复。

(2)切除破损护套,对钢丝(钢绞线)进行除锈处理,涂刷环氧富锌漆并填充防锈油脂。钢丝(钢绞线)锈蚀程度改善后,应修复护套并封闭索体。

(3)拉索钢丝(钢绞线)严重锈蚀或出现断丝,经评估无法继续利用的,应进行更换钢绞线或换索。

一般认为,经检查钢丝劣化等级在Ⅳ级或Ⅳ级以上,断丝不超过 5% 或断丝与钢丝锈蚀削弱截面合计不超过 5%时,可不进行斜拉索的更换。钢丝锈蚀程度分级描述见表 8-10。钢丝锈蚀程度分级标准图谱如图 8-11 所示。

钢丝锈蚀程度分级描述　　　　　　表 8-10

锈蚀等级	描　　述
Ⅰ	钢丝完好无锈,表面泛着金属光泽
Ⅱ	钢丝表面出现白色镀锌锈蚀粉末,但钢丝基质没有锈蚀
Ⅲ	钢丝表面局部镀锌耗尽,基质锈蚀导致黄色斑点出现。用钢丝刷、抹布清洁这些黄色斑点后,钢丝恢复光滑外表,有肉眼可见的锈蚀痕迹
Ⅳ	钢丝表面出现黄色斑点,且无法用钢丝刷清洗
Ⅴ	钢丝表面黄色锈斑颜色变深,数量增多,部分锈斑连接成片,但铁锈覆盖的面积比锌粉面积小。锈斑中心出现易剥落的锈蚀产物,除锈后可见浅坑
Ⅵ	钢丝表面锈斑成片出现,铁锈覆盖的面积比锌粉的面积大。锈蚀产物膨胀隆起,除锈后钢丝表面出现明显凹坑
Ⅶ	镀锌耗尽,钢丝严重锈蚀,除锈前即可发现明显截面损失
Ⅷ	钢丝截面损失 80% 以上,可视为断裂

图 8-11　钢丝锈蚀程度分级标准图谱

8.5.6　拉索异常振动的抑制

拉索异常振动的抑制采用阻尼减振法与增设辅助索法。

(1)因阻尼器失效导致斜拉索异常振动的,应及时修复或更换阻尼器。

(2)阻尼器工作正常而因参数差异不能有效减振的,应结合观测结果和理论计算,更换为参数合适的外置式阻尼器。

增设辅助索。采用连接器或辅助索将若干根索相互连接起来,形成索网体系。在应急处治时,可采用临时钢丝绳将拉索与梁体上的牢固构件连接固定。阻尼减振法的作用机理就是通过安装阻尼装置,提高拉索的阻尼比,从而抑制拉索的振动。它对涡激共振、尾流驰振、雨振以及由支座激励引起的拉索共振和参数振动都能起到较好的抑制作用。根据与拉索的相互关系，阻尼装置又可分为安放在套筒内的内置式阻尼器和附着于拉索之上的外置式阻尼器。阻尼器减振效果好，施工简便；但价格相对较高，接头容易开裂渗水。

通过连接，将长索转换成为相对较短的短索，使拉索的振动基频提高，从而抑制索的振动。该法对防止低频振动十分有效，同时也能降低雨振以及单根索振动发生的概率，但对通常以高阶形式出现的涡激振动抑制作用不明显（4 阶以上）。另外，辅助索易疲劳断裂，对桥梁景观有一定影响。

8.5.7 拉索索力调整

以下情况下需要进行拉索索力调整：
(1) 由于索力偏差导致主梁线形异常、波浪起伏、跨中下挠、主梁结构开裂。
(2) 索塔轴线存在不符合设计的偏位。
(3) 规模加大的桥梁修复养护后，桥面铺装更换，恒载分布有改变时。
(4) 重大突发损伤事件后，经检测桥梁存在上述(1)~(3)的情况时。

8.5.8 拉索更换

以下情况下需要进行拉索更换：
(1) 拉索钢丝严重锈蚀或出现断丝，经评估无法继续利用。
(2) 拉索护套损伤严重且无法修复。
(3) 锚具损坏且无法修复。
(4) 荷载增加或其他因素导致索力超出安全限值，且通过调索无法解决。
(5) 拉索使用年限超过设计使用寿命，经评估后需要进行更换。
(6) 重大突发事件造成斜拉索严重损伤的，如桥面火灾、车撞、地震等。
(7) 拉索存在其他严重损伤且无法修复。

8.5.9 钢—混凝土组合梁养护

1) 病害形式和成因

(1) 裸露钢梁的锈蚀。钢梁暴露在空气、水汽、工业烟尘以及其他化学和污染物的环境当中，容易发生化学反应或者是电化学反应，尤其是当油漆退化以及桥面板防水失效时。油漆防护是保证钢梁耐久性的重要手段，也是钢桥维护的主要项目。因此当油漆退化后，其直接后果就是导致钢构件锈蚀，严重锈蚀会导致截面损失，锈坑处产生应力集中。如若发生在设计控制部位，将严重降低结构的疲劳性能及承载能力。桥梁端部的伸缩装置、支座附近、桥面结构、主梁截面构件内侧等易于积水和积尘的地方是容易发生锈蚀的部位，造成钢构件板厚变薄。在钢梁构件的焊接点处也容易发生锈蚀。

(2) 钢梁疲劳。钢结构桥梁在汽车荷载作用下，容易产生疲劳裂纹，可能导致构件脆性断裂。引起构件疲劳开裂的内因主要是材料缺陷和应力集中，外因主要是重复活载作用下产生的应力循环。超载、车辆撞击和截面锈蚀等因素增加了裂纹扩展和构件断裂的可能性。

(3) 钢—混凝土组合连续梁混凝土翼板纵向开裂。剪力键在钢—混凝土组合梁中起着重要的作用,主要用来承担钢梁与混凝土翼板之间的纵向水平剪力,并抵抗两者之间的掀起作用。钢—混凝土组合梁中,相当宽的混凝土翼板沿一个狭窄的接触面承受钢梁通过剪力连接件传来的剪力,将在混凝土翼板的接合面附近产生较大的剪应力。所以在组合梁中,尤其是单排栓钉连接的"工"字形截面组合梁常发生混凝土翼板的纵向开裂。混凝土翼板的纵向开裂将导致混凝土翼板的纵剪强度成为梁破坏的控制条件。如果没有足够的横向钢筋来约束裂缝的发展,组合梁的剪力连接程度就会降低,使得组合梁达不到设计承载力而提前破坏。从国内外许多试验和资料来看,这一问题是较为普遍和严重的。

(4)钢—混凝土组合连续梁负弯矩区混凝土桥面板横向开裂。混凝土翼板受压,钢梁受拉是钢—混凝土组合梁的最有利受力状态,但是在连续梁中支点负弯矩区不可避免地会出现混凝土翼板受拉而钢梁受压的不利状态,易在中支点负弯矩区出现混凝土开裂的情形。当负弯矩区处混凝土裂缝较大时,将会导致混凝土板中钢筋锈蚀,影响结构的耐久性,同时开裂严重还会使得主梁漏水、腐蚀,影响结构的外观,给人以不安全感。

(5)混凝土桥面板局部破裂或腐蚀。由于重载交通的反复作用、桥面防水失效及融冰盐的化学腐蚀作用,使得混凝土桥面板局部或大面积开裂、损伤严重。混凝土板中的受力钢筋出现锈蚀,进而使得混凝土桥面板承受局部车轮荷载的能力明显下降。从某种意义上讲,这将降低桥梁的承载能力,同时也降低了桥梁的适用性和耐久性。

(6)剪力键剪断。剪力键的作用是保证桥面板混凝土及钢梁共同工作,因此它承受着巨大的纵向剪力作用。对于经常超载的桥梁,由于纵向剪力过大或者反复作用导致剪力键疲劳将会引发剪力键弯曲或剪断。出现这种情况时,会明显地发现梁段的钢梁与混凝土桥面板间发生相对错位,这时剪力键起不到应有的作用,组合梁桥已演变成叠合梁桥。

(7)其他问题。对于钢—混凝土连续梁桥,钢梁受压区的腹板或底板会因偶然的超载或升温作用而产生局部鼓包,即局部失稳现象。这种局部失稳如不及时修复,亦会降低整体结构的抗失稳能力,进而间接降低桥梁的承载能力。

2)维修处治技术

(1)钢梁裂纹或锈蚀等缺陷的修补。当钢梁出现裂纹进行修补时,如仅以焊接和增加盖板等将裂纹堵塞一下,是不能解决问题的。必须充分调查裂缝发生部位的钢材质量、焊接状态、应力状态、锈蚀状况和疲劳状态等,依据调查的结果采取对策。有时为了改善材质,必须更换构件;为了改善应力状态,必须优化构造细节或变更结构;当钢梁发生锈蚀时,必须及时除锈,并按钢结构的防腐要求进行防腐处理。

(2)混凝土桥面板更换。由于受到车辆局部荷载的反复作用及混凝土碳化、钢筋锈蚀,桥面板抗弯能力相对较弱,钢—混凝土组合梁桥的桥面板使用寿命一般应低于其钢梁的使用寿命。当混凝土桥面板局部破裂或腐蚀严重时,需要局部或整体更换混凝土桥面板。在凿除混凝土桥面板后,应同时检查剪力连接件的使用情况,必要时可更换或增加剪力连接件数量后,再重新浇筑桥面板。

(3)更换剪力键。当发现梁端的混凝土桥面板与钢梁明显错位时,表明剪力键已因疲劳或纵向剪力过大而失效。在此情况下,必须凿除混凝土桥面板。更换剪力键并重新浇筑混凝土桥面板,否则钢—混凝土组合梁将蜕化为钢—混凝土叠合梁,其挠度将明显增大,承载能力将大幅降低。

（4）钢板局部失稳的处理。对于局部失稳的钢板可采取局部更换钢板、局部粘贴或加焊钢板及箱内局部增加横向或纵向加劲肋的措施，以增加其局部稳定性。

8.5.10 索塔养护

1）病害形式和成因

斜拉桥的索塔大部分都是混凝土索塔，索塔存在混凝土结构的一般常见病害，如破损、开裂等。同时，由于主缆和斜拉索均和混凝土塔进行连接，故在其连接处的混凝土较为脆弱，更加容易发生混凝土破损、开裂等现象。

雨水等对混凝土桥塔也有一定的损伤作用，由于桥塔内部为中空结构，容易产生积水，长久作用下将对桥塔混凝土产生腐蚀作用。

2）维修处治技术

（1）对于索塔纵、横向裂缝以及大量的不规则裂缝，处理方法主要有表面处理法和结构补强加固法。

（2）预应力混凝土构件锚固端的封端混凝土出现裂缝、剥落、渗漏、穿孔、预应力锚具暴露时，应及时对预应力锚具刷防锈漆，重做封端混凝土。

（3）锚固螺栓无松动、拉索锚头无锈蚀的，对油漆局部破损及时修补。

8.5.11 桥面板补强处治

（1）先凿去桥面铺装层及桥面防水层，然后凿除梁顶面混凝土，使表面粗糙凹凸差不小于6mm。桥面板若出现裂缝，应按规范要求进行修补。

（2）凿除梁顶面混凝土破损部分，被凿除部分可先行修补或与桥面混凝土补强层同时浇筑，修补完成后应恢复桥面防水层。

（3）采用植筋方法设置锚固钢筋，植筋方法应符合相关规范要求。

（4）浇筑混凝土前应清洁表面并保持湿润；新浇混凝土应振捣密实并及时养生。

（5）运营中桥梁的加固，宜配制早强混凝土，并通过加强现场养生等有效措施来保证混凝土早强强度的增长。

桥面铺装补强加固现场如图8-12所示。

图8-12 桥面铺装补强加固现场

8.5.12 粘贴钢板加固处治

1)钢板制作

(1)钢板下料宜采用工厂自动、半自动切割方法,切割边缘表面光滑,无毛刺、咬口及翘曲等缺陷。

(2)钢板黏合面可用喷砂或平砂轮打磨直至露出金属光泽,打磨纹路应与钢板受力方向垂直,钢板黏结面应有一定的粗糙度;钢板外露面必须除锈至呈现金属光泽并保持干燥。

(3)按锚栓设计位置对钢板钻孔。孔的边缘应清除毛刺。

2)胶黏剂制作

胶黏剂应满足设计要求的各项力学指标和耐久性要求,其质量应符合《公路桥梁加固设计规范》(JTG/T J22—2008)中第4章的相关规定。

3)植筋

(1)采用植筋法安装螺栓时,应采用与螺栓直径配套的钻头进行钻孔。植筋钻孔直径见表8-11。

植筋钻孔直径(单位:mm) 表8-11

钢筋公称直径	钻 孔 直 径	钢筋公称直径	钻 孔 直 径
6	10	18	22
8	12	22	28
10	14	22	28
12	16	25	30
14	18	28	35
16	20	32	38

(2)在钻孔前应探明钢筋位置,并做标记,当钻孔与钢筋位置冲突时,适当调整孔位,并按调整的孔位安装钢板。

(3)钻孔应清理干净、保持干燥,不得有油污。

(4)植筋施工工艺流程如图8-13所示,机械型锚栓施工工艺流程如图8-14所示,注射式化学锚栓施工工艺流程如图8-15所示,管式化学锚栓施工工艺流程如图8-16所示。

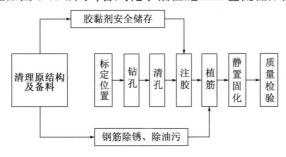

图8-13 植筋施工工艺流程

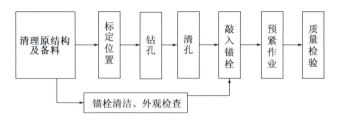

图 8-14　机械型锚栓施工工艺流程

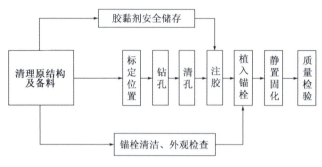

图 8-15　注射式化学锚栓施工工艺流程

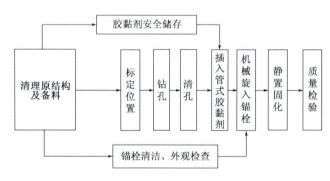

图 8-16　管式化学锚栓施工工艺流程

4）钢板的安装与锚固

（1）钢板粘贴应选择在干燥环境下进行。

（2）将配好的胶黏剂均匀地涂抹在清洁的混凝土和钢板条黏结面上。立面涂胶应自上而下地进行。

（3）钢板条黏结面上的抹胶可中间厚两边薄,板的中央涂抹胶的厚度为 3～5mm。将钢板平稳对准螺栓孔并迅速拧紧螺母,使钢板与混凝土密合,清除挤出的多余胶黏剂。钢板加压应由中间向两边对称进行。

（4）钢板厚度大于 5mm 时,采用压力注胶黏结,先用封边胶将钢板周围封闭,留出排气孔,在钢板低端粘贴注浆嘴并通气试漏或以不小于 0.1MPa 的压力压入胶黏剂,当排气孔出现浆液后停止加压,并用封边胶封堵,再以较低压力维持 10min 以上。

（5）加固用钢板应按设计要求进行涂装防护处理。

桥梁粘贴钢板加固现场如图 8-17 所示。

图 8-17　桥梁粘贴钢板加固现场

8.5.13　粘贴纤维复合材料加固处治

1) 底层处理

(1) 用裂缝修补胶灌注结构裂缝,其施工工艺流程如图 8-18 所示。

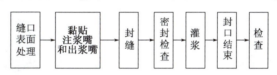

图 8-18　注浆工艺流程图

(2) 将混凝土表面剥落、疏松、蜂窝、腐蚀等劣化部分清除,并进行清洗、打磨,待表面干燥后,用修补材料将混凝土表面凹凸部位修复平整。如果有毛刺,应用砂纸打磨。找平面用手触摸感觉干燥后,才能进行下一步工序的施工。

(3) 粘贴处阳角应打磨成圆弧状,阴角以修补材料填补成圆弧倒角,圆弧半径不应小于 25mm。

2) 涂刷底胶

(1) 调制好的底胶应及时使用,用一次性软毛刷或特制滚筒将底胶均匀涂抹于混凝土表面,不得漏刷、流淌或有气泡。待底胶固化后检查涂胶面,如涂胶面上有毛刺,应用砂纸打磨平顺,如胶层被磨损,应重新涂刷,固化后方可进行下一道工序。

(2) 底胶固化后应尽快进行下一道工序,若涂刷时间超过 7d,应清除原底胶,用砂轮机磨除,重新涂抹。

3) 粘贴纤维复合材料

(1) 雨天或空气潮湿条件下不宜施工。对玻璃纤维复合材料,相对湿度不宜大于 80%。如确需在潮湿的构件上施工,必须烘干构件表面或采用专门的胶黏剂。

(2) 纤维复合材料粘贴宜在 5～35℃ 环境温度条件下进行,胶黏剂的选用应满足使用环境温度的要求。

(3) 在待加固的混凝土表面按照设计图纸放样,确定纤维复合材料各层的位置。

(4) 按照设计尺寸裁剪纤维复合材料,纤维复合材料搭接长度不宜小于 100mm,搭接位置宜避开主要受力区。裁剪的纤维布材必须呈卷状妥善摆放并编号。已裁剪的纤维复合材料应尽快使用。

(5) 粘贴纤维复合材料前,应对混凝土表面再次试擦,确保粘贴面无粉尘。混凝土表面刷涂胶黏剂时,应做到胶体不流淌、胶体涂刷不出控制线、涂刷均匀。

(6) 粘贴立面纤维复合材料时,应按照由上到下的顺序进行。用滚筒将纤维复合材料从一段向另一端滚压,除去胶体与纤维复合材料之间的气泡,使胶体渗入纤维复合材料,浸润饱满。选用的滚筒应在滚压过程中不产生静电作用。

(7) 当采用多条或多层纤维复合材料加固时,在前一层纤维布表面用手指触摸感到干燥后,立即涂胶黏剂粘贴后一层纤维复合材料。

(8) 最后一层纤维复合材料施工结束后,在其表面均匀涂抹一层浸渍树脂(面层防护),自然风干。

(9) 对于受弯构件宜在受拉区沿轴线平直粘贴纤维复合材料进行加固补强,并在主纤维方向的断面端部进行锚固处理。

(10) 当采用碳纤维板加固时,不宜搭接,宜按设计尺寸一次完成下料。

纤维复合材料普通粘贴加固现场如图 8-19 所示,施加预应力的纤维复合材料加固现场如图 8-20 所示。

图 8-19　纤维复合材料普通粘贴加固现场

图 8-20　施加预应力的纤维复合材料加固

8.5.14　体外预应力加固处治

1) 预应力钢筋加工与运输

(1) 预应力所用的粗钢筋、钢绞线等预应力材料在下料安装之前要密封包裹,防止锈蚀。

(2) 运输过程中要防止钢材之间相互碰撞而变形损坏。预应力材料必须保持清洁,在存放和搬运过程中应避免机械损伤和锈蚀。

(3) 钢绞线、精轧螺纹钢筋应采用切断机或砂轮锯切断,不得采用电弧切割。预应力筋的下料长度应通过计算确定,计算时应考虑张拉设备所需的工作长度、冷拉伸长值、弹性回缩值、张拉伸长值和外露长度等因素。

2) 安装与张拉

(1) 按设计要求增设转向块或齿板,并安装锚具。

(2) 对称均衡张拉至设计吨位。

施加张拉力顺序可为:0→15%→0→50%→80%→100%。张拉方法按相关规范执行。

3)施工监控

在控制张拉力和伸长量的同时,应对控制截面和关键位置应变计主梁挠度进行监控。

4)齿板、转向块及滑块

(1)齿板。

①按照设计图纸进行齿板放样,若原结构预应力筋与新增齿板位置冲突,经设计方同意后方可调整齿板位置。

②凿除底板混凝土保护层,露出新鲜混凝土面,将混凝土碎渣清理干净,使底板纵向和横向钢筋外露,并对钢筋除锈。

③按设计要求植筋。待固化后绑扎齿板钢筋骨架,调准锚具位置及角度。

④立模浇筑齿板混凝土,待混凝土强度达到设计值后方可张拉预应力束。

(2)转向块。

新浇混凝土转向块与梁体间连接处须凿毛处理,需植筋时参照相关要求执行。

(3)滑块。

①当滑块为混凝土构件时,应预留预应力钢筋孔道。

②水平滑块的钢垫板应粘贴在梁的底面。

5)防腐与防护

体外预应力筋张拉后应按设计要求进行防腐处理。当体外预应力筋采用成品索时,可不采取防腐措施。变截面箱梁体外预应力加固现场如图8-21所示。

图8-21 变截面箱梁体外预应力加固现场

8.6 应急养护

8.6.1 一般规定

依据《公路养护工程管理办法》中应急养护的定义以及具体作业内容,应急养护可归纳为三部分内容,即:障碍物清理;抢通、保通、抢修;重大风险应急处治。

应急养护是针对在突发情况下造成公路损毁、中断、产生重大安全隐患等,为较快恢复公路安全通行能力而进行的养护,应围绕下列内容进行:

(1)对自然灾害或其他突发事件造成的障碍物的清理。

(2)公路突发损毁的抢通、保通、抢修。

(3)突发的经判定可能危及公路通行安全的重大风险的处治。

8.6.2 应急养护流程

(1)开展现场勘查、应急检测及收集资料工作(竣工图、地勘资料、交通量、养护历史、近期检测报告、现场影像资料等),三项准备工作可交叉开展。

(2)分析评估(根据收集的资料及现场调查结果分析原因,判断损毁程度,评估稳定状况、发展趋势等内容)。

(3)制订方案。根据分析结果,结合公路等级、交通情况、施工条件等综合考虑应急处治技术方案,包含处治措施、工程量、施工及验收要点、应急预案等内容。必要时可提供应急监测方案,明确监测点和监测方法等内容。

(4)施工期进行动态设计,根据施工实施情况及时优化调整技术方案。

8.6.3 应急养护分类

桥梁应急养护分类见表8-12。

桥梁应急养护分类　　　　　　　　　　　　　表8-12

序号	应急分类	具体应急类型
1	灾害类	地震、滑坡、水毁、泥石流等
2	碰撞类	车辆撞击、船舶撞击等
3	火灾类	火灾、爆炸
4	其他	超载

桥梁应急养护的病害与缺陷见表8-13。

桥梁应急养护的病害与缺陷　　　　　　　　　　表8-13

序号	病害与缺陷	病害描述
1	整体垮塌	因自然灾害或车辆超载、剧烈爆炸、撞击等突发事件引起整体垮塌
2	主梁损伤	因突发事故造成主梁变形过大,丧失承载能力,甚至局部压塌
3	桥面板损伤	桥面板因荷载作用过大出现严重开裂和塌陷
4	墩台损伤	因撞击造成局部破损露筋或墩台出现较大变形
5	基础损伤	因水毁或人工因素造成基础埋深不足而造成的损毁
6	支座损伤	支座出现脱空;剪切和压缩变形过大;支座垫石碎裂,支座支撑功能失效

8.6.4 应急养护前应急检查

桥梁应急养护实施前应急检查内容见表8-14。

桥梁应急养护实施前应急检查内容   表8-14

序号	应急分类	检查内容
1	垮塌类	是否存在垮塌、落梁;上下结构是否有危及桥梁安全的重大损伤或其他重大灾情,承载力评定
2	碰撞类	是否存在失稳、桥梁整体移位,受撞击部位损伤情况
3	火灾类	受火区域划分,火场温度推定,裂缝检查,变形检查,材质检查,承载力评定
4	其他类	是否存在结构性裂缝、下挠、水平移位等

8.6.5 桥梁整体垮塌应急养护

当面对江河、沟谷等障碍,无条件修建应急便道时,可架设临时桥梁实现保通。

应急桥梁多采用装配式钢桥,常用于道路抢修或者危桥、断桥上架设桥上桥。常用的装配式钢桥类型有"321"装配式公路钢桥、200型装配式公路钢桥。

临时桥梁如图8-22所示。

图8-22 临时桥梁

8.6.6 主梁损伤应急养护

(1)因超载车辆碾压或车辆撞击,主梁出现裂缝时,可采用粘贴钢板或碳纤维等应急措施,快速恢复主梁承载能力,降低安全隐患。

(2)当桥梁破损严重,粘贴钢板或碳纤维不能满足承载能力要求时,可采用临时支撑防止破损加剧,支撑方式有钢管支撑和支架支撑。

(3)当主梁遭受严重撞击或碾压,破坏导致承载能力不能满足原设计荷载要求时,应对受损主梁采取拆除更换处理。

8.6.7 桥面板损伤应急养护

(1)当桥面板只是小面积开裂或塌陷时,可采用钢板覆盖破损部位,来满足暂时行车的需要,防止破损加剧。

(2)当桥面板破损开裂面积较大,钢板覆盖已不能满足要求时,可对受损伤处的桥面板进行临时支撑加固,支撑的方式可采用钢管支撑或排架支撑,根据现场条件选取。

(3)当桥面板破损开裂面积较大,且受桥下空间的限制,不能用临时支撑时,可以采用桁架支撑。

8.6.8 墩台损伤应急养护

(1)墩台空间受限,尺寸不宜增大时,可采用钢套管进行应急抢修,提高桥墩底部抗撞能力,防止再次撞击损伤。

(2)当桥墩被车辆撞击产生裂缝且露筋时,可利用树脂类材料将FRP(增强纤维复合材料)粘贴于墩柱表面,封闭裂缝,恢复核心混凝土的强度和延性,通过高强纤维布的横向裹筋,提高其承载力。

(3)当墩柱加固空间受限要求不高时,可采用绕丝加固技术进行墩柱的加固,提高墩柱轴压承载力,有效地约束混凝土侧向变形。

(4)当桥梁中墩受到撞击或桥台受到洪水冲刷,造成墩台破损、上部结构沉降时,可用千斤顶顶升,然后设置临时支撑。

8.6.9 基础损伤应急养护

(1)卵石沉积层较厚的河床上修建的桥梁基础,受洪水冲刷造成局部悬空,可采用灌浆法进行处理。

(2)基础承载力不足或稳定性较差的,可采用桩基法在桩基础的周围增加钻孔桩或预制桩,并相应扩大原承台。

(3)受洪水冲刷后只是基础外露,为防止基础进一步遭冲刷破坏,可采用石笼防护应急处理。

8.6.10 支座损伤应急养护

(1)针对支座脱空,可采用加垫钢板、灌浆处理、施加配重以及可调支座垫石等应急措施。

(2)当支座发生剪切变形、压缩变形或腐蚀破坏时,应对损坏的支座进行更换。

Part 3 第三部分

健康监测

第9章 健康监测概述

9.1 监测背景

20世纪90年代,结构控制研究热点转向有关结构安全的运营期监测系统。随后,该系统逐渐受到关注并得到很大的发展,尤其是近年随着大跨径桥梁的轻柔化及形式与功能的复杂化,服务于桥梁养护管理的运营监测系统已经成为国内外学术界、工程界的研究热点。许多国家都在一些已建和在建的大跨桥梁上进行了有益的尝试。

1987年,英国在总长522m的三跨变高度连续钢箱梁桥Foyle桥上布设传感器。此后建立运营监测系统的典型桥梁还有挪威的Skamsundet斜拉桥(主跨530m);美国的Sunshine Skyway Bridge斜拉桥(主跨440m);丹麦的Faroe跨海斜拉桥和主跨1624m的Great Belt East悬索桥;墨西哥的Tampico斜拉桥;英国的Flintshire独塔斜拉桥;加拿大的Confederation连续刚构桥;日本的明石海峡大桥;韩国的Soe-Hae斜拉桥;泰国的Rama8桥(独塔斜拉桥);我国香港的青马大桥、汲水门大桥和汀九大桥。我国内地的虎门大桥、徐浦大桥、江阴长江大桥等桥梁上也建立了不同规模的运营期监测系统。

基于对运营阶段监测系统重要性的认识,并受到以往桥梁结构监测系统成功经验的启发,国内外许多建设完成或准备建设的重要桥梁在建设初期就已经考虑安装有关桥梁运营期的监测系统。

已经安装结构监测系统的部分桥梁取得了较好的效果,如香港青马大桥安装的 GPS 位移监测系统就成功地实现了大桥的三维空间位置的实时监测,结合风速仪和温度仪,系统对警戒风进行成功预报并及时封闭桥梁,合理地进行交通管理,保证了民众的生命与财产安全。在大风后,利用系统拾取到的加速度传感器信息进行模态分析,对风产生的小病害及时处理,实现了实时或准实时的损伤检测,及时发现桥梁的损伤与质量退化点,对青马大桥在使用过程中出现的损伤进行定性、定位和定量分析,实现了防患于未然。此外,系统还能够对检测出来的损伤进行原因分析,提供维修建议等。

自 1995 年起,美国的 Kishwaukee 桥的监测系统一直在发挥着积极的作用,系统中的 LVTD 差动变压位移传感器(Linear Variable Differential Transformer,LVTD)裂纹监测仪成功地对桥梁的裂纹扩展情况进行了实时监测,并结合系统中的位移、应力监测,对超限车辆通行后该桥产生的危害进行了预警报告,经验证后及时修复桥梁,避免了病害的进一步恶化,节省了后期的维修费用,保证了桥梁的安全运营。

另外,钱塘江四桥桥梁结构监测系统利用 EM 传感器对吊杆索力进行了成功的实时监测;郑州黄河大桥远程振动和预报系统通过监测桥址环境、列车速度、桥梁振动位移及加速度等建立一套振动监测预报系统,在运营过程中,一旦发现桥梁振幅超限,可采取相应的维护措施,保证列车过桥安全;芜湖长江大桥长期监测、安全评估及报警系统通过监测列车荷载、行车速度、环境温度、桥梁位移、桥梁振幅等建立分级预警机制,定期自动或手工进行结构健康状况分析评价,为运营决策与管理提供依据。

国内外部分已装监测系统桥梁信息见表 9-1。

国内外部分已装监测系统桥梁信息表 表 9-1

桥 梁 名 称	结 构 类 型	跨径(m)	国家或地区
Fred Hartman 桥	斜拉桥	160.6 + 416.6 + 160.6	美国
明石海峡大桥	悬索桥	960 + 1991 + 960	日本
多多罗大桥	斜拉桥	270 + 890 + 270	日本
Flintshire 桥	斜拉桥	194 + 100	英国
Forth 公路桥	悬索桥	408 + 1006 + 408	英国
Saohae 桥	斜拉桥	60 + 200 + 470 + 200 + 60	韩国
Great Belt 桥	悬索桥	535 + 1624 + 535	丹麦
Normandie 桥	斜拉桥	856	法国
Skarsundet 桥	斜拉桥	240 + 530 + 240	挪威
俄罗斯岛大桥	斜拉桥	主跨 1104	俄罗斯
昂船洲桥	斜拉桥	289 + 1018 + 289	中国香港
鄂东长江大桥	斜拉桥	265 + 926 + 265	中国
苏通长江公路大桥	斜拉桥	500 + 1088 + 500	中国

目前,桥梁运营阶段监测管理系统的基本发展趋势是将结构安全监测与养护管理结合起来,形成相互交叉的系统。该系统重视对结构重点部位的自动监测采集,对全线桥梁结构实行在养护手册定制的前提下规范化的人工巡检,并通盘考虑不同类别数据信息的整体和合理利用,搭建多内核、多层次的评估预警体系,通过最终的评估结果,给出合理的养护建议和决策依据。

9.2 行业要求

近年来,随着信息化技术的不断进步,桥梁结构的健康监测逐步得到了全行业的重视和推广,交通运输部文件、相关桥梁的设计规范及行业规范均对监测系统提出了明确的要求。

(1)《公路桥梁养护管理工作制度》(交公路发〔2007〕366号)明确提出了需要对特大桥梁进行运营期养护管理平台的要求:"(三)对特别重要的特大桥,应建立符合自身特点的养护管理系统和安全监测系统";"第六章 技术档案管理"中明确提出需要建立大跨径桥梁结构的电子档案:"第三十二条 桥梁管养单位和监管单位应建立健全公路桥梁技术档案管理制度,大力推广应用公路桥梁管理系统,及时更新桥梁技术数据,保证公路桥梁技术档案真实完整,实现电子化管理。特别重要的特大型桥梁应建立符合自身特点的电子档案管理系统和养护管理系统。"

(2)2011年9月14日,交通运输部印发《"十二五"公路养护管理发展纲要》,第十二条规定:"严格执行《公路桥梁养护管理工作制度》,全面落实桥隧养护的技术政策和管理制度;加强长大桥隧安全运营管理,强化健康监测和实时监控系统建设。"

(3)根据《工程建设标准强制性条文》规定:"大桥、特大桥或重要结构在施工阶段,对结构物的应力、变形值应有针对性的施工监测控制,以保证结构物的强度和稳定"。因此,对大桥进行全过程施工监测和控制是尤为重要的。

(4)2020年12月28日,交通运输部下发文件《关于进一步提升公路桥梁安全耐久水平的意见》(交公路发〔2020〕127号),明确要求加强桥梁结构健康监测。健全完善公路桥梁基础数据库,完善、更新桥梁档案,落实分级建设、全面完整、规范管理、动态更新工作要求。统一数据标准和接口标准,推进数字化、信息化、智能化,2025年底前实现跨江跨海跨峡谷等特殊桥梁结构健康监测系统全面覆盖。依托监测系统开展日常管理,健全完善长期运行机制,不断拓展系统功能,持续建设覆盖重要公路桥梁的技术先进、经济适用、精准预警的监测体系,进一步提升监测系统的实效性、可靠性和耐久性。

(5)2021年3月,交通运输部下发《公路长大桥梁结构健康监测系统建设实施方案》,要求按照"安全第一、预防为主,明确责任、分级管理,突出重点、分步实施,单桥监测、联网运行"的原则,对跨江跨海跨峡谷等长大桥梁结构健康开展实时监测,动态掌握长大桥梁结构运行状况,着力防范化解公路长大桥梁运行重大安全风险,进一步提升公路桥梁结构监测和安全保障能力。

(6)《公路桥涵设计通用规范》(JTG D60—2015)第3.8.6条明确要求"技术复杂的大型桥梁工程可根据需要设置必要的结构监测设施"。

(7)《公路工程特殊结构桥梁项目设计文件编制办法》(交公路发〔2015〕69号)中明确要求,运营期内的安全监测方案应在初步设计阶段进行同步设计。

9.3 监测系统一体化建设理念

大型桥梁运营监测与养护管理不只是传统的桥梁检测和结构评估技术的叠加,而是被赋予了结构监测与评估、设计验证和研究与发展三方面的意义。因此,鉴于大桥的重要地位和技术特点,为确保结构运营阶段的安全并满足主体结构100年设计基准期的需要,结构运营监测与养护管理系统的建立显得十分必要。

经过大量调研得知,以往健康监测系统多是在成桥后建立,与设计及施工阶段脱钩,而导致桥梁基础信息的不连续,监测系统的效果不明显。禹门口黄河公路大桥建设之初提出一体化的健康监测系统建设理念,从设计、施工、运营阶段进行统筹考虑,可保证全生命周期系统信息的连续性和关联性,充分发挥系统的功能,进一步指导管养工作。桥梁全生命周期监测包括施工过程监控及运营过程健康监测,不但能保证施工过程中的安全和质量,还可以监测和掌控桥梁在使用过程中的性能退化,为桥梁养护、维修、加固决策等提供重要依据。

桥梁施工控制及长期监测为全寿命分析提供数据库,施工过程监控对主塔施工过程变位及应力、主梁施工过程挠度及应力、各级拉索索力以及桥面板应力进行实时控制,监测数据作为桥梁施工阶段的数据库,是全寿命大数据的重要组成部分;长期健康监测对大桥从运营环境、结构响应(包括基础沉降、塔顶偏位、主梁挠度和应变、拉索索力、振动模态)等方面进行实时监测。施工过程中对结构的关键部位进行监测,如塔偏、主塔及主梁应力、斜拉索索力等,这些信息从施工阶段一直连续监测至运营期。

监测系统一体化应遵循"技术先进、经济适用、精准预警"的原则,建立监测体系,并保证监测系统的实效性、可靠性和耐久性。

通过多尺度的模型修正、多参数施工监测、运营阶段实时监测形成理论分析数据库、施工阶段数据库、运营阶段数据库三位一体的桥梁全寿命数据管理平台(图9-1)。

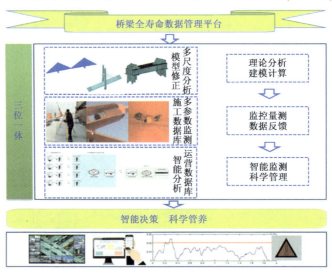

图9-1 一体化系统建设理念

本桥的监测系统具有如下特点：

(1)能保证数据的连续性，从施工阶段开始对结构关键部位受力进行监测，并与运营阶段无缝衔接，测试数据可真实、全面地反映结构现状。

(2)能够检测桥梁的整体工作性能，以及对一些人工无法到达的隐蔽部位进行监测。

(3)实现实时或准实时的损伤检测，及时发现桥梁的损伤与质量退化点，对大型桥梁结构在使用过程中出现的损伤进行定性、定位和定量分析，实现防患于未然。

(4)利用收集到的特定信息对大桥状态和安全进行评估，为管理者提供桥梁维护管理的重点，能科学地指导工程决策，实施有效的养护、维修与加固工作，节约维护经费。

(5)在突发性事件(如强烈地震、强台风或其他严重事故等)之后可对桥梁进行评估。

桥梁结构全寿命监测平台提供良好的人机交互界面，能够对测试数据分析处理，可显示实时监控的数据，也可将历史数据调出进行显示，对数据进行各类分析处理、统计分析，可进行结构安全状况的预报警。监测信息可通过云端及手机客户端实时查看，真正实现全生命周期关键信息的互联共享。

9.4 监测需求与指标选取

桥梁建成投入运营后，其工作状态在一定程度上取决于养护管理水平，而桥梁的养护既离不开先进的养护技术和科技手段，更离不开先进的科学管理。通过建立桥梁的运营期的监测系统，利用收集到的特定信息对大桥状态和安全进行评估，给管理者提供桥梁维护管理的重点，能科学地指导工程决策，实施有效的保养、维修与加固工作，节约大量的后期维护经费，提高桥梁养护管理水平。鉴于大桥的重要地位，根据成桥后运营维护、确保运营和结构安全的需要，对其进行长期的运营安全监测是十分必要的。

禹门口黄河公路大桥为主跨565m的钢—混凝土组合梁斜拉桥，主桥设计采用半漂浮体系，全长1055m，跨径组合为(245+565+245)m，边跨设计无辅助墩。索塔采用"H"形钢筋混凝桥塔，塔高171.3m。主梁为双"工"字形钢梁+混凝土桥面板组合梁，梁高2.8m。斜拉索采用OVM250平行钢绞线拉索体系。同时桥位处位于陕晋峡谷出口，常年大风，运营环境恶劣，《禹门口黄河公路大桥两阶段施工图设计》图纸在设计说明中明确要求对该桥建立在线监测系统进行长期监测，并在初步设计阶段进行了监测系统的方案设计。

根据本桥的技术特点及运营环境特点，确定监测指标主要包括主梁挠度、塔顶偏位、结构应变、斜拉索索力、伸缩缝纵向位移、支座竖向位移、风速和振动加速度。其中，主梁挠度、塔顶偏位、结构应变、斜拉索索力均是与结构安全直接相关的关键指标。本桥跨径较大，伸缩缝纵向变形较大，对其纵向变形进行监测以掌握变形规律。半漂浮体系，支座反力较小，故有必要对其竖向位移进行监测。由于处在特殊的风场环境下，风速监测对桥梁施工和安全运营意义重大。振动加速度是反映结构固有属性或受到外部激励情况的重要指标。

第10章 健康监测方案

10.1 总体方案与功能

本桥全寿命分析提供数据库建立的关键是将施工控制系统和长期健康监测系统统筹考虑,无缝衔接。结合在线监测系统的建设原则,确定施工控制系统和长期健康监测系统一体化建设的总体思路如下:

事前分析——结合桥梁实际、符合自身特点;

事中研判——技术先进、经济适用、精准预警;

应用达标——实效性、可靠性和耐久性。

施工控制系统和长期健康监测系统的一体化建设具体包含以下几个方面:

(1)根据桥梁设计、施工阶段要求及运营期间的特点,合理设置控制断面,在初级阶段和施工图设计计算阶段进行一体化设计。设计阶段进行测点预留设计,施工相应阶段进行同步安装,施工过程加强测点保护,确保数据的连续性。

(2)采用技术先进、成熟、性价比高的配套设备产品,保证系统的精确性、稳定性;并满足系统改进、扩展和完善的需求。

(3)考虑传感器和配套设备的存活率,设置适度冗余的传感器及相关设备,保证系统的可靠性,数据采集、存储和传输系统的建设需根据不同指标测试频率要求,满足数据的时效性要求。

(4)结合传感器和配套系统的使用寿命,监测系统建设时应便于后续维护。

10.2 系统组成

桥梁结构健康监测系统是集数据采集、数据传输、数据分析、综合评估与预警为一体的系统,根据桥梁结构的特点,以及桥梁预警、管养与评估决策方面的要求,设计整个系统由下列五大系统组成:

(1)传感器子系统。
(2)数据采集与传输子系统。
(3)数据处理与管理子系统。
(4)结构安全评估与预警子系统。
(5)养护管理平台。

桥梁结构健康监测系统的总体构成如图10-1所示。

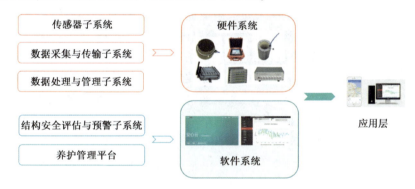

图 10-1 桥梁结构健康监测系统的总体构成

桥梁结构健康监测系统的功能主要是根据大桥自身的结构特点,综合考虑大桥所处的环境和当前的结构状况来设计的,其主要功能如下:

(1)环境荷载监测。禹门口黄河公路大桥位于峡谷风口,桥址处于宽阔水面上,并常伴有强风天气,风荷载的作用会对大桥造成一定的影响;同时,环境温度的改变常引起桥梁结构的胀缩变形,其周期性的变化对桥梁体系的受力影响较为显著;而环境湿度则是影响局部构件尤其是钢构件耐久性能的重要因素,且其对混凝土的老化有着不容忽视的影响。因此,需对该桥运营阶段的风速、环境温度及湿度进行监测。

(2)桥梁温度场监测。构件温度的分布状况将直接影响结构的变形和内力状态,构件温度场中的温差效应的实际分布也是设计单位关心的一个重要结构参数;对结构温度分布情况的监测可以用于分析结构温度场对结构静力响应的影响,以使基于静力测试的识别方法能更加准确地反映结构基准状态;可以帮助分析结构温度场对振动特性的影响,以使基于振动测试的损伤检测方法能更准确。因此,温度荷载的监测可以帮助考察可能出现的极限温度场荷载,为结构分析提供帮助。另外温度场监测可为部分监测设备做温度补偿。

(3) 桥梁应变监测。通过对关键断面上的应力(应变)监测点的连续采集,监测桥梁在运营荷载作用下的工作性能,从而掌握和预警桥梁结构受活载冲击情况和桥梁刚度变化的情况;并且通过对比在一段时期内的桥梁主要测试断面的应力变化情况,为识别桥梁结构是否存在病害提供分析数据。

(4) 塔顶偏位监测。主塔在恒载和外荷载作用下会产生压缩和偏位。因而,在该系统中,通过对安装在塔顶的 GPS(Global Positioning System,全球定位系统)的连续不间断数据采集,监测变形情况,为桥梁的结构安全评估提供数据支撑。

(5) 支座位移监测。桥梁工程主梁安装要求必须与支座接触密实、轴线重合,不得出现梁体与支座脱离的现象,如果发生脱离现象,势必会造成梁体支撑约束的改变,从而严重影响主梁受力性能。通过对支座竖向位移进行实时监测,为桥梁的结构安全评估提供数据支撑。

(6) 伸缩缝位移监测。对于特大桥梁,由于桥长比较长,桥梁长度随温度变化效应十分明显,特别对于半漂浮体系桥梁,其纵向活动正常与否,与梁体受力密切相关,通过对伸缩缝纵向位移实时监测,为桥梁的结构安全评估提供数据支撑。

(7) 桥面线形监测。桥面线形是桥梁结构整体受力性能的主要表现,也是衡量桥梁整体刚度的重要标志。由于主梁直接承受车辆活载,桥面线形在车辆活载及温度荷载周期性作用下呈现周期性波动。桥面线形周期性振动也会造成桥梁约束条件的破坏,使得桥梁结构计算体系发生改变。通过桥面线形监测,判断其是否超过正常使用范围,从而判断桥梁结构是否安全,这是判断桥梁能否继续承载的重要依据。

(8) 斜拉索索力监测。对于斜拉桥而言,斜拉索是主要构件,拉索能否正常工作,将会影响到整个桥梁的正常运营。通过对索力的在线实时监测,以判断索力的变化是否在设计范围内,为桥梁的结构安全评估提供数据支撑。

(9) 桥梁振动监测。通过对关键断面上振动监测点的连续采集,监测桥梁在运营荷载作用下的桥梁动力特性参数(频率、振型和阻尼)和振动水平(振动强度和幅度),从而掌握和预警桥梁结构受活载冲击情况和桥梁结构刚度变化的情况。

(10) 桥梁结构预警。根据以上桥梁的各个监测项目,系统将综合桥梁结构控制断面设计计算值、验收荷载试验数据以及历史监测数据等进行分析,确定桥梁结构最佳特征参数和在不同服务水准下的正常使用控制值及极限值,并将实时监测数据与之相比较,以达到对桥梁工作状态和结构状态的两级报警,即桥梁结构的使用预警和桥梁结构安全预警。

为了深入贯彻一体化监测系统建设理念,本桥在设计阶段进行了完善的监测系统方案设计,在相应位置进行了预留设计,根据施工进度同步安装传感器。

10.3 传感器子系统

传感器选型及测点布置按"技术先进、经济适用、精准预警"的监测系统一体化建设原则进行,传感器的选型应进行综合调研,选择技术先进、各项指标及性能稳定的产品,在测点布置上尽可能进行优化,根据结构特点选择具代表性的典型断面和位置布置测点,用最有效的数据精准反映结构状态。

传感器子系统是本桥监测系统的基础,监测项目分为荷载与环境、结构静力响应与结构动力响应三大类,具体如下:

(1)荷载与环境,包括风速、风向及环境温/湿度。

(2)结构静力响应,包括结构温度、结构应变、斜拉索索力、主梁挠度、索塔及主梁空间变位、支座位移及伸缩缝位移。

(3)结构动力响应,包括主梁各特征点振动加速度及主塔振动加速度。

针对不同的项目,分别布设相应的传感器进行监测。本系统自动化监测项目及相应的传感器类型、数量见表10-1,总体布置图如图10-2所示。

监测传感器一览表   表10-1

序号	监测项目		传感器类型	测点数量(个)
1	荷载与环境	风荷载	二维超声波风速风向仪	2
2		环境温/湿度	温/湿度传感器	3
3	结构静力响应	结构应变(主梁、索塔)	应变传感器	68
4		结构温度	温度传感器	24
5		主梁挠度	压差式变形测量传感器	36
6		结构空间变位	GNSS(Global Navigation Satellite System,全球导航卫星系统)	7
7				
8			盒式固定测斜仪	2
9		支座位移	激光测距仪	4
10		伸缩缝位移	激光测距仪	4
11		斜拉索索力	振弦式锚索计	40
12	结构动力响应	结构振动(主梁、索塔)	加速度计	31

10.3.1 挠度监测

桥梁结构基础的稳定,是确保桥梁安全运营的前提,桥梁的沉降会给桥梁结构造成多方面不利影响。过大沉降会引起桥梁结构产生过大的附加内力、桥梁线形的恶化以及桥梁附属设施(支座、栏杆等)的损坏。桥梁恒载作用下桥梁线形是桥梁整体安全状态的重要标志。活载作用下,桥梁挠度是评价桥梁使用功能和安全性的重要指标之一,是桥梁整体刚度的重要标志。通过对桥梁挠度的监测,可以从整体上把握桥梁健康和安全状态。

数据采集方式为定时采集与触发式采集相结合。常规条件下每30min采集一次。

10.3.2 位移监测

桥塔作为斜拉桥的重要承重结构,主梁恒荷载、活荷载均通过对称布置在左右两侧斜拉索传递到桥塔,其受力主要为竖直向下的力,并把竖向力传递给桥墩。桥塔也是施工中的重点工程。通过对桥塔顶点三维空间位置的变化进行监测,了解桥塔的位移情况和结构的稳定性,使受力分析更合理等,可验证桥梁设计及施工工艺是否合理。同时本桥主跨跨幅较大,在主跨跨中也应做位移监测,除水平方向外,还可在竖直方向与挠度系统该点做校核和对比分析。

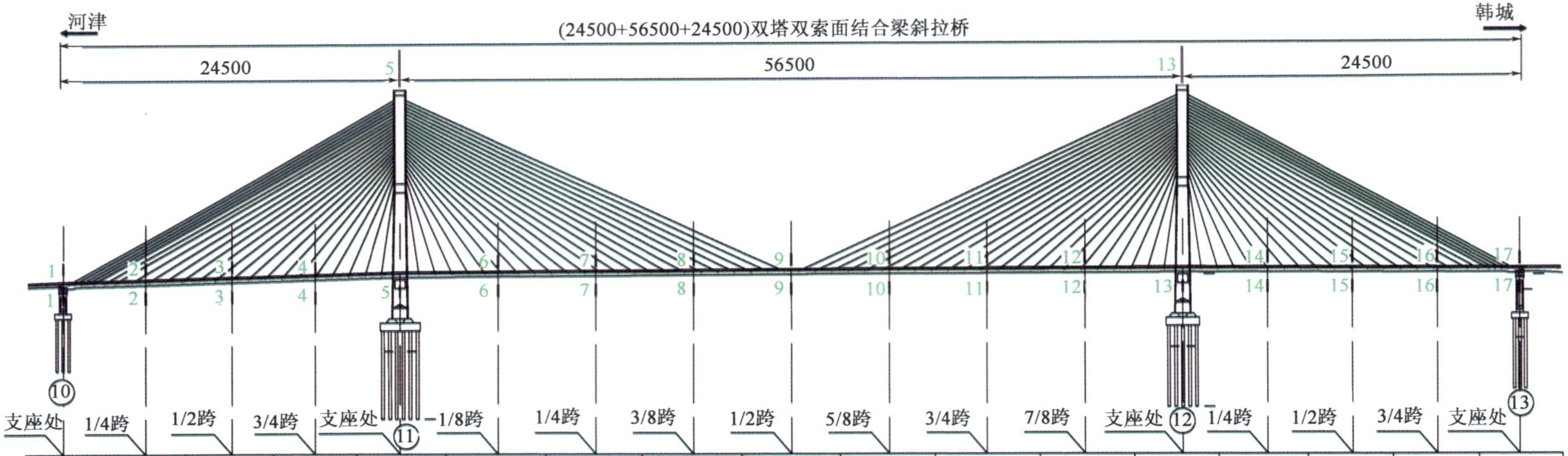
河津
韩城
(24500+56500+24500)双塔双索面结合梁斜拉桥
24500
56500
24500
10
11
12
13
支座处
1/4跨
1/2跨
3/4跨
支座处
1/8跨
1/4跨
3/8跨
1/2跨
5/8跨
3/4跨
7/8跨
支座处
1/4跨
1/2跨
3/4跨
支座处

断面一	断面二	断面三	断面四	断面五	断面六	断面七	断面八	断面九	断面十	断面十一	断面十二	断面十三	断面十四	断面十五	断面十六	断面十七
2个激光测距仪 1-JG01～02	2个静力水准仪 2-CJ01～02	4个静力水准仪 3-CJ01～04	2个静力水准仪 4-CJ01～02	4个静力水准仪 5-CJ01～04	2个静力水准仪 6-CJ01～02	2个静力水准仪 7-CJ01～04	2个静力水准仪 8-CJ01～02	2个静力水准仪 9-CJ01～02	2个静力水准仪 10-CJ01～02	2个静力水准仪 11-CJ01～02	2个静力水准仪 12-CJ01～02	2个静力水准仪 13-CJ01～02	2个静力水准仪 14-CJ01～02	2个静力水准仪 15-CJ01～02	2个静力水准仪 16-CJ01～02	2个静力水准仪 17-CJ01～02
		4个应变计 3-BM01～04		4个应变计 5-BM01～04	2个加速度计 6-ZD01～02	4个应变计 7-BM01～04	2个加速度计 8-ZD01～02	4个应变计 9-BM01～04	2个加速度计 10-ZD01～02	4个应变计 11-BM01～04	2个加速度计 12-ZD01～02	4个应变计 13-BM01～04		4个应变计 15-BM01～04		2个激光测距仪 17-CJ01～02
		3个加速度计 3-ZD01～03		4个加速度计 5-ZD01～04		3个加速度计 7-ZD01～03		3个加速度计 9-ZD01～03		3个加速度计 11-ZD01～03		4个加速度计 13-ZD01～04		3个加速度计 15-ZD01～03		
				2个GNSS 5-GNSS01/02				2个GNSS 9-GNSS01～02				2个GNSS 13-GNSS01～02				
				1个温湿度传感器 5-WSD01				1个风速风向仪 9-FSFX01				1个温湿度传感器 13-WSD01				
				2个激光测距仪 5-JG01～02				1个温湿度传感器 9-WSD01				2个激光测距仪 13-JG01～02				
				1个倾角仪 5-QX01								1个倾角仪 13-QX01～03				
												1个风速风向仪 (下游塔顶) 13-FSFX01				

图10-2　传感器总体布置图(尺寸单位：cm)

对于 GNSS,通过对 GNSS 接收机控制下达命令,实现对某一时刻卫星数据的接收,可进行实时桥塔位移监测,也可根据需求设置指定时间段进行采集。常规条件下每 60min 采集一次。

10.3.3　应变监测

桥梁结构的应力监测是通过对应变监测间接实现,主要监测桥梁结构关键截面的受力情况,以了解结构的长期或瞬态的受力情况。对于各桥梁监测段,受自重以及其他荷载的作用,会产生一定的应变,而应变是应力的间接反映。大桥桥面受荷载的影响大,因此对桥面有代表性断面的应力进行监测,可以了解作为主要承力构件的受力状态,及时诊断桥梁的病害,对桥梁结构进行疲劳分析十分必要。桥塔作为主要承力结构,受力情况是非常重要的,必须加强对应变的监测。

采取施工期预埋,在施工阶段就可提供相关监测数据,体现出桥梁安装阶段时的受力变化。常规条件下每 30min 采集一次,也可根据人工设置时间段进行采集。

10.3.4　索力监测

斜拉桥属高次超静定结构,主梁、索塔和拉索之间刚度相差悬殊,受拉索垂度、温度变化、风力和日照影响、混凝土收缩徐变等复杂因素干扰等,使力与变形的关系十分复杂。索力大小对结构受力的影响很大,故除了在施工过程中需对索力监测外,在运营期也需对索力进行监测。

数据采集方式为定时采集与触发式采集相结合。常规条件下每 30min 采集一次。

10.3.5　振动监测

桥梁动力特性参数(频率、振型和阻尼等)和振动水平(振动强度和幅值)是桥梁整体安全的标志,桥梁材料强度的退化会引起结构振动特性的改变,例如桥梁结构刚度的降低会引起桥梁自振频率的降低,桥梁局部振型的改变可能预示着结构局部损坏。因此对桥梁动力特性及振动水平的监测能够起到整体上对桥梁结构健康状态进行监测的目的。

振动加速度传感器采样频率为实时采集。

10.3.6　环境温/湿度监测

桥梁结构所处的气候环境对桥梁结构工作状况有很大的影响,因此需要对桥梁工作环境进行监测。测量外部环境、桥梁自身的温度值,为桥梁设计时温度应力的计算分析提供依据,记录在不同温度下,桥梁变形、应力变化等工作状态的比较和定量分析,完善和验证桥梁设计理论。同时,对桥梁工作环境湿度进行监测,因其是影响混凝土结构碳化和钢筋腐蚀的重要因素,是桥梁耐久性评价的依据。

可根据人工设置时间段进行采集。常规条件下每 30min 采集一次。

10.3.7 风速风向监测

成桥后风荷载是桥梁结构的主要动力荷载之一。在风荷载作用下,桥梁的主要构梁将产生振动。通过监测风速、风向,统计最大风速值,可以得出结构的风与结构响应关系,了解桥梁受风动力荷载的情况。风速风向监测主要为施工和运营期的监测。

可根据人工设置时间段进行采集。常规条件下每30min采集一次。

10.4 数据采集与传输子系统

10.4.1 数据采集与传输系统总体设计

数据采集与传输子系统对各类传感器的监测数据进行采集,并将采集信号通过网络传输至云平台。在桥梁运营阶段,无线网络数据传输方式的条件已经具备,系统采用分布式数据采集与无线网络数据传输方式来组建桥梁健康监测系统的数据采集与传输网络。将监测桥梁整个监测区域划分成若干个子区域,每个子区域内分别布置一个数据采集单元,用于采集该子区域内所有传感器的信号,传感器与数据采集单元之间通过专用线缆连接。信号进入数据采集单元之后,通过无线数据传输网络传送至数据处理与管理平台。

10.4.2 数据采集功能设计

数据采集模块以及网络采集仪完成环境参数以及桥梁动静态响应数据的采集、存储与格式转换,将传感器输出的电、光信号转换成可供计算机识别和易于远程传输的数据格式,并根据系统数据分析和软件设计的要求,对监测数据进行存储、数据预处理等处理,供数据传输系统进行数据的调用和操作。

10.4.3 数据传输功能设计

依托国际先进的数据采集、自动控制、网络传输与通信技术,采用有关国际组织和国际产业部门认可的标准和通信协议,为禹门口黄河公路大桥健康监测系统建立一个技术先进、功能完善、安全可靠的数据采集和传输系统。

(1)系统具有自动对各传感器信号进行实时采集、同步传输、自动存储和便于查询的功能。

(2)系统具有识别传感器与子系统故障和自动报警的功能。

(3)各监测项目在现场具有数据的缓冲存储和数据处理功能。

(4)系统具有对所监测数据进行自检、互检和标定的功能。

(5)系统具有单点故障不影响控制网络其他部分的功能。

(6)系统具有一个或几个部件在发生临时掉电时,系统的每个部件能自行重新接通和保证同步的功能。

（7）数据采集软件应界面友好，便于操作，具有数据捕获、筛选和档案处理功能。

（8）系统具有基于因特网的远程异地控制功能。

（9）系统具有良好的兼容性、可扩展性和开放性。

数据传输方式应根据项目现场实际情况选择，保证健康监测系统数据能稳定可靠地传输到相应的数据中心。依据桥梁结构健康监测系统情况，选择无线传输方式，通过布设相应的无线（GPRS/3G/4G，通用分组无线服务/第三代移动通信技术/第四代移动通信技术）传输设备，把该在线监测系统的监测数据实时地传输到监测本地管理数据中心，使多级部门都能实时掌握到实时监测状况。

现场传感器所有数据通过无线方式进行传输，无线网络通过成熟的 GPRS/3G/4G 网络，通过灵活地控制设备的采集制度进行远程控制，直接通过无线传输模块实现对现场设备数据的采集和控制，简单方便。

10.4.4　防雷防电涌系统

雷电被联合国定为人类最严重十大自然灾害之一。国际上，因雷击造成的损失额已逐年提高，防雷电灾害已正式列入各国防灾减灾范围。防雷电世界标准确认，雷电不需直接击中建筑物，而通过产生感应电压，就能对设备、仪器施加超过 10kV 的电压，即使一个"擦边"也能向电流回路中发射出 5kA 的脉冲电流，即"感应雷"对建筑、设备及至家庭、人员等一切物体的危害性，足以达到触目惊心的程度。在工业现场，电气设备、电子仪器、数字设备和通信设备、通信网络、工业过程控制网络、自动化仪表，都为可能遭到雷击创造了条件。以电子设备为例，据统计，雷击中心 1~1.5km 范围内的供电线路上都可能感应产生危险过电压，瞬间即可损害该区域线路上的电子设备。特别是在沿海、高原、山区和空旷、露天、凸出地带，因雷电造成的损失就更严重。

根据《建筑物电子信息系统防雷技术规程》中的规定，将年平均雷暴日超过 20d 的地区称为多雷区，超过 40d 的地区作为高雷区，超过 60d 的地区作为强雷区，多、高、强雷区的企业单位应予以重点的防护。禹门口黄河公路大桥所在地区属多雷区，因此，必须实施针对雷电防护的专项工程。监测站内设备必须加装电力线电涌防护设备，通信线（数据线）电涌防护设备、射频线电涌防护设备，建筑物雷电防护设备；电力线电涌防护设备加装于 UPS（Uninterrupted Power Supply，不间断电源）前，即电力线通过电涌防护器后进入 UPS 系统；所有进入监测站的通信线路在连接到计算机前，必须加装通信线（数据线）电涌防护设备；接收机天线电缆、通信射频电缆在引入监测站内前，必须加装射频线电涌防护器，射频线防护器应符合以下规定：阻抗 50Ω；工作频率 2.5GHz；插入损耗≤0.1dB；雷电通流量 50kA，DIN 7/16 为 100kA；残值峰值 7.3V；筑波系数≤1.15。雷电防护主要指建筑物整体、站内外电子设备的雷电防护，严格执行现行《建筑物电子信息系统防雷技术规范》（GB 50343）要求。

为了保护桥梁上各类安防设备不受雷电损害或使雷击损害降到最低程度，采取综合防雷的方式。综合防雷设计方案应包括两个方面：直接雷击的防护和感应雷击的防护，缺少任何一方面都是不完整的、有缺陷的和有潜在危险的，其中直击雷造成的危害虽然巨大，但发生的概率较感应雷低，因而以感应雷击的防护为主。防雷击的主要手段是对整个系统的设备、管线、线路进行良好接地，并详细设计安装相应的防雷设备。

10.5 数据处理与管理系统

数据管理是在数据全局管理框架下,制订适当的数据采集、传输、存储策略,通过与对应硬件设备进行协议交互并发出采集任务,完成从相应传感器读取数据,然后对这些数据进行复杂计算、转换并统计分析,得到可以反映检测项的数据。通过数据管理系统获取桥梁状态数据为健康评估的依据,支持动态、静态数据管理,并能进行远程控制。其中,数据采集针对动、静态数据采取不同的策略,静态数据采集采用全程连续采集的方式进行,动态数据(振动数据)采集采用子站连续采集,定期备份删除,远程保存全程统计分析数据的采集方式;数据传输在保障数据安全的前提下,采取冗余策略;数据存储引进数据库模型与关系数据表相结合的策略。数据管理系统包括各硬件子系统对应的静态、动态数据采集、采集过程控制、远程状态报告以及远程控制等模块。

10.5.1 数据管理系统工作流程

原始信息具有如下来源:

(1)传感器系统的监测数据。这类数据经一次处理、二次处理和后处理后进行数据压缩、信息提取和融合,可得到结构特性及荷载响应特性等实时结果,并可在此基础上建立桥梁"健康"状态数据库(包括基准值、界限值和参数相关性模型)。随着桥梁年龄的增加,其"健康"状况标准需作调整更新,如维修工程可改善桥梁的"健康"状况。根据不同阶段的状态值,可了解桥梁的退化信息。

(2)桥梁综合信息。该类信息包括桥梁设计、施工信息,结构分析得到的构件评级结果,传感器测点布置,现场检查结果等,这些数据构成了桥梁基本信息数据库。在对桥梁实施维修工程后,需更新相应的结构信息。结合监测信息与损伤检测方法,可获得定期和特殊事件的检测结果,并作出相应决策和结构剩余寿命预测。数据库管理系统安装在控制中心的结构健康评估服务器上,主要包括综合数据库和查询显示系统两部分。要求系统能快速及时地通过计算机网络以图文并茂、友好自主的方式显示数据库中的桥梁状态信息。根据系统存储和管理海量数据和不同形式数据的需求,选择采用 Microsoft SQL Server 作为数据库管理系统,实现对桥梁几何数据、监测时间序列数据、图像监测信息和文本信息的统一存储。

信息查询子系统以互联网技术为基础,用户可通过网络查询有关桥梁状态的各种历史信息、实时信息,进而为大桥管理的决策提供建议和帮助。信息查询子系统提供多线索查询手段,如时段、结构区域、传感器类别、检查维修记录等。

10.5.2 数据存储与备份

(1)分布式异构数据库存储系统。桥梁分布式异构数据库存储系统指能够接受和容纳多个设计群体数据库的系统。该系统对外呈现出集成结构,对内在时间、空间上都保持独立,具有完全自治性。桥梁分布式异构数据库存储系统由应用程序、代理、数据库、领域知识库和传输网络组成。应用程序和数据库直接集成现有系统,完成异构数据的融合,各应用和数据库完全独立,享有高度的自治性;代理是集成模型的核心,具有用户管理、自动推理、命令解析、格式控制等功能;领域知识库与桥梁设计数据相关的知识,包括数据描述知识、数据衍生知识和数据关联知识。在本项目中,各采集站结构化和非结构化数据均通过独立的应用程序同质化到统一的数据库中,然后通过通信代理将所有数据集中到中心数据库中进行集中存储。

(2) 数据库分组存储技术。每个数据库有一个主数据文件和若干个从文件,文件是数据库的物理体现,文件组由一组数据文件组成,可以包括分布在多个逻辑分区的文件,实现负载均衡。采用数据库文件分组技术,可以将数据表建立在不同的数据文件中,从而实现将数据的增、删、查、改等操作分散到不同的文件中和不同的磁盘上,提高性能。如果磁盘硬件上有 RAID(磁盘冗余阵列)支持,并配置有单独内存的阵列卡,则可以获得更大的性能提升。在本项目中,为了加快对海量数据的存储查询管理,并突破系统文件大小的限制,对海量数据的存储采用了数据分组和分表技术,充分利用了服务器多核处理优势,极大提高了存储和查询速率。

10.6 结构安全评估与预警子系统

10.6.1 基准模型建立

结构建设是一个漫长而复杂的过程,结构内力与施工过程密切相关。一般依据结构模型计算和预测的结构响应与实测值往往差别较大。造成差别的因素很多,主要有在建模过程中,对结构的材料特性、连接形式以及外部作用进行了理想化;同时,结构在建造过程中存在一定的施工误差,使得依据结构设计图纸而建立的结构模型与实际结构在材料特性、构件尺寸甚至结构形态上存在一定的偏差。此外,对实际结构进行测试的过程中,测试方法和手段还不够完善,测试数据在采集、传输和存储过程中往往受到噪声污染。所有这些因素造成了计算和测试结果间存在偏差,不能完全代表真实的桥梁结构。

为对结构的力学性能进行准确分析和预测,为后期健康监测数据安全评估提供可信的参考原点,必须建立一个能如实反映结构受力特点且满足工程精度要求的有限元模型。通常是在初始有限元设计模型的基础上,根据实测静动力响应,不断修正结构参数,使实测值与计算值的偏差在工程允许范围内,这个过程即模型修正。

10.6.2 结构安全评估

运营期健康监测应从其力学状态(内力、变形等结构静力响应和结构动力响应)改变及结构损伤两个方面来进行,然而这两个方面又是互相联系与密不可分的。大部分的结构损伤达到较为危险程度时将引起结构状态的改变,也有小部分危险的损伤在不足以引起结构状态的显著改变时就造成结构破坏(如钢构件局部变形导致失稳破坏)。桥梁结构的健康监测系统服务于桥梁的安全运营状态监控和养护管理,其设计和构建是一个集各种先进传感技术、计算机技术、信息技术以及结构力学分析计算、结构状态评估理论于一体的系统工程。

桥梁所面临的危险可分为局部构件劣化(损伤)和结构整体力学状态的改变。局部构件劣化(损伤)主要源于锈蚀、老化、施工缺陷、超载等因素,力学状态改变主要源于荷载长期作用引起的基础沉降、结构蠕变以及结构损伤等因素。对桥梁进行健康监测的方式总体上可以分为力学指标监测和损伤直接检查两种。本设计主要建立基于力学指标监测的自动化监测系统,系统监测评估策略和思路如下:

(1)桥梁既有病害的监测与发展预测,结合桥梁整体与局部受力分析的成果,对既有病害的历史追溯及形成原因进行分析,为桥梁养护提供可靠性的分析结果,并指导桥梁养护工作。

(2)力学状态的改变通过自动化传感监测系统或定期测量来获取基本信息,遵循"静力为主、动力为辅"的识别原则。

(3)结合桥梁自身特点及桥梁所处的环境状态、荷载作用状态,为桥梁设置适当的阈值,并采用多角度、多手段的监测来保障监测数据的完整性、可靠性以及实用性,进而保证整个健康检测及评估系统有效工作。

(4)实现完善的软件功能,便捷的查询功能、统计及自动报表功能等;保证硬件系统的可扩展性和稳定性。

(5)对可能危及结构安全的主要影响因素,应根据各因素不同的特点分别进行监测及处理,并做到相互兼顾。整个监测从荷载源到结构响应和既有病害发展趋势相互兼顾,通过对结构状态改变及损伤采用多角度、多手段的监测来保障监测数据的完整性、可靠性以及实用性,进而保证整个健康检测及评估系统的有效工作。

10.6.3 安全预警

1)预警阈值的确定原则

预警阈值的确定设置是一个非常严谨、严肃的过程。不同结构的不同测试部位的预警阈值均不一样,因此需要进行有针对性的分析才能确定预警阈值的大小。对结构来说,预警阈值的确定有几个途径:

(1)设计院提供。设计院在设计图纸时已建立有限元模型对禹门口黄河公路大桥结构的线性及受力状态进行计算,并针对结构施工的各个监测项给出合理的控制值。因此,设计院提供的控制值为预警阈值确定的第一参考途径。

(2)理论计算。将设计荷载所导致的结构响应作为预警阈值的标准之一,此时需要准确的有限元模型以及荷载估计。

(3)施工控制和禹门口黄河公路大桥结构荷载试验得到的信息。它反映了结构原始健康信息,具有重要意义。

2)预警阈值的设定

预警阈值的设定需要基于大量监测数据的分析,云平台中积累的不同结构的监测数据,为阈值的设定提供了参考依据。由于结构的工况变化复杂,需设置多级的预警模式以应对不同的工况,防止漏报误报等情况发生。

3)预警评估

通过运营期对禹门口黄河公路大桥结构进行监测,由专家组进行分析评估禹门口黄河公路大桥结构前后性能变化,定期出具分析报告。同时平台也可展示禹门口黄河公路大桥结构的性能状态,如图10-3所示。

✓ 健康状态

图 10-3　禹门口黄河公路大桥结构性能评估

结构安全预警与评估系统是禹门口黄河公路大桥结构健康监测系统的关键部分。该子系统通过调用实时监测数据,结合系统内预先设置的预警、报警阈值等,对结构的安全性适用性进行评估,并及时发布预警信息,让使用者能及时了解结构当前的技术状态水平并能及时采取相应措施应对各种突发状况。

(1)实时采集模块。实时监测数据是系统进行结构损伤识别与安全评价的前提。结构健康评估系统内的实时采集模块直接调用系统内经分析处理的数据,作为结构损伤识别与安全评价的基础。

(2)安全评价模块。安全评价模块是根据结构实时监测数据,结合人工巡检数据及历次禹门口黄河公路大桥结构定期检测、特殊检测结果对结构的健康状态作出评价。本系统采用层次分析法对结构技术状况进行分析。根据结构及实际养护需要将其划分为多个不同的评定单元,各评定单元再细分成小的评定单元,各小评定单元再细分成各个构件,通过逐步分层评价可得出各构件、各评定单及结构整体的技术状况。

(3)结构安全预警模块。结构安全预警模块将系统实时采集的数据情况与系统内部事先设定的预报警阈值进行比对,并根据比对结果进行预报警;通过对与报警信息的识别分析,从而对结构安全性进行状态进行初步评判,提醒养护管理人员进行有针对性的现场检测,并根据相应检测和损伤分析结果开展养护维修工作(报警阈值可按照安全监测系统统计分析、结构试验资料、结构设计要求等确定)。

10.7　系统安装、调试与维护

10.7.1　系统实施流程

施工总体流程为"取电→桥架安装→传感器安装→调试→上线"。
1)取电
(1)通过现场协调,在指定位置取电,连接至配电箱,箱内配备空气开关及漏电保护器。
(2)配电箱固定在箱梁侧板上,布线使用 PVC 线管。
2)桥架安装
(1)根据施工图纸要求,结合现场情况,使用激光水平仪在箱梁侧板找水平,并用墨斗弹线标定,按 1.5m 间距标注桥架托臂安装位置。

(2)钻出支架安装孔,将托臂安装固定在钻孔位置。

(3)将桥架连接固定,将连接好的桥架安装在托臂支架上,以防桥架滑落。

3)传感器安装

不同设备采用合理的施工安装工艺,严格按照施工工艺流程安装。

4)调试

通过数据采集软件对传感器发出的数据进行实时采集,查看数据稳定性、连续性,如有异常,及时寻找原因,及时解决。

5)上线

调试完成,数据显示稳定、连续后,使用无线传输模式将数据上传至云平台。

10.7.2 系统安装

1)应变计安装

(1)内埋式应变计安装。按照设计方案,内埋式应变计沿着平行于被测结构物应变监测方向绑扎至测点位置钢筋上,内埋应变计应置于钢筋下方,防止混凝土浇筑、振捣时候破坏仪器;安装完成后,及时记录内埋应变计编号与测点位置编号的对应关系。

(2)表面式应变计安装。在测点区域位置选取表面应变计安装点,对安装点表面进行打磨,去除钢制结构表面锈蚀层;表面应变计安装支座装于根据仪器尺寸定制的应变计模型上,然后按照平行于被测结构物应变监测方向将表面应变计安装支座焊接至测点安装面上;拧开安装支座上紧固螺母,把应变计模型从安装支座上取出,然后把真实表面应变计嵌入安装支座上,拧紧两端支座上螺母;表面应变计两端支座螺母拧紧过程中应交替进行拧动,不可一端拧紧后再拧紧另一端。

(3)安装说明。桥塔的结构受力监测应力应变监测采用的内埋式应变计,采用施工期预埋,但桥梁的施工过程中,有可能会对传感器或者线缆造成损害,因此,施工时应对传感器和线缆进行防护。对于梁体的结构受力监测,在桥梁建成后,采用表面式应变计来监测其的受力变化。图 10-4、图 10-5 所示分别为内埋式应变计安装现场和表面式应变计安装现场。

图 10-4　内埋式应变计安装现场

图 10-5　表面式应变计安装现场

2)加速度计安装

辅材清点：在安装前，根据设备清单盘点安装时所用到的辅材及工具，确定无遗漏。

性能测试：为确认运输过程加速度计是否存在损坏情况，需对所有的加速度计进行简单的性能测试。

将加速度计与配套航插线连接。水平放置加速度计，读取万用表示数，要求电压范围为 3.65~3.85V。再将加速度计竖直放置，读取万用表示数，要求电压范围为 2.4~2.6V。水平放置和竖直放置同时满足要求，则表示该加速度计性能正常。

焊接接头：传输线缆通过连接接头与传感器连接，接头焊接应牢靠，无虚焊，焊接处使用热缩管保护。接线中要注意线色定义，同时确保接线正确，以及屏蔽线接续完好。

传感器安装：将加速度计上下颠倒放置于水平桌面，底座支架的螺丝孔与加速计的螺丝孔对齐。

保护盒安装：将保护盒固定到传感器底座上，线缆用金属软管保护，对接处密封。

3)挠度传感器安装

挠度传感器安装工作中，最主要的是水路的敷设。

(1)安装前准备。现场安装前，仪器安装点位需进行高程测量，以便使一套系统的各个测点传感器能够安装在同一高程上。传感器安装位置安装水平线应精确控制，控制标准 10mm，即各测点之间高程相对误差小于或等于 10mm，以保证后续传感器的量程使用率最高。

①液体准备。通液管内液体采用硅油，液体去气非常重要。未经去气的液体在充入管路后很容易析出小的气泡，这些小气泡经过聚集后演变为大的气泡而影响测量。液体去气方法有两种，推荐使用真空泵抽真空的方式去气，即将液体置于密闭压力容器内，然后使用真空泵抽气，抽气到接近 -0.1MPa（相对于 1 大气压，负压大小与容器大小有关）。

②通液管充液。在通液管尚未铺设前，将去气液体充入通液管，减少或避免现场排气泡工作。通液管充液前，应先用同种液体预先浸润管内壁，避免微小灰尘颗粒吸附气泡，可采用水泵将液体从通液管一头注入，从另一头流出，循环 3min 后，将出入口调换连接水泵再反向循环 3min，之后将管内液体排出。通液管正式充液可采用自然流动方式，将盛放去气液体储液置于高于通液管位置，把通液管与储液罐连通，通液管末端用另一容器接收液体，让去气液体通过自然流动充满通液管。本方式速度较慢，需把成捆的通液管拆开放直，以便检查并排出流动过程中产生的气泡。另外，也可以采用水泵将去气液体充入通液管，本方式速度较快，但是会减弱液体去气效果。

③压差式变形测量传感器检测。传感器根据编号分类完成后，用 UT-850 线将传感器与笔记本电脑逐一连接，使用 12V DC 给传感器供电，通过调试软件采集各传感器编号和测值，确定传感器编号是否与线缆标签是否一致，采集测值单位是否符合综合管理软件要求，测值是否符合常理（约等于 0kPa）。如编号不一致则修改到一致，测值单位修改为 kPa，若测值在未有明显扰动情况下跳动较大（变化幅度超过 0.01kPa）此传感器应考虑返厂，不得在项目现场使用。

(2)系统安装。

①储液罐支架为"L"形不锈钢板，短边 4 个孔用于固定于结构表面；另一个长边上的 4 个孔用于与储液罐连接固定。

②传感器支架也是"L"形喷塑钢板,短边4个孔用于固定于结构表面;另外一个长边的2个孔用于固定传感器安装外壳。

③线路管路使用PVC线槽保护,线槽尺寸根据现场情况及走线根数确定;线槽必须与结构物可靠固定。

④通液管铺设、连接。储液罐安装固定完成后,可进行通液管铺设、连接工作,同时进行传感器安装,主要是通过从储液罐流通到安装位置的液体,尽可能将通液管内的气泡排出。根据需要连接的两个测点之间的距离截取相应的通液管,应留有一定的余量;两个测点间通液管安装好之后,管线中间应比两段低,这样有利于排出空气。管线铺设时,应避免打折、扭曲和划伤。管线必须紧固、可靠地连接到三通、直通上,以免漏液。

⑤为防止储液罐内液体蒸发,建议向储液罐内添加不具有挥发性的硅油,使硅油覆盖在溶液表面形成油膜以隔绝空气,从而限制水分的挥发。油膜厚度以0.2~0.5mm为宜。添加硅油应使用黏度单位为5~10厘丝的品种,黏度太大的硅油不利于液面的平衡。

⑥通气管铺设、连接。调试工作完成,传感器正常工作后,可进行通气管的连接、铺设工作。通气的作用是使储液罐液面以上气压及传感器内部压力保持一致,整个通气系统应相互连通并仅在一点和大气连通。根据需要连接的两个测点间的距离,截取连通管应留有一定的富余量。松开干燥管一段的螺丝,使其和大气导通,然后再在干燥管上套一呈自然干瘪状态且较大的气球,对其进行保护,有利于延长干燥剂的使用寿命。通气管安装完毕后,可与通液管聚拢、绑扎在一起;管线铺设时,应避免打折、扭曲和划伤。

(3)连接电缆、电缆线序及接线方法。

①连接电缆:压差式变形测量传感器通常采用485专用四芯屏蔽电缆。

②电缆线序。电缆线序见表10-2。

电缆线序 表10-2

传感器端		线缆端
黑线	电源正(+V)	红线(红线)
红线	电源负(OUT/GND)	黑线(黑线)
黄线	RS485A	绿线(白线)
白线	RS485B	白线(蓝线)

4)风速仪安装

安装前进行现场勘测,以确定当地的电磁干扰。不要与任何雷达扫描装置在一个平面上安装,至少应该保持2m以上的距离。世界气象组织(WMO)给出的风速仪安装标准建议为:在开阔地区超过地面10m以上,开阔地区的定义是风速仪和任何障碍物之间的距离是障碍物高度的10倍以上。

现场安装的要求如下:

(1)按方案设计选取安装位置,再按现场实际情况定制支架安装。

(2)选取的安装位置应配合用水平尺找到呈水平面区域,以保证风速仪立柱垂直。

(3)标记出钻孔深度,钻孔深度应为膨胀螺栓底部至顶部螺母下边沿长度,在标记的位置处在水平面区域钻出4个安装孔。

(4)支架底板安装完毕后,将风速仪连接件固于风速仪立柱顶部基座上。记录好风速风向仪安装信息,如仪器编号、安装日期、具体位置等。

5)温/湿度传感器安装

安装前先确认传感器是否能正常采集。传感器输出采用DB9插座输出,其中RS485的功能线序见表10-3。传感器连接好通信线后上电,使用统一采集软件进行采集。

RS485 功能线序表 表10-3

DB9 接头孔序	线 序 定 义
1 针	RS485A
2 针	RS485B

温/湿度传感器信号接口为DB9母头,使用DB9公头信号线,只需使用其中两根信号线,用剥线钳将DB9信号线缆拨出,将万用表调至➡挡(蜂鸣挡),找到与1号、2号针相对应的线缆,1号为RS485A,2号为RS485B。

确认安装工具与辅材准备齐全无遗漏,选取适合打孔的安装点,将温/湿度传感器尽量水平贴紧安装面,使用记号笔通过传感器上的圆孔标记出安装孔的位置,利用铁锤和钢钉在孔标记处中心凿出一小凹槽,防止后续电锤钻孔时打滑偏位。

将温/湿度传感器的保护罩放置在传感器的上方,开口朝下,调整合适位置后用记号笔标记保护罩安装孔,利用铁锤和钢钉在安装孔标记处中心凿出一小凹槽,防止后续电锤钻孔时打滑偏位。

在膨胀管与螺栓间空腔间隙均匀涂抹环氧树脂胶,塞入安装孔内,逐个安装每个膨胀螺栓垫片、弹簧片及螺母,并拧紧。

6)GNSS安装

(1)观测墩。GNSS测点观测墩采用钢筋混凝土浇筑方式,保证观测墩基底的稳定,不发生倾斜。基点观测墩布置在稳定基础上,并保证基底稳定,同样采用钢筋混凝土浇筑方式。

测点观测墩,从桥塔物顶部打入钢筋支架浇筑混凝土中,修建观测墩后安装监测天线并铺设线缆,之后需做全面的防水措施。

基点观测墩,对于土层观测墩,埋入地表深度不小于1m,采用基座和立柱的钢筋混凝土结构。

(2)天线罩安装。安装天线罩前,应该将天线电缆先穿进PVC管,将天线固定在强制对中器后,再将天线电缆接头与天线接头连接并拧紧,套上天线保护罩;注意将天线保护罩配套螺栓拧上,以防被大风吹走或者非人为破坏。GNSS天线的保护罩要采用全封闭式,以起到防水、防风等效果,同时天线罩的衰竭率不大于1%。

(3)设备调试。主要是GNSS主机安装。VNET系列主机安装前,应该对每个监测点进行IP(网际互联协议)规划,对主机设置好IP号和端口号,并做记录保存。

在GNSS设备安装完成后,还需要完成以下几个步骤,GNSS位移监测系统才算成功建立可投入运行:

①用笔记本访问 GNSS 接收机获取当前位置坐标值和高程,设置数据记录时间间隔及数据传输方式(远端服务器 IP 地址及端口)服务器端。

②安装 SQL Server2008 数据库软件,并创建解算软件数据库。

③安装数据接收软件和数据处理软件。

④调试数据接收软件和数据处理软件,使其成功接收到原始数据并完成解算。

GNSS 安装示意图如图 10-6 所示。

图 10-6　GNSS 安装示意图

7)锚索计安装

(1)安装方法。

①锚索计在安装过程中应轻拿轻放,避免碰撞或跌落。安装锚索计前,除应符合相关规范外,保证锚索计安装基面与锚垫板方向的垂直十分必要。应检查锚垫板与锚束张拉孔的中心轴线是否相互垂直,允许的垂直偏差范围是 ±1.5°。任何超过该偏差范围的安装将会导致锚索计在锚束张拉过程中在垫板上产生滑移、测值偏小或失真。此外,现场安装时,务必在测力计两个承压面均设置承载垫板,以保证平整结合,以便荷载均匀传递。

②测试加载前锚索计初始读数,作为原始值便于计算拉力。

③将安装处表面清理平整,保障锚索计的平稳性。

④根据结构设计要求,锚索计安装在梁端(张拉端)锚头,安装时缆索从锚索计中心穿过,锚索计处于工作锚和锚垫板之间。

⑤对缆索进行张拉,张拉至设计值时,通过锚头固定,此时应注意锚头与锚索计间的平稳,接触面应受力均匀。

⑥安装过程中应随时对锚索计进行监测,并从中间开始向周围逐步加载以免锚索计的偏心受力或过载。

⑦测试并记录加载后数据,以便长期监测。

(2)现场安装需注意的事项。

将线缆引出座方向旋转至适合方向,建议将引出座旋转至传感器左右水平方向稍向上的位置,同一列传感器引出座位置注意保持一致。

千斤顶加载过程中,在保证安全的前提下,使用便携式采集仪实时采集较先受力的那根弦的频率,如果频率变化异常(如频率变到800Hz左右甚至更小),应立即停止加载,并调整加载策略,尽量保证传感器受力面垂直于锚具、垫板,并充分接触。

现场加载时应注意安全。勿站在千斤顶后面,防止夹片失效崩出伤人;安装位置高度较高时,注意高空坠落,同时不要高空抛物;现场如果需要用电,也要注意用电安全。

现场施工完成后,测量每个锚索计的频率,各采集5组数据,且每个锚索计输出的5组数据波动不超过2Hz,取平均值作为频率初值。

8)激光测距仪安装

在安装前,根据设备清单盘点安装时所用到的辅材及工具,确定无遗漏后,再逐一检查激光测距仪是否正常返回地址、正常采集数据、正常打出激光。

激光测距传感器出厂默认地址为1,在实际项目应用当中,可能会同时使用多个激光测距传感器,此时需将激光测距传感器地址设置为不同数值,以方便传感器识别及数据采集。

激光测距仪的安装步骤如下:

(1)将激光测距仪支架放置于安装点位置,标记出激光测距仪支架上两个安装孔,尽量保持两个安装孔在竖直位置。调整激光测距仪的位置,尽量保证其水平。利用全站仪在被测结构物上找到与激光测距仪同高度的监测点。选择的监测点尽量保持与激光测距仪安装点正对立。

(2)给激光测距仪供电,用RS485线连接电脑,并利用软件 传感器显示.exe 或串口调试软件(命令组成见该产品使用说明书)向激光测距传感器发送数据采集指令,使传感器向外发射激光束,调节云台使激光测距仪的激光点照射在监测点上,拧紧云台的调节旋钮,确保激光测距仪位置不会移动(余下的安装过程中,不可关闭激光)。

(3)将反射托板支架放置在监测点处,微调反射托板支架位置,使激光点照射在反射托板支架两个安装孔中间区域,再利用记号笔标记出反射托板支架上两个安装孔,尽量保持两个安装孔在铅垂线上。

(4)将反射托板支架与被测结构物固定。将激光测距仪保护罩四周的螺纹孔对准激光测距仪支架的螺纹孔,并确保激光测距仪的激光能从保护罩的出光口照射到对面的反光板上。

(5)将从保护罩出来的激光测距仪线缆穿过包塑金属软管(保护线缆)连接到机箱。

(6)连接完成后,给设备供电,将集线器或数据采集系统V1.0输出的RS485通过RS485线连接至电脑,利用串口调试软件(命令组成见该产品使用说明书)等向激光测距传感器发送数据采集指令,确保每个传感器的数据都能被采集到。

10.7.3 调试

为保证系统的正常运行和到达预期功能,在现场施工完毕和软件开发完毕之后,应对系统的各个部分进行充分的测试与调试,主要包括调试内容如下:

(1)通信系统调试。通信系统调试包括调试桥址通信系统,检查所有通信线路及通信设备连接,测试线路及设备的传输速率、传输带宽、信号衰减等指标,保证其稳定、正常运行。

(2)传感器系统运行调试。传感器系统运行调试包括本系统传感器调试、测试传感器的各项技术参数,保证传感器正常工作。

(3)采集系统运行调试。采集系统运行调试测试所有采集设备的运转情况,主要考察其采样速度、采样频率、等指标是否满足系统需要,并测试其稳定性,从而保证其硬件设备的正常运行。

采集控制软件安装在数据处理与控制服务器上,根据系统功能要求,对采集控制软件的所有功能进行测试,保证软件运行稳定。

(4)数据处理与控制系统运行调试。数据与控制系统运行情况调试,主要对数据处理软件和数据库管理软件进行调试,根据系统功能要求,对数据处理软件和数据库管理软件的所有功能进行测试,保证软件运行稳定。

(5)结构在线监测评价系统运行调试。结构在线监测评价工作站运行情况调试主要对安装在结构在线监测评价工作站上的模态分析软件进行调试,利用传感器系统测试采样数据,对模态分析软件的所有功能进行测试,保证软件运行稳定。

(6)系统整体运行调试。系统整体运行调试对传感器系统、数据采集与传输系统、数据处理与控制系统、结构在线监测评价系统进行整体运行调试,同时考察所有系统硬件运行的稳定性,保证系统所有硬件正常运行。

对系统所有软件进行整体运行调试。根据系统功能要求,对各软件的所有功能进行测试,保证软件运行稳定。

10.7.4 维护

(1)云平台系统数据维护。云平台系统数据维护包括各子系统测点数据连续性检查和各子系统测点数据合理性检查。

(2)系统现场定期巡检服务。系统现场定期巡检服务包括按照不同的巡检周期进行巡检,巡检周期可为 3 个月、6 个月或 12 个月;传感器安装及使用情况检查与维护;系统线路敷设状况检查与维护;采集通信机箱及内部设备使用状况检查与维护;供电系统检查与维护;巡检质量报告。

(3)系统运行质量月/季度报告。系统运行质量月/季度报告包括各子系统产品运行情况;系统故障排查情况与记录。

(4)自主式系统外场故障诊断及修复。当达到外场维修启动标准时,我方将主动发起外场维护事件,无须客户要求或申请。

(5)系统软硬件升级维护。

第11章 监测分析评估及预警

11.1 监测数据处理

11.1.1 数据处理的必要性

健康监测系统的数据采集采用实时在线获取,信息量巨大且冗余,对如此庞大的数据进行处理和分析不切实际且条件也不允许。因此,需要采用各种数学手段对庞大的数据样本进行分析处理,抽取出有用的信息。用于分析桥梁健康状况各子系统的监测数据是错综复杂的,所以难免存在数据冗余、缺失、不确定和不一致等情况,这些都是分析的一大障碍。因此,在分析数据库信息之前必须进行数据的预处理,以便提高监测数据的质量,提高数据有用度,以便进行后续的分析和评估。

原始数据中存在的问题主要有:

(1)杂乱性。各个监测子系统中获取的原始数据,由于各个子系统数据结构、数据格式未定义统一的标准,各子系统数据形式各异,存在很大的非规律性和不一致性,不能直接利用。

(2)重复性。各个监测子系统获取的同一客观事物数据在数据库中可能存在两个或两个以上完全相同的物理记载,各个子系统之间将会存在信息冗余、数据重复的问题。

(3)不完整性。由于实际使用的环境变化性大,系统设计可能存在着一定的缺陷,或因为人为因素等原因,导致某些数据在存储过程中丢失,造成有用价值数据丢失。数据预处理就是在对数据正式提取应用前,先对原始的数据进行必要的集成、约简、离散、转换和清洗等一系列的处理,使之达到数据正式提取要求的最低标准。通过对数据的预处理,可以挑选所需的数据进行集成、消除多余数据的属性、除去重复的数据、剔除以及修正错误的数据、补充残缺的数据,转换成所要求的数据格式,从而便于对监测数据的分析和处理。

11.1.2　数据处理方法

常见的数据预处理方法主要有数据误差处理、重复数据剔除、缺失数据补充等。

(1)数据误差处理。根据上述三种误差的性质,在进行数据误差处理时,应该首先处理粗大误差,然后剔除随机误差,最后对系统误差进行处理。在对桥梁结构的健康监测数据分析时,粗大误差往往出现的次数比较少,一般采用插值法或移动平均法对剔除后的粗差点进行补偿修正。随机误差的表现为一直在监测值附近,出现得比较频繁,只需要通过一些平滑的手段对其进行处理,即可比较准确地提取数据的变化趋势。对于如温度、湿度等静态测量信号的处理,采用中位值滤波较好。指数平滑法滤波、二次指数平滑法在随机误差的滤波修正和趋势分析中应用较为广泛,算术平均值滤波对于正态分布的情况性能最优。根据各监测测点数据的实际情况,分析误差的类别,选用合适的误差处理方法、算法对实测数据分别进行数据预处理。

(2)重复数据处理。数据库中对同一个测点存在多个不同的物理描述,由独立的 ID(Identity Document,身份识别号)进行区分。由于算法缺陷、传输或存储故障可能导致不同的 ID 对应于同一组描述,出现重复数据。处理重复数据的原则为辨识同一时刻只产生一条数据,对同一时刻的多条数据进行删除。

(3)缺失数据补充。为保证信息的连续性、完整性,需要补充缺失的数据。常用的补充缺失数据方法有时间序列分析法、移动平均法以及插值法。时间序列分析拟合效果与模型建立准确度有关,需要有大量的数据做样本和合适的算法;移动平均法、插值法适用于静态数据缺失的补充,但对动态数据效果不佳。

11.2　监测指标分析

11.2.1　环境监测分析

1)温湿度监测数据分析评估

一体化监测系统对禹门口黄河公路大桥温、湿度进行了 24h 的持续监测,采样频率为 30min/次;对典型时间段(2021 年 11 月 12—18 日),塔柱内及桥面上游侧测点实测数据进行分析,研究其变化的规律性。塔柱内、桥面上游监测数据分别如图 11-1、图 11-2 所示。

由图 11-1 可知,塔柱内测点温湿度在一周时间内总体均呈规律性变化,温度波动较湿度更为明显,实测最高温度 16.8℃,最低温度 8.1℃;实测最大湿度 58.6%,最小湿度 30.6%。

由图 11-2 可知,桥面上游测点温湿度在一周时间内总体均呈规律性变化,温、湿度波动均比较明显,且温、湿度曲线呈现明显的反相关性。实测最高温度17.6℃,最低温度2.3℃;实测最大湿度76.9%,最小湿度19.2%。

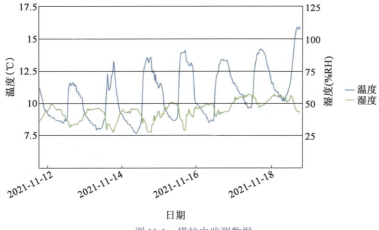

图11-1　塔柱内监测数据

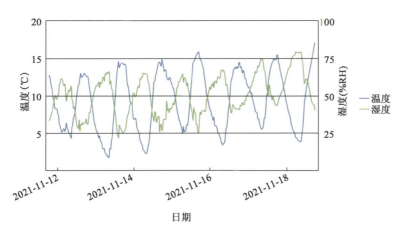

图11-2　桥面上游监测数据

由桥面上游和主塔内部测点监测数据分析可知,所有测点的温、湿度均在一周内发生规律性波动,但塔柱内温、湿度变化幅度均较桥面上游小;温度和湿度变化曲线总体呈负相关的变化关系。

以上各测点的温度变化均在设计温度范围内,对结构影响较小。

2)风速监测分析评估

一体化监测系统对禹门口黄河公路大桥风速风向进行了24h的持续监测,采样频率为30min/次;对典型时间段(2021年11月12—18日),桥面上游、下游测点实测数据进行分析,研究其变化的规律性。风玫瑰图、上游监测数据、下游监测数据分别如图11-3~图11-5所示。

由图11-3可知,桥位处风向比较稳定,以西北风为主,主要与该处位于峡谷口有关;监测期内以4级风为主。由图11-4可知,该桥监测期内上游测点每天风速变化规律总体呈现出一定规律,每天9时左右风速持续增大,均超过6级,实测最大风速12.5m/s。由图11-5可知,该桥监测期内下游测点每天风速变化规律总体也呈现出一定规律,每天9时左右风速持续增大,均超过 6 级,实测最大风速 14.3m/s。

以上各测点的风速变化均在设计最大风速范围内,对结构影响较小。

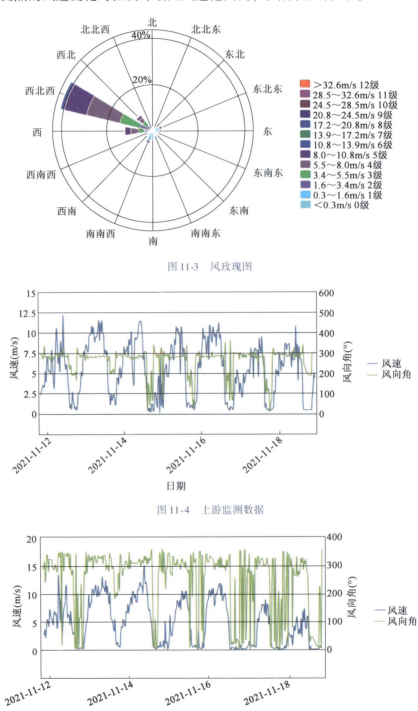

图 11-3　风玫瑰图

图 11-4　上游监测数据

图 11-5　下游监测数据

11.2.2 变形监测分析

1）塔顶偏位监测结果

一体化监测系统对禹门口黄河公路大桥塔顶偏位进行了 24h 的持续监测,采样频率为 30min/次;对典型时间段(2021 年 11 月 12—18 日),桥面 11 号桥塔和 12 号桥塔测点实测数据进行分析,研究其变化的规律性。桥塔顺桥向、竖向位移变化曲线分别如图 11-6、图 11-7 所示。

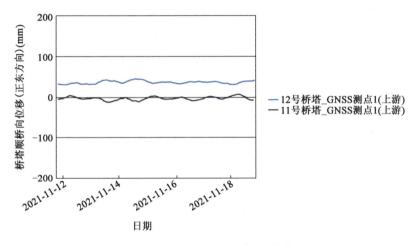

图 11-6 桥塔顺桥向位移变化曲线

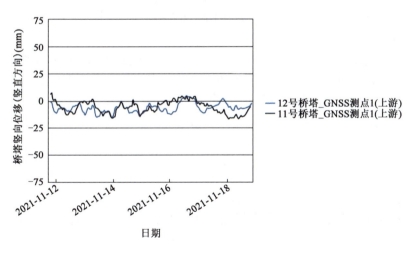

图 11-7 桥塔竖向变化曲线

由图 11-6 可知,两侧桥塔在监测期内顺桥向变形总体呈小幅度波动,受整体温度变化影响,出现的规律性位移,最大位移量为 21.6mm。由图 11-7 可知,两侧桥塔在监测期内竖向变形无明显规律,最大位移量为 13.3mm。

从监测数据分析,实测变形偏位值均较小,且均在理论计算控制值范围内,未发现任何异常状态。

2）伸缩缝监测结果

一体化监测系统对禹门口黄河公路大桥伸缩缝位移进行了 24h 的持续监测,采样频率为 30min/次;对典型时间段（2021 年 11 月 12—18 日）,桥面大里程侧测点实测数据进行分析,研究其变化的规律性。伸缩缝变形监测数据如图 11-8 所示。

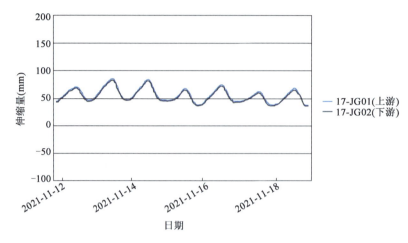

图 11-8　伸缩缝变形监测数据

由图 11-8 可知,伸缩缝位移变化曲线规律性较强,主梁随升温伸缩缝被压缩,降温伸缩缝被拉伸,总体随一天内温度变化而波动;上下游伸缩缝宽度变化较一致,主梁未出现扭动的现象。实测单侧伸缩缝位移量最大变化值为 40.8mm。

伸缩缝伸缩运行功能正常,位移量满足 D160 伸缩缝设计位移需求。

3）主梁挠度监测结果

一体化监测系统对禹门口黄河公路大桥挠度进行了 24h 的持续监测,采样频率为 30min/次;对典型时间段（2021 年 11 月 12—18 日）,对 9 号及 13 号上游测点实测数据进行分析,研究其变化的规律性。主梁挠度监测数据如图 11-9 所示。

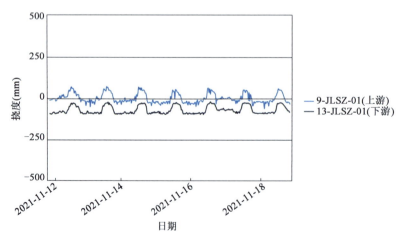

图 11-9　主梁挠度监测数据

由图 11-9 可知,监测期内主梁位移变化曲线规律性较强,总体随一天内温度变化而波动。实测最大位移量 83.6mm。主梁挠度曲线中"锯齿状"曲线为车辆荷载作用产生的位移,经分析车辆荷载下最大位移量 50.2mm。

主梁随温度及车辆荷载作用下的变形规律均正常,位移量与理论分析较吻合,主梁状态良好。

11.2.3　应变监测分析

一体化监测系统对禹门口黄河公路大桥结构应变进行了 24h 的持续监测,采样频率为 30min/次;对典型时间段(2021 年 11 月 12—18 日),对主梁 9 号测点实测数据进行分析,研究其变化的规律性。应变监测数据如图 11-10 所示。

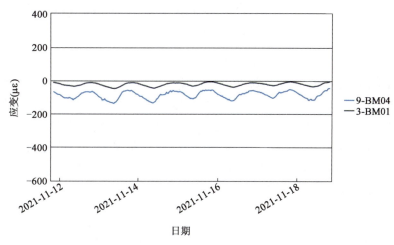

图 11-10　应变监测数据

由图 11-10 可知,监测期内主梁应变变化曲线规律性较强,总体随一天内温度变化而波动。实测应变最大变化量 93.0με。主梁应变曲线中"锯齿状"曲线为车辆荷载作用产生的位移,经分析车辆荷载下最大应变量 14.4με。

实测应变值均较小,且均在理论计算控制值范围内,结构状态良好。

11.2.4　索力监测分析

一体化监测系统对禹门口黄河公路大桥结构索力进行了 24h 的持续监测,采样频率为 30min/次;对典型时间段(2021 年 11 月 12—18 日),对斜拉索 13 号和 19 号测点实测数据进行分析,研究其变化的规律性。索力监测数据如图 11-11 所示。

从图 11-11 可知,监测内拉索实测增量,最大值为 31.8kN,相对成桥初始索力值比较本阶段索力增大量,对比理论计算值,拉索索力最大增量远小于设计值,拉索结构安全。

11.2.5　桥梁振动监测分析

一体化监测系统对禹门口黄河公路大桥结构振动进行了 24h 的持续监测,采样频率为实时监测;对典型时间段(2021 年 11 月 12—18 日),对主梁 3-ZD01 测点实测数据进行分析,研究其变化的规律性。

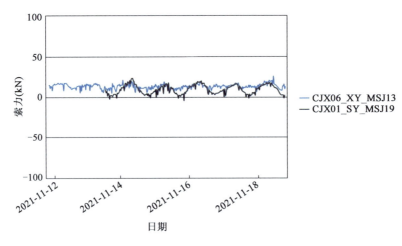

图 11-11　索力监测数据

　　加速度包络是振动分析中表示振幅的一个加速度指标。本书使用加速度包络进行振动监测分析,具体包括三个步骤:①滤波,因为只有加速度信息才存在高频,因此需要把加速度高频时域波形信号拿出来单独处理;②检波,将通过带通滤波器的高频加速度时域信号通过包络检测器,把周期性信号提取出来;③傅里叶变换,把通过滤波器和包络检波的高频加速度时域信号通过傅里叶变换得到频谱图。监测时程曲线、频域曲线分别如图 11-12、图 11-13 所示。

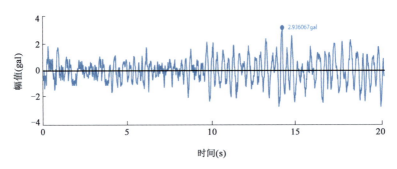

图 11-12　监测时程曲线

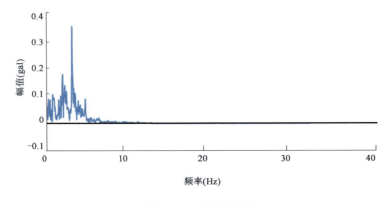

图 11-13　监测频域曲线

由图 11-12 可知,该测点时程曲线波动幅度正常,未产生异常波动;由图 11-13 可知,实测结构基频 0.125,与成桥实测值较为接近。

从以上两图数据分析,监测期内结构振动未出现异常,结构基频温度,表明桥梁总体状态良好。

11.3 综合预警

11.3.1 施工阶段预警

斜拉桥施工过程的受力分析和几何线形变化,可以通过有限元方法进行仿真分析和研究,形成施工控制理论计算数据库,但还必须通过实测建立起完整的施工控制数据库,才能达到预警的目的。

建立一体化监测系统的优势在于,施工阶段可对部分关键指标,如结构应力、斜拉索索力及现场风速进行持续监测,形成更全面的施工控制数据库,实测数据与理论计算值必须保持在一定的偏差范围内,一旦某一指标超限则会启动施工控制预警系统,确保结构安全、可控。另外,现场风速的持续监测可为施工管理人员提供明确的依据,一旦风速超过限值,立即采取抗风措施甚至停止现场作业。总体来讲,一体化监测系统对实现施工阶段预警主要作用体现在以下几个方面:

(1)持续预警,保证施工安全和工程质量。
(2)持续反馈,进行理论计算验证。
(3)持续监测,为成桥阶段结构综合评估提供数据。

11.3.2 运营阶段预警

预警级别的确定是结合现场监测数据信息,通过核查、综合分析和专家咨询等,判定工程风险大小,确定相应预警级别,并对挠度、桥梁应变、振动、索力等进行预警。

预警级别按工程风险由小到大分为两级黄色预警和红色预警,具体见表 11-1。黄色预警,提醒桥梁管养单位应对环境、荷载、结构整体或局部响应加强关注,并进行跟踪观察;红色预警,警示桥梁管养单位应对环境、荷载与结构响应连续密切关注,查明报警原因,采取适当检查、应急管理措施以确保桥梁结构安全运营,并应及时进行结构安全评估。

预警机制　　　　　　　　　　　　　　　　表 11-1

告警级别	严重程度	告警颜色
一级告警	重要告警	黄色
二级告警	严重告警	红色

(1)当车辆总重或轴重大于 1.5 倍设计车辆荷载时,进行黄色预警;大于 2.0 倍设计车辆荷载时,进行红色预警。
(2)当最大平均风速大于 0.8 倍设计风速时,进行黄色预警;大于设计风速时,进行红色预警。

（3）当最高温度、最低温度、最大温差和最大温度梯度大于设计值时，进行黄色预警。

（4）当水平地震动加速度峰值大于设计 E1 地震作用加速度峰值时，进行黄色预警，大于设计 E2 地震作用加速度峰值时，进行红色预警。

（5）当索结构应力大于 0.95 倍设计值时，进行黄色预警；大于设计值或一个月内发现 10 次以上黄色预警时，进行红色预警。

（6）当位移或变形大于 0.8 倍设计值时，进行黄色预警；大于设计值或一个月内发现 10 次以上黄色预警时，进行红色预警。

11.3.3 智能预警

安全预警除监控中心电脑预警外，还有短信报警功能，可添加通知的用户手机号，及时发布预警信息。

根据不同的预警，确定不同的预警机制，安全系统预警对桥梁进行实时自动监测，根据监测历史资料，利用统计法、时间顺序法等手段对监测数据进行实时预处理和分析，若出现安全预警指标出现明显异常变化，则立即发出预警信号（光、声、短信），避免事故的发生。安全预警内容应包括预警级别、报警传感器编号和位置、报警监测值和预警阈值。

清华大学
智能微系统团队

1992-2022 三十周年

论文选集